突破创新：课堂教学效果提升的改革与探索

◎王传生 张 琪/主编

首都经济贸易大学出版社
Capital University of Economics and Business Press
·北京·

图书在版编目(CIP)数据

突破创新:课堂教学效果提升的改革与探索/王传生,张琪主编.
—北京:首都经济贸易大学出版社,2014.10
ISBN 978 - 7 - 5638 - 2274 - 4

Ⅰ.①突…　Ⅱ.①王…②张…　Ⅲ.①高等学校—课堂教学—教学研究—文集　Ⅳ.①G642.421 - 53

中国版本图书馆 CIP 数据核字(2014)第 207994 号

突破创新——课堂教学效果提升的改革与探索
王传生　张琪　主编

出版发行	首都经济贸易大学出版社
地　　址	北京市朝阳区红庙(邮编 100026)
电　　话	(010)65976483　65065761　65071505(传真)
网　　址	http://www.sjmcb.com
E - mail	publish@cueb.edu.cn
经　　销	全国新华书店
照　　排	首都经济贸易大学出版社激光照排服务部
印　　刷	北京京华虎彩印刷有限公司
开　　本	710 毫米×1000 毫米　1/16
字　　数	305 千字
印　　张	15.5
版　　次	2014 年 10 月第 1 版　2014 年 10 月第 1 次印刷
书　　号	ISBN 978 - 7 - 5638 - 2274 - 4/G·351
定　　价	32.00 元

01

CONTENTS

课堂教学方法

02

CONTENTS

课堂教学模式

03

CONTENTS

04

CONTENTS

课堂教学方法

基于“从做中学”理论的历史研究法教学模式探讨*

——以“行政管理史”课程为例

城市经济与公共管理学院　崔高鹏

【摘要】本文以本科生课程“行政管理史”为例，以美国教育家杜威的“从做中学”理论为指导，重新建构历史研究法的教学模式。这种教学模式的实施分为培养学生的历史感和“历史的提问方式”、培养学生的资料查找能力、培养学生资料解读能力、培养学生根据逻辑体系生成知识的能力以及独立运用能力五个步骤，其具有教师从以“讲”为主转变为以“讲”为辅、学生从以“被动的听”为主转变为以“主动参与”为主，师生关系从“对立”走向“合作”的特点。

【关键词】从做中学　历史研究法　教学模式　行政管理史

历史研究法是公共管理研究中的一种重要方法，在“公共管理学”“行政管理学”“行政管理史”等课程都会介绍这种研究方法。作为“公共管理学”和“行政管理史”的任课教师，笔者一直认为通过反复学习，学生一定能够了解并能够娴熟地运用历史研究法。但是，在指导行政管理和公共事业专业本科生毕业论文、参与行政管理专业和教育经济管理专业研究生开题报告的过程中，笔者逐渐发现，学生经常会不规范或不正确地运用历史研究方法。鉴于这种情况，在2012～2013学年第二学期“行政管理史”课程的教学中，笔者便将学会恰当、正确地运用历史研究法调整到了课程目标中的最优级，并以美国著名哲学家、教育家约翰·杜威的“从做中学”理论为指导，探索历史研究法新的教学模式。

一、约翰·杜威的“从做中学”理论

约翰·杜威(John Dewey，1859～1952)，美国著名的教育家、哲学家、社会活动家。杜威一生著述甚丰，主要的教育作品有“我的教育信条”“民主主义与教育”“我们怎样思维”“明日之学校”等。杜威以其经验论哲学为基础，“要求从做中学、从经验中学，要求以活动性、经验性的主动作业来取代传统书本式教材的统治地位。这种活动性、经验性课程的范围很广，包括园艺、烹饪、缝纫、印刷、纺织、油漆、绘画、唱歌、演剧、讲故事、阅读、书写等形式”[1]。杜威在芝加哥大学创办的实验学校就是用这种“从做中学”的教育哲学来指导学校的教育实践。在教育内容上，实

验学校突破了当时学科教学的藩篱，拉近了学校教育内容与学生现实生活经验的距离。在教学方法上，实验学校强调通过教师指导、学生亲身参与其中的“做”的实践来学习知识，这使学生能够获得关于学习对象的直接经验，从而使学生在内心深处获得关于学习内容的深刻印象。

通过杜威在芝加哥大学实验学校的实验可以看出，杜威为实验学校学生开设的课程多是关于“一套办事的操作步骤”相关的程序性知识①，这些知识大多数是一套操作技能，从学习方法的角度来看，通过学生亲自动手操作的方式能迅速、有效地掌握这些知识。

由此可以认为，无论学习对象处于哪一个教育阶段，“从做中学”这种学习理论更适合于学习程序性知识。从这个意义上来说，虽然杜威在芝加哥大学创办的实验学校处于小学阶段，但“从做中学”这种学习理论却并不仅仅对于小学生有效，对于任何教育阶段的学习者而言都是有效的。

既然“从做中学”这种学习理论非常适合学习程序性知识，而研究方法又是典型的程序性知识，因此研究方法的教学可以以此理论为指导，建构其新的教学模式。

二、历史研究法教学模式

2012～2013 学年第二学期笔者开始接手“行政管理史”的教学工作，与此同时开始探索历史研究法的有效教学模式。在此之前，课程的任课教师更多强调的是知识上的传授，而没有考虑通过该课程使学生掌握历史研究法。

历史研究法是公共管理研究的一种重要方法，如果通过该课程不仅能掌握行政管理制度和思想的系统知识，又能够掌握历史研究法，对于学生而言，将是更大的收获。本文中笔者以杜威的“从做中学”理论为基础，以“行政管理史”课程为个案，重新建构历史研究法的教学模式。

（一）培养学生的历史感和“历史的提问方式”

首先学习历史研究法要有一种历史感，“历史感是一种以对历史事实为前提，以尊重历史的价值为基础，以历史主义精神为核心，以创造性转化历史为目的的主体意识”[2]。历史感是研究者的一种道德操守、职业操守。我们只有秉持着这样一种历史感来运用历史研究方法，才不至于误用历史研究法。

其次，学习历史研究法要学会历史的提问方式。公共管理研究有多种不同的

---

① 20 世纪 80 年代，当代认知心理学家安德森(J. R. Anderson)根据知识的性质，将学生学习的知识分为两类。一类是陈述性知识，另一类是程序性知识。陈述性知识是关于事实“是什么”的知识，它的基本形式是命题，许多命题相互联系形成的命题集合成为命题网络。程序性知识是完成某项任务的一系列操作程序——作者注。

研究方法，历史研究法只是其中的一种，不同研究方法在诸多方面存在差异，其中一个重要的差异就是提问方式的不同。历史的提问方式有以下几个特点：

第一，具体性。这是相对于哲学提问方式的抽象性和一般性而言的。“因为历史研究是在丰富而具体的文献资料基础上，揭示研究对象发展过程中的一切历史形式、全部丰富的内容以及各种相关因素”[3]。因此，运用历史研究法提出的问题都是具体性的问题，如某一思想（或制度）的起源（的创制人）、某一思想（或制度）对另一思想（或制度）的影响等。

第二，过程性。这是相对于规范研究法强调应然性和实证研究法强调实然性而言的。因为“历史研究法是一种跟随客观事物本身自然历史发展进行研究的一种思维方法和研究方法，力图按照客观事物本身发展历史的时间顺序和它在各历史发展阶段中的具体形态去进行描述”[3]。因此，历史研究法提出的都是过程性问题，如某一思想（或制度）经历了哪些发展阶段，每一阶段起始的标志是什么、主题是什么、思想（或制度）变迁的原因是什么。

在行政管理史课上，笔者主要是通过让学生阅读经典、提炼文本中的思想观点、建立逻辑系统、生成知识的方式，培养学生的历史感和历史的提问方式。

（二）培养学生资料查找的能力

在培养学生形成历史感和掌握历史的提问方式后，接下来的就是资料问题，“为了善于把握教育事实的总和，文献史料的鉴别和搜集就非常重要”[3]。因此，培养学生资料查找能力，是学习历史研究法的重要一环，可以从以下两方面着手。

1. 教师向学生介绍资料的类型和来源

在“行政管理史”课程的教学中，资料的类型和来源是由教师向学生介绍的，因为此前学生对资料类型和来源并没有一个明确的概念。

行政管理史研究所需的资料十分庞杂。从范围来看，有国内的资料，也有国外的资料；从形式来看，有纸质版资料，也有电子版资料；从性质来看，有一手资料，也有二手资料；从类型来看，有法律文本、演说、期刊论文、学位论文、学术著作。鉴于研究资料的复杂性，在“行政管理史”课程讲授之初，笔者就向学生介绍了几种主要的资料来源。

在纸质版资料来源上，笔者向学生介绍了几个重要的图书馆，如国家图书馆、北京大学图书馆、北京师范大学图书馆、武汉大学图书馆、厦门大学图书馆、首都经济贸易大学图书馆。在这些图书馆中，学生可以直接或通过馆际互借业务借阅纸质版的研究资料。

在电子版资料来源上，根据资料类型的不同，笔者向学生介绍了一些资料来源。在查找电子版图书方面，http://www.hathitrust.org/home 是一个非常好的数据库，该数据库创建于 2008 年，是加州大学和产业合作委员会联合发起的一项图书电子化工程，到目前为止，参加该工程的还有美国和加拿大的其他 82 所研究型大学。该工程将参与单位的所有图书进行电子化，并将电子化图书集中到该数据库。通过该数据库，可以获得其中的电子版图书，其使命是“通过搜集、组织、保存、传递和共享人类知识为人类公共福祉贡献力量”[4]。https://archive.org/也是一个很好的电子图书数据库，是谷歌公司 1996 年建立的一个网上图书馆，该图书馆将美国以及世界多所大学图书馆的图书电子化。1999 年之后，该数据库将电子资料的范围从图书扩大到视频资料、音频资料、软件资料等，可以从该网站上免费下载这些资料，其创建目标是：“为研究者、历史学家、学者、残障人员、普通公众提供持续的服务”[5]。

在电子版期刊论文来源上，笔者向学生介绍了外文过刊论文数据库 http://www.jstor.org/。JSTOR 数据库创建于 1995 年，现在收录 2000 多种学术期刊的全部学术文章，包括每种期刊从创刊之日起刊载的所有文章，并且现在还以每年大约 300 万页的速度增加。只要购买该数据库，就可以从上面下载其所有期刊的文章。首都经济贸易大学图书馆已经购买了该数据库，为学生学习和研究行政管理思想和制度提供了资料保障。在中文期刊数据库方面，笔者向学生介绍了中国知网数据库，学生可以在该网站上找到绝大多数中文文章，首都经济贸易大学图书馆也购买了这个数据库，所以学生在校内可以免费下载中国知网上的文章。

在学术论文来源上，笔者向学生介绍了外文学术论文数据库www.proquest.org。“该数据库主要收录了来自欧美国家的 2000 余所知名大学的优秀博硕士论文，目前中国集团可以共享的论文已经达到 405506 篇，涉及文、理、工、农、医等多个领域，是学术研究中十分重要的信息资源”[6]。首都经济贸易大学图书馆也购买了该数据库，学生可以在这个数据库上免费下载部分学位论文全文，其余的可以免费阅读论文前 24 页。同时，笔者向学生介绍了中文学位论文数据库，http://www.nlc.gov.cn/dsb_zyyfw/lw/lwzyk/，该数据库收录了中国国内各大学的部分硕士和博士论文。

此外，笔者还向学生介绍了一些其他的资料来源，一是美国国会图书馆，该图书馆中 A Century of Lawmaking for a New Nation：U. S. Congressional Documents and Debates 数据库可以查阅和下载美国自独立以来到 1876 年间联邦国会的所有立法资料。二是谷歌网站，尤其是在查阅国外研究资料时，谷歌能起到导航的作用。

2. 学生亲自动手查找资料——培养学生查找资料的能力

了解资料来源和能够找到资料进而形成资料查找能力并不是同义语。在向学生介绍了资料来源之后，笔者便连续以西方某一学者的行政学思想或某一行政制度为例，为学生布置资料查找的作业，要求学生查找有关这一思想家或这一制度的学术资料。笔者希望学生能够通过亲身实践，从查找资料过程中形成资料查找的能力。

通过对学生作业完成情况的检查，了解到学生在最初查找资料的时候，往往由于资料来源单一或检索关键词运用不当，导致资料查找得不全。因此，笔者在总结学生作业时，不但说明学生资料查找中存在的问题，而且向学生提出解决问题的建议。经过几次实践之后，学生的资料查找能力得到了一定程度的提高。

（三）培养学生资料解读的能力

找到资料后，新的问题是如何对资料进行解读。“行政管理史”安排在第四学期，由于城市经济与公共管理学院实行大类招生，在第三学期末进行专业分流，所以第四学期是学生专业分流后的第一个学期。在大类阶段，学生们主要学习大类课程，课程涉及面较广、类型较杂、数量较多、基础性较强，学生对专业经典文献的阅读量比较少。加之学院招生时文理兼招，从而导致行政管理史开课时，有些学生还没有完整地读过一部学术作品。因此，学生的学术资料阅读能力普遍比较低。

针对这种情况，笔者采用的方式是在每一专题授课之前，指定该专题的阅读资料，并要求学生事先阅读资料。然后，在课堂上，在笔者对阅读资料进行分解后，让学生对分解过的资料再进行阅读，并要求学生在阅读时思考每一部分阅读资料中作者说了些什么，言外之意是什么，其针对的问题又是什么。在学生回答的基础上，笔者再对学生的回答进行点评和总结。

在这一过程中，不仅学生学会了如何拆分阅读资料的能力，而且学会了在资料阅读过程中需要思考什么问题。

在课程前半阶段，主要由教师带领学生阅读经典文本。在学生资料解读能力得到一定程度的提高之后，笔者便逐渐退出。在课程的后半部分教学中，笔者主要是让学生自己阅读经典文本，培养他们形成独立的资料解读能力。

（四）培养学生根据逻辑体系生成知识的能力

在笔者的带领下，学生逐渐能够将经典文本中的思想提炼出来，接下来的问题便是根据逻辑体系生成行政管理史的知识。逻辑体系是由笔者提供给学生的，行政管理史的逻辑体系大致为：某一思想（或制度）的起源、某一思想（或制度）的发展阶段、不同阶段的标志、各阶段的思想主旨、推动某一思想（制度）变迁的原因、这一思想（或制度）的历史影响。根据这一逻辑体系，学生将在解读阶段提炼出文本的思想观点并在其基础上建立起思想体系。

相比于资料查找和文本解读，这种能力更难形成。在一学期的“行政管理史”学习结束后，大部分学生才形成了这种能力。

（五）学期论文——历史研究法综合运用能力的培养

要想形成独立运用历史研究法的能力，必须综合运用以上四种能力，为此笔者设置的任务是学期论文。要求学生选择历史上任何一位行政学思想家或一种行政制度，运用所学的历史研究法，对其进行研究。这为学生创造一种综合、独立运用历史研究法的机会，从而培养学生能够正确地运用历史研究法。通过对学生学期论文的评阅，发现与行政管理史开课之初相比，学生运用历史研究法的能力明显得到了很大的提高。

三、历史研究法教学模式的特点

（一）教师从以“讲”为主转变为以“讲”为辅

这种教学模式强调培养学生运用历史研究法的能力，而不是学习系统的、高深的、完善的行政学思想和制度的知识。与行政学思想和制度这种“陈述性知识”强调教师的“讲”有所不同，历史研究法这种“程序性知识”强调教师有限、有效的“指导”，这种指导包括向学生提供资料的来源、在最初阶段带领学生阅读资料以及向学生提供知识的逻辑体系。除此之外，教师不需要大量讲述具体知识，从而使“讲”降到了教学活动的辅助地位。

（二）学生从以“被动的听”为主转变为以“主动参与”为主

在这种教学模式中，学生只带两只耳朵进课堂是不可能的，它要求学生参与课堂教学活动。这种参与包括学生了解各种资料来源、查找资料、收集资料、阅读资料、与同学讨论、根据逻辑架构生成知识。简言之，要求学生参与行政管理史知识的直接生产活动，而这种参与在时间上远远超出了有限的课堂教学时间。

（三）师生关系从“对立”走向“合作”

这种教学模式还改变了师生之间原来的对立关系，从而在师生之间形成一种全新的合作关系。在知识讲授为主的教学模式下，课堂上所学习到的知识是老师事先准备好的、对学生来说是高深的、未知的，在这种情况下教师往往是高高在上的神祉，而学生则是其卑微的信徒，教师在向学生发布神谕，这种教学模式中师生之间是对立的。而在新的教学模式下，课堂上所学到的知识是师生之间共同努力建构的知识，学生从知识的接受者变成了知识的生产者，这样师生之间就不再是之前的“神祉”与“信徒”的关系，而是知识生产者之间的“同事合作”关系。

参考文献

[1]吴式颖.外国教育史教程[M].北京：人民教育出版社，1999.
[2]张斌贤.教育理论研究中的历史感[J].教育研究，1990.
[3]裴娣娜.教育研究方法导论[M].合肥：安徽教育出版社，2002.
[4]http://www.hathitrust.org/mission_goals.2014.
[5]https://archive.org/about/2014.

[6]http://www.nlc.gov.cn/dsb_zyyfw/lw/lwzyk/2014.

* 本文是2013年首都经济贸易大学教改项目"首都经济贸易大学本科生大类培养模式研究"的阶段性成果。

“公共管理学”课程可视化教学的思考与探索*

城市经济与公共管理学院　潘娜

【摘要】“公共管理学”课程是行政管理专业的核心基础课程，在整个课程体系中起着举足轻重的作用。可视化教学是随着信息技术的崛起，依赖图片、视频等载体提高知识教学可视化的有效方法。在“公共管理学”课程教学过程中，广泛、科学地运用可视化教学手段既适应了该课程跨学科、体系宏大、“亲社会”、易于获取相关素材的学科及实践特点，又适应了受众学生追求创新、偏好视觉冲击的学习特点。

【关键词】公共管理学　可视化教学　实际应用　实际困难与解决办法

随着信息化技术手段在教学过程中的引用，依赖于多媒体设备的可视化教学已经越来越普遍。有教师幽默地说：为了降低学生的“低头率”，连数学课都要通过视频来提高课堂的趣味性。公共管理学是一门研究公共管理过程（即以政府为核心部门提供公共产品与公共服务的过程）的发展规律的科学，其亲社会性使它与日常时政、新闻、资讯密不可分，这也就意味着与课程教学相关信息的采集，特别是可视化材料的采集相当便捷甚至普遍。因此本文以可视化教学的定义阐释及特点分析为基础，重点思考并梳理公共管理课程可视化教学的实际应用及效果，探讨其面临的挑战以及化解方法与路径，以推进公共管理可视化教学的发展。

一、可视化教学的定义及特点

可视化教学简言之是将知识通过可视化的形式传授出来，它能有效解决隐性知识难以传播的问题，其实质是将知识通过显性化的图解手段表示出来，形成能够作用于人感官的知识的外在表现形式，从而促进知识的传播和创新。可视化教学作为一种有益的教学工具，一种教学信息呈现的可行方式，一种可以帮助学生思考并解决问题的有效手段，在教学活动中应更广泛地加以利用。

基于多媒体技术的可视化教学拥有直观化、形象化、具体化、多元化等特点。首先，由于其直观、形象和可视化的特点，使得它的应用更适合于善于形象思维、敢于创新的现代90后大学生；其次，应用视觉表征手段及图解手段等建构和传达复杂知识，相比传统文字等静态、单一信息，知识传播更加直接，信息传播及认知更加生动；再次，可视化教学不仅传递事实性知识，还可以用来传递经验、价值观、意见等隐性知识，因此在短时间内能够通过视讯材料传递更深刻、更具体、更多样化的声音与信息。

总的来说，可视化教学不仅有助于教学信息的形象化呈现和传递，还有助于学生进行信息的重构；不仅可以快速传播显性知识，还可以将隐性知识进行适当的转化与传递；不仅能够优化学生的认知结构，还能够培养学生的创造性思维。

二、"公共管理学"可视化教学的实际应用

综合笔者所在教学课程组的日常教学实践及相关经验总结与交流，笔者将"公共管理学"课程的可视化教学手段分成了四种方法：知识呈现、内涵挖掘、案例导入及知识拓展，并且就不同方法结合实例进行了具体的阐释，分析综述了其依赖的资源及技术手段，以及各种方法的实际效用。

（一）知识呈现

知识呈现法主要是指将有关"公共管理学"的知识通过图、表等形式直观地传达出来。特别是针对公共管理学某一板块内容的理论溯源及价值变迁等历史变迁可以采用此方法，比如西方公共行政发展阶段及核心价值的时间序列轴、公共管理要素结构图、传统公共管理与新公共管理的范式比较等。

计算机绘图工具的进步使越来越多的学理知识可以通过 Photo Shop 及 Coreldraw 等绘图软件以及办公软件中 Smar tArt 等工具的帮助，以信息化手段进行知识的可视化呈现及讲授。通过这种方法，能将综述性文字在图文处理之下实现高度凝练及形象化的传播，从而加强学生对知识点的消化理解，形成知识记忆，提高逻辑思维能力，并且培养他们的知识归纳、推演能力。

（二）内涵挖掘

内涵挖掘方法主要指教师引导学生通过图像、视频、数据描述等可视化素材演绎、归纳出某一概念、定义或研究对象的特点、特质等知识，将知识点的"填鸭式"被动接受，转化为"开动脑筋"的主动式知识挖掘。比如通过中国 5·12 地震的宣传片引导学生思考危机管理的定义，启发学生领会公共服务动机对公职人员外显行为的诱发机制；通过灯塔、国防、高速公路、教育等图片的展示，要求学生寻找对象物的共有特性，指导学生绘制出排他性、竞争性、非排他性及非竞争性的四象限图，揭示出公共产品与准公共产品的特点；通过国内外历次行政体制改革的国家部委机构数量及公务员规模的线形、矩阵形数据描述图，帮助学生归因出各国公共部门机构改革的运动规律。这种方法得益于计算机、信息技术及影视技术的飞速发展，有赖于视频整理、图片处理及统计描述等技术方法。

笔者在课堂前奏环节，要求学生对上节课知识点进行回顾，发现学生们印象最

为深刻的就是上节课的视频主题及数据描述图等。因此通过此方法，能排除学生对枯燥定义的厌烦，加深学生对知识的消化与掌握，提高学生发现问题、思辨问题的能力，也能让学生抛弃懒惰的学习习惯，充分开动脑筋，进行知识的自我开发与建构。

(三)案例导引

案例引导也是"公共管理学"的常用教学方法，任课教师一般会导入一些热点新闻、热议图片或视频，切入到课堂主题，让学生对课程内容有基本的了解，或是引出有争议的话题，供学生们讨论。比如播放《国家形象宣传片》，引导学生们思考政府如何在政治、经济、社会及文化等各项事业中发挥应有职能；播放"春节禁止燃放烟花"的短片，引导学生针对"禁烟"的合理性展开辩论；播放《一户一席谈·是否应该放开一胎政策》，激发学生们讨论"计划生育政策"的未来去向，启发学生分析政策议题如何形成及政策改进的可能方法与路径。

这种方法需要占有海量的视频、图片资源，并且对图片进行修改与处理，并对视频文档进行采集、删减及编辑等。通过此种方法，能扩大讨论案例的信息量，扩大学生的知识面，并能激发学生学习新知识及参与案例讨论的热情，提高学生的观察能力、归纳能力及分析问题的能力。

(四)知识拓展

知识拓展方法是希望运用可视化素材，增加学生们书本以外的知识，拓宽学生们的知识面，开阔视野。比如，播放桑德尔教授讲授的哈佛公开课"公正—该如何做是好"中的第一讲"谋杀背后的道德逻辑"以及第八讲"公正的起点"，启发学生评判性思考关于公正、正义的一些基本问题，扩充学生们对政治哲学与道德的认知与理解；课间放映几部"廉政"系列公益广告，启发同学们认识行政伦理中行政主体的伦理道德的内涵与行为规范。

这种方法同样需要教师提前搜集大量可视化素材，并且要求教师基于较高敏感性及鉴别能力的基础上运用视频编辑等方法，将精华段落编辑整合在一次，并力求保证视频内容的内在逻辑性。这种方法能在有限的课堂时间，尽可能帮助学生摄取更多的知识，扩充学生的知识量，并且提供信息源供学生们课后依兴趣自主学习。

下面笔者将这四种方法的内容介绍、运用举例、技术基础及可能的教学意义通过表格的形式呈现出来。

表1 “公共管理学”可视化教学方法总览表

方法	知识呈现	内涵挖掘	案例导引	知识拓展
内容介绍	将“公共管理学”的知识通过图、表等形式直观的传达出来	通过可视化素材演绎、归纳出某一概念、定义或研究对象的特点、特质等知识	通过热点新闻、热议图片或视频等引入课堂主题，或引出有争议的话题	运用可视化素材，扩大学生们书本以外的知识，拓宽学生的知识面，开阔视野
运用举例	西方公共行政发展阶段及核心价值的时间序列轴；公共管理要素结构图；传统公共管理与新公共管理的范式比较图	5·12地震的宣传片；灯塔、国防、高速公路、教育等图片；国家部委机构数量及公务员规模的线形、矩阵形数据描述图	《国家形象宣传片》；“春节禁止燃放烟花”的短片；《一户一席谈·是否应该放开一胎政策》	哈佛公开课“公正——该如何做是好?”之“谋杀背后的道德逻辑”；“廉政”系列公益广告等
技术基础	Photo Shop及Corel Draw等绘图软件以及办公软件中Smart Art工具	视频整理、图片处理及统计描述等	图片修改与处理，视频文档的采集删减及编辑	视频编辑等技术
教学意义	实现知识的高度凝练及形象化传播，加强学生对知识点的消化理解，提高学生的逻辑思维能力、知识归纳、推演能力	排除学生对定义解释的厌烦，加深学生对知识的消化与掌握，提高学生发现问题、思辨问题的能力	扩大讨论案例的信息量，扩充学生知识面，激发参与案例讨论的热情，提高学生的观察、归纳及分析问题的能力	在有限课堂时间，帮助学生摄取更多的知识，提高学生的学习兴趣，并且提供信息源供学生们课后自主学习

三、“公共管理学”可视化教学的实际困难与解决办法

“公共管理学”可视化教学与现代学生渴求创新、追求视觉冲击的特点相适应，相比传统“听课”模式，这种“听看结合”的教学方式更受学生喜欢。但是教师在实际运用过程中会遭遇很多的困难与挑战。

（一）时间及技术成本的限制

首先，教学可视化素材的获取需经过大量搜集及去粗取精的过程，并且有些材料涉及知识产权保护等问题，有些理想素材并未开放下载权限，因此并不能“信手拈来”，需要投入大量的时间与精力。有时为了寻找一个合适的视频，绞尽脑汁，但最后还是徒劳无功。其次，素材获取之后，需要针对特定知识内容及理论原理，对素材进行剪切、编辑与处理，并且需要结合教学思路与模式，截取恰当的片段或画面，因此不但需要耗费时间，而且还需要运用一定的计算机技术。如何化解使用成本较高的挑战？笔者认为有以下几点。

首先，任课老师可以成立课程组，“化零为整”，将课程组所有老师搜集的素材进行整合，这样既能不断切磋可视化教学的方法，又能形成合力，寻找到相对典型、恰当的案例“为教学所用”。再加上“公共管理学”的知识体系非常广，相关资料也非常丰富，每天都有新新闻、新故事、新案例、新舆论等，因此可以从网络这个“信息聚宝盆”中搜集可视化的视频、影像、图片、漫画等材料，逐步建立起一个以教学为导向的分门别类的数据库，并不断对其进行更新与扩充。

其次，可以发动学生们去寻找一些他们感兴趣的素材，并在电脑操作技术较强的同学的帮助下，提高处理素材的能力，这样既锻炼了学生的学习能力，又提高了学生们的参与感。

另外，我校的“数字实验室”“应急管理实验室”等也能为可视化教学提供信息剪切、编辑、处理的硬件设施与技术支撑，要善于从这些先进的数字化平台“借力”，将教学、科研与现代技术相融。

（二）运用频率与时长的误区

在教学过程中，有的公共管理教师会因为知识内容太多，担心教学计划不能按时完成，而不愿意采用耗时较长的可视化教学方式；而有的教师在教学过程中非常偏好放视频，这使得学生感觉教师在“敷衍课堂”，造成教师不负责任的错觉。可视化素材确实有它的优势，并且适合时代特点和现代学生的特点，但是教师在使用过程中也会遇到“什么时候用”、“用多久”和“用多少次”的困惑。而且有时费尽心思寻来的素材因为使用不当，起不到应有的效果，让教师自身也有种挫败感。这样一来，教师们在运用的过程中更应当谨慎。

首先，坚持以课程内容为中心，切忌单纯运用可视化手段实现填充课程时间的目的，并且负责任的可视化教学还应该杜绝不加甄别地滥用可视化素材的行为。特别是当材料掌握不翔实、不充分时，更应该坚持科学求真的教学态度。“宁缺毋滥”不但是一种严谨的教学态度，更是一种难得的求学精神。

其次，笔者认为可视化教学需要教师和学生双方的共同努力。教师需要对一学期的课程进行总览性设计，将教学内容、教学方法及课堂、课后的作业安排都提前布置下去，让学生提前做准备。特别是教师需要提醒并调动学生针对知识点进行提前预习，这样才能让一些可视化素材在课堂播放时引起学生的共鸣。假若可视化素材播放时间较长，可以布置学生课后学习，依靠课后学习延长课程时间，以保留足够的课堂研讨时间。

再次，教师需要灵活地把握可视化材料使用的频率与时长。笔者并不建议每堂课都使用视频，这样可能会引起学生的“审美疲劳”，甚至是对教师的教学态度表示怀疑。笔者建议交错使用可视化视频，并且每次的放映时长最好不超过总课长的一半。笔者曾去台湾政治大学行政管理系调研，并且亲自观摩了他们“行政管理”课程中“团队建立与知识分享”这一章节的学习。在2个小时时长的课程中，大概影片观映1小时，讲解与讨论1小时。而且从他们的《行政管理课程纲要表》中发现，在18周的课程安排中，共有4大讲内容，只安排了4次影片观赏及讨论（详情见表2）。

表2　台湾政治大学行政管理系《行政管理课程纲要表》①

周数	进度内容
1	课程简介：何为有效的公共管理？
一、公共管理者的身份、动机与能力	
2	公关管理者的“身份伦理”为何？
3	公共服务的“动机”是什么？
4	谁是“优秀”的公共管理者？
二、公共管理者的行为、组织与环境	
5	团队建立与知识分享（影片：《官僚之夏》中的团队建立）
6	激励与考绩奖惩（案例：考绩是怎么打的？）
7	领导、参与和组织公义（案例：公共组织的玻璃天花板）
8	创新与冲突管理（案例：行政院组织改造的总量策略）
三、公共管理者的知识、决策与执行（方案管理）	
9	决策的理论与实物（影片：《惊爆十三天》中的决策）
10	咨询的收集与使用（案例：web2.0时代的决策参与）
11	专题演讲：公务人员与公共组织
12	公私协力与跨域执行（案例：BOT下的蚊子馆）
13	目标与策略管理（案例：长期护照的服务输送）
四、公共管理者的回应、责任与课责（政治管理）	
14	政治与事务关系（影片：BBC，《是，大臣》）
15	政府公开与政策行销（案例：有感施政与闻声救苦）
16	回应性与依法行政（影片：《不能没有你》）
17	行政专业的困境与突破（案例：火化达人的贪腐嫌疑）
18	期末讨论

但是，图片、图形可以当作插图使用，并可以根据具体情况在讲演PPT上多添

①2014年3月18日上午9点，笔者访问了台湾政治大学行政管理系陈敦源教授，并于10点—12点亲自观摩了陈教授主讲的“行政管理”课程，从陈教授那里获得了该课程的课程纲要。

加一些。特别是可以给一些定义增加一些漫画，增加学生形象化理解的可能性，比如“用脚投票”“搭便车”“政府失灵”等术语，配上有意思的漫画与讲解，会让学生印象更为深刻。

（三）知识可视化与转换的困惑

“公共管理学”的可视化教学是希望将公共管理的相关知识进行可视化处理，旨在使知识库中的知识以更丰富、形象、直观的方式呈现出来，使学生更容易理解与接受，并更有利于传播新知识。而公共管理学知识是对公共管理过程中主体行为的规律性认识，是通过反复实践和认识在人脑形成对事物本质的认知。因此，公共管理知识的可视化教学不仅仅将是数据、文献或信息等运用图文处理、统计分析、数据挖掘方式等呈现出来，更是通过可视化将一些经验、技能和认知传递出来，启发人们直接利用知识有针对性地解决问题的一门技术。

公共管理知识的可视化与转化并不止于简单的可视化呈现，它还需要在教师的智慧选择下，促进积极的师生互动才能得以实现。所以通过教师对公共管理知识的可视化教学，帮助将知识转化成学生的“自有知识”，其实非常困难。某一知识只有在启动可视化教学模式的条件下，再通过课堂现场的归纳演绎总结、争辩去伪存真、反复追问论证等过程才能得以转化，最终实现学生掌握知识的目的。比如：知识呈现及知识拓展的可视化教学方法，要求教师“收放自如”，强调学生对知识点的归纳、演绎与总结能力，帮助学生强化知识的掌握；对于案例引导的可视化教学方法，教师需要“全盘把控”，推行讨论、辩论等课堂互动方式，引导学生挖掘正确的知识认知；对于内涵挖掘的可视化教学方法，教师需要“穷追猛打”，运用反复追问的方法，指导学生捕捉内涵的独特性，并以最精准的方式呈现出来。其实，可视化教学的方法和技术非常多元化，教师要做的只是注意到各种方法的适用性，随着经验的累积，“胆大心细”地将其运用起来。

“公共管理学”是一门非常有趣的课程，运用可视化教学的方法，不但适应了其知识体系综合化、系统化、多元化的理论特点，也适应了广泛性、亲社会性等实践特点，同时还适应了现代大学生时尚的求知方式与善于探究的性格特征。因此在公共管理可视化教学的过程中，教师还应继续勇于摸索、相互交流并累积经验，争取更大的进步，以至臻于至善。

* 基金项目：2013年首都经济贸易大学教改立项项目资助(01691354210120)

案例教学法在“电子商务概论”课堂教学中的应用研究

工商管理学院　陈蔚珠　李颖

【摘要】案例教学法自哈佛大学创立并实施以来，被多门课程广泛采用。本文从案例教学法的理论基础入手，探讨了如何将案例教学法应用于“电子商务概论”课堂教学，从课前资料准备、课堂教学设计与组织、课后的引导与拓展、课程考核等方面提出如何实施“电子商务概论”课堂案例教学法以及需要注意的问题。

【关键词】案例教学法 电子商务概论 课堂教学

一、引言

在实际的教学工作中笔者了解到，当前电子商务理论教学中，理论与实际还存在着不同程度的“脱节”现象，“老师一人讲，学生众人听”还是主导的形式，课堂教学缺乏吸引力是一个较为普遍的现象。“电子商务概论”课堂中引入案例教学，可以通过多种形式呈现基于真实的生活情境或事件，能够让学生进入到真实的电子商务实践情境中，拉近教学情境与实际应用的距离，提升课堂教学的趣味性和实用性，而且我校已具备这样的能力。案例中呈现真实事件的大量信息，能够引发学生主动地思考和分析，对进一步促进学生的自主学习非常重要。案例教学法的最大优点在于它能够帮助学生学以致用，解决理论和实践脱节的问题。研究和推广案例教学法有助于进一步提升教学水平，培养高素质人才。中国的教学体制正面临着严峻的挑战，各高校已经充分认识到案例教学的必要性，希望通过案例教学改进教学方法，提高教学质量。

“电子商务概论”既是一门实践性很强的应用性课程，又是一个涉及计算机、信息、经济、法律等的交叉学科的课程。“电子商务概论”课程的教学既要注重理论知识，又要强调实践应用能力的培养，是一门理论与实践并重的课程。因此，要为社会培养合格实用的人才，需要从社会的实际需求出发，提供丰富的电子商务案例，在“电子商务概论”课程中运用案例教学方法、启发式教学手段，结合学生的主动参与，使学生通过参加案例分析和讨论，掌握主要的知识内容，汲取企业的电子商务实践经验，并从中激发创新思维意识，提高分析和处理相关问题的能力。

二、案例教学法的含义

案例教学法译自英文(Case Study Approach),概括地说,就是对案例进行分析和讨论。华东师范大学教育学教授郑金洲从两个不同的角度给出了案例教学法的定义:其一是“案例教学法可界定为通过对一个具体教育情境的描述,引导学习者对这些特殊情境进行讨论的一种教学方法。这在一定意义上,它是与讲授法相对的”。其二是“案例教学法以教学案例为载体,是基于一定的教学目标,选择一定的教学案例从事教学的一种教学法;它以学习者的积极参与为特征,强调师生对案例素材共同进行探讨,并写出有关案例报告;它与本课程的关系更多地体现为一种形式和内容的关系”。西南师范大学的靳玉乐教授将案例教学法界定为:“在教师的指导下,根据教学目的的要求,组织学生通过对案例的调查、阅读、思考、分析、讨论和交流等活动,教给他们分析问题和解决问题的方法或道理,进而提高他们分析问题和解决问题的能力,加深他们对基本原理和概念理解的一种特定的教学方法。”虽然上述定义强调的重点不同,但对案例教学法的理解都有最基本的共同点,即根据一定的教学目的,选择带有启发性的典型案例,通过组织研讨或提供一定的情境描述,让学生去感悟、理解和掌握理论知识,根据情境去想象,目的是提高学生的相关学科素质。

三、“电子商务概论”课程案例教学法的特点

(一)“电子商务概论”课程的特点

“电子商务概论”课程具有实践性、综合性、时代性等特点。电子商务是指企业利用现代信息技术开展一切商务活动,是网络与企业商业活动及其他与企业商业活动相关的活动的综合。“电子商务概论”课程主要围绕企业与消费者之间的网上交易、企业内部网络化管理及企业与企业之间通过互联网进行的交流与合作等电子商务应用的三方面内容进行讲解,“电子商务概论”课程涉及计算机网络、通信、市场营销、管理、经济、金融、法律等学科。电子商务学科兼具稳定性与变动性,这就要求“电子商务概论”课程教学必须密切联系实际。

(二)“电子商务概论”课程案例教学法的特点

“电子商务概论”课程案例教学法具有独特的特点,通过将案例法与传统讲授法进行比较可以看出,案例教学法具有以下特点:

1. 采用案例教学法是为了培养学生实践技能。案例教学是在课堂上采用真实的电子商务案例让学生利用所学知识进行综合分析、判断,所追求的不是要求学生找到解决问题的唯一答案,而是通过学生自身的独立思考来解决问题,使学生在开放的教学环境中,发挥主观能动性,运用所学知识对案例进行分析。在案例教学过程中,学生不仅能从讨论中获得知识、经验和思维方面的好处,而且能从讨论中

学会与人沟通相处，提高学生处理人际关系的能力。

2. 案例分析结果的多元化。案例为全体学生提供了同样的情景和信息，从同一起点出发，人们会提出不同的见解，而且答案是开放式的，不存在什么标准答案。为了解决电子商的实际问题，可能会存在多种解决问题的方案，也可能需要在多种方案的比较中择优。当问题较为复杂时，也可能一时找不到解决问题的方法，教师此时可以通过提问引导学生一步步思考、摸索，直到能找到解决或处理问题的结果。这种答案的多元化，可以开拓学生的思路，调动学生的学习积极性。

3. 案例教学以学生为中心。学生是案例教学的主体，案例教学的设计、教学目的，都要体现以学生为中心。教师作为指导者，其主要责任是选择组织好案例，组织和指导好课堂讨论，让全体学生参与，在案例所描述的特定环境中，对案例所发现的问题进行讨论、争辩，并在此过程中相互学习，相互成长，真正实现教学相长。

4. 案例教学体现教学创新。案例教学法改变了传统的教学观念，解决了传统教学模式的弊端，调动了学生的学习主动性，找回了学生的自我意识，促使学生敢于陈述自己的观点，提出解决问题的方法，其实质就是一种教学创新。而且案例教学还可以提高教师的授课水平和能力，帮助学生树立自信心，增强学生的实践技能，为将来走向社会打下良好的基础。

四、“电子商务概论”课程案例教学法的常用模式

(一)教师组织案例并进行分析的模式

该模式的主要目的是通过教师讲解案例，进一步阐述相关理论的现实应用及意义，加深学生对该理论的理解和认识。该模式的案例一般不宜过长，并且案例的内容选择一定要密切联系相关理论，整个过程以教师讲授基本理论为主，案例主要起例证的作用。

(二)教师组织案例，学生进行分析的模式

该模式的主要目的是培养学生综合运用相关知识进行分析的能力。这种案例一般篇幅较长、信息较完全、有思考题、案例分析时间要求较长。通常要求学生先认真阅读案例，并独立思考问题，随后进行小组讨论，通过小组成员间的积极探讨，找出问题症结所在，提出最佳的解决方案；接下来是小组发言，每个小组选一位代表讲述分析结论和解决方案，其他小组可就其结论、方案进行提问，通过小组间的互相探讨、启发，逐步得到大体一致的认识或结论；最后要求学生写出案例分析报告。在整个过程中，教师不进行直接干涉，但要营造好讨论氛围，并及时做好引导和评价工作。

（三）教师提出问题，学生组织案例并进行分析的模式

该模式的主要目的是让学生自己查找相关信息，从而了解社会经济发展动态，培养学生组织信息、发现问题、分析问题的能力，增强学生实际动手操作的能力；教师仅仅提出问题和提供问题方向及指导性意见，有关案例及其具体内容由学生自己决定，该模式对学生的自身素质要求相对较高。

五、“电子商务概论”课程案例教学的实施过程

（一）明确教学目标

明确教学目标是案例教学课程设计的第一步，只有在教学目标明确的基础上，教师教学材料的收集和组织、教学行为的选择、教学组织形式的设计等活动才能有方向、有序地进行下去。“电子商务概论”课程的总体教学目标是使学生了解当前世界电子商务的发展趋势，理解和掌握电子商务的基本原理、方法以及实际运作程序，以适应信息化发展浪潮对多元化人才的迫切需要。在实际操作中，授课教师应根据电子商务课程每一部分的具体目标来搜集资料，组织教学。

（二）撰写教学案例

确定了教学目标之后，就可以根据具体目标来撰写教学案例了。案例是整个案例教学的核心，案例撰写质量的好坏直接影响着课堂教学的效果。撰写案例过程中一般要注意以下几方面的问题：

1. 案例的内容符合教学目标要求。实践中的电子商务案例为数众多，但并非每一个案例都适合在课堂教学中运用。教师需要根据教学目标有针对性地选择包含教学重点和难点的案例，不必面面俱到，使学生通过对案例的分析和讨论加深对课程重点和难点的理解。

2. 案例要能够蕴含电子商务基本概念和规律。案例教学的目的之一是使学生理论联系实践，提高实战能力。教师必须精心选择那些具有代表意义的，能够反映电子商务基本概念与规律的案例，使学生在案例探究过程中掌握所涉及的理论知识。目前，大多数电子商务类教材的应用案例都选择国内外知名企业的案例，这些案例虽然具有一定的代表性，但是并不能反映国内电子商务发展的全部情况。因此在教学中不妨选择一些学生身边的案例，这些案例往往更能够调动学生的学习积极性。

3. 案例要具有启发性。案例教学模式的核心在于由学生依靠自己的经验、知识对案例做出判断，教师只对判断结果进行分析与评论，而是不简单地判定对错。因此教学案例必须留给学生足够的思考空间，使其能够灵活应用书本知识，在相互讨论、启发中找到解决对策，从而达到案例教学的目的。

（三）组织案例讨论

在这一阶段，首先教师应以恰当的方式把案例呈现给学生。教师既可以在课前把大量文字编写的案例发给学生，要求其提前阅读，也可以在课堂上以视频、音频、录音或幻灯片的形式呈现案例。其次，教师应向学生提出恰当的问题，让学生围绕这些问题边看案例边进行思考，在设计问题时应切中要害，发人深思。最后，在案例讨论过程中，教师应根据具体情况，引导讨论，鼓励创新。在案例讨论阶段，为了展开和维持有效的讨论，应注意以下问题。

1. 控制课堂气氛。教师在组织案例教学的过程中，要注意掌握控制课堂气氛的技巧，尤其是讨论开始阶段和高潮阶段。在讨论开始阶段，学生的积极性尚未被调动起来，经常会沉默以对。这时教师应及时调节课堂气氛，缓解学生的紧张情绪，使学生能够在逐渐轻松的课堂氛围中表达自己的观点。在讨论高潮阶段，情况恰恰相反。学生的积极性已经被完全调动起来，学生往往会因观点的不同而形成激烈的争论，这势必会造成班级秩序的混乱。为了能使讨论顺利进行，教师应适当地给学生"熄火"，引导学生理智地进行讨论，不要掺杂太多的个人情绪。

2. 避免表达教师的个人观点。教师在把案例呈现给学生的过程中，应尽量避免表达自己的个人观点。案例教学的重点就在于让学生根据案例，自主分析问题，在分析问题、解决问题的过程中构建知识结构。如果教师直接或间接地表达了自己的观点，势必会束缚学生的思维，无法达到案例教学的目的。

3. 鼓励学生的见解。案例教学中所采用的案例一般都较为复杂，学生在分析案例时往往存在很大的不确定性，为了调动学生的积极性，教师应该强调案例讨论本身是没有"标准答案"的，只要思路正确，能够经得住实践的考验就是正确的。在讨论的过程中，教师应充分尊重和肯定学生的分析结果。当学生对于案例产生分歧时，往往会引发较为激烈的争论，此时教师应肯定学生的不同见解，引导学生从多角度分析问题。

（四）设计有效的讨论小组

在案例讨论中经常采用小组讨论的模式，设计有效的讨论小组能够使讨论更为顺利。首先，从小组的规模上看，一般 5 人左右的小组是比较合适的。小组成员过多会造成讨论不够充分，难以使每位成员都能表达自己的思想，而小组成员过少又会降低讨论的水平和气氛。其次，从小组成员的构成上看，每组的整体水平应该相差不大，而每组内部成员之间的个人情况（如性别、性格、家庭背景、成绩）应有较大的差异。最后，为了确保讨论的充分有效，应在学生自愿的基础上进行角色分工，如小组长、记录员、报告者等。在每次小组讨论时，小组成员间进行角色轮换。这样一方面增强学生的团队合作意识，另一方面也可以使学生体验多种角色，锻炼多方面能力。

(五)评价与反馈

评价与反馈是案例教学的最后一个环节。由于案例教学与传统教学存在较大的差异,因此在评价过程中不仅仅要重视学生的学习结果,还应同样重视学生的学习过程。案例教学的评价可以包括两个方面:一方面是对学生学习过程的评价,通过学生在案例分析中的表现来判断,如是否能够主动地提出自己的观点,是否能够很好地与他人合作,是否表现出一定的探索精神等;另一方面是对学生学习结果的评价,可以通过撰写案例分析报告或卷面测试的方式进行。

六、"电子商务概论"课程案例教学中应注意的几个问题

(一)案例教学法与其他教学法的关系

案例教学是为学校确定的培养目标服务的,它应该与其所对应的理论知识有直接的联系,即案例教学要建立在一定的理论基础之上。因而,只有在学生充分理解和掌握电子商务的基本理论、基本概念和基本原理后,才能有效地开展案例讨论,使其在电子商务事务处理与决策能力等方面得到锻炼。在理论知识的普及和更新方面,传统的讲授式教学法具有其独特优势,它能全面、系统地向学生传授电子商务的基本理论、基本概念和基本原理。但在讲授中要注意理论部分力求少而精,并注意启发学生的学习主动性和自觉性。因此,案例教学法与其他教学方法应该并存使用,并各有侧重、相互促进,促使学生在系统掌握知识、技能的同时,提高各方面的能力。

(二)案例教学法应以教师为主导,以学生为主体,发挥教学相长的作用

一方面教师是整个案例教学过程的主导者,掌握着教学的全过程,要引导学生进行思考、讨论,进行总结归纳;另一方面,在教学过程中通过共同研讨,教师不但可以发现自己的不足,而且可以从学生那里吸收一些新的东西,增强自身的素质,更好地推进教学。

(三)案例教学法在时间上要有一定的保证

案例教学需要耗费较多的时间,一是要在学生掌握电子商务基本理论知识的基础上才能开展案例教学。如果学生在这方面有缺陷,就必须进行补课,因而在课时上要进行统筹安排。二是搜集案例需要很多时间,挑选好而精的案例对课堂效果起着重大作用。三是学生需要在课前对案例情景有充分的了解,为参与案例教学提供保证。四在课堂教学中要有足够的时间安排,保证案例讨论充分有效,避免仓促收场,影响教学效果。

案例教学是通过使学生经历或体验模拟具有一定典型意义的事情发生、发展过程来深刻理解一定的理论和知识的教学方法。电子商务学科的综合性和实践性特点,决定了案例教学在"电子商务概论"课程教学过程中所起的重要作用。高校

电子商务教师应在不断提升自身专业水平的同时，积极探讨并运用案例教学法来提高教学效果，促进学生认识和解决问题的能力的提高。

参考文献

[1]李研，文庆．浅析电子商务课程案例教学法[J]．教育科学，2009(4)：146．

[2]张慧颖，苗楠，李光磊．电子商务案例调研及案例库建设[J]．哈尔滨商业大学学报，2004(10)：633－636．

[3]陈海涵，胡海清．案例教学法在电子商务专业课程教学中的运用[J]．丽水学院学报，2006 (8)：102－103．

[4]李凯．电子商务教学中的案例教学法[J]．计算机光盘软件与应用，2013(4)：238－240．

[5]刘丹．案例教学法在电子商务课堂教学中的应用．[J]．现代企业教育，2010(1)：53－54．

[6]张薇．浅析案例教学法在电子商务课程中的应用[J]．华章，2009(1)：65－66．

[7] 马强．案例教学法在电子商务专业课程教学中的应用[J]．湖南工业职业技术学院学报，2006(12)：253．

[8]郑金洲．案例教学指南[M]．上海：华东师范大学出版社，2000．

[9]靳玉乐．案例教学原理[M]．重庆：西南师范大学出版社，2003．

实践教学中知识内化的教学方法探讨

——"市场营销调研"的实践教学设计

工商管理学院　林力

【摘要】传统的教学活动，虽然在知识传授的完整性、系统性，甚至前沿性方面都有所体现，但在通过授课模式的设计帮助学生完成知识内化方面尚显不足。"市场营销调研"是工商管理和市场营销专业本科生的专业课，也是营销理论实践过程的必要环节。本文采用以学生为主体的思路设计课程，通过六大模块激发学生的学习动机，采用实战模拟的方式使学生完成知识内化，让课程变成整合知识的平台，调动学生学习的自主性，并利用反馈机制使学生们不断改进进而加深对所学知识的认知，帮助学生实现知识的内化进程。

【关键词】市场营销调研　知识内化　实践教学

"市场营销调研"是工商管理和市场营销专业本科生的专业课，是市场营销理论向操作方向的延伸课程，也是营销理论实践过程中的必要环节。"市场营销调研"既是理论课程，也是工商管理和市场营销专业本科阶段为数不多的带有"工具色彩"的课程。如何加深学生对于营销理论在实践中的应用、提升学生获取对营销决策起支撑作用的直接和间接资料的能力、培养他们对直接和间接资料的分析能力、了解分析结果与营销决策的关系，是本课程的重要任务。要想实现上述任务，课程的设计以及授课方法就应该注重知识的内化，以帮助学生实现从学习知识到形成能力的过渡。

一、关于知识内化的理论依据

有些学生能够在考试中得到高分，但却无法利用所学知识解决现实问题，即所谓的"高分低能"。就像有些学生能够背诵道德规范，却没有形成良好的道德品质，出现了"说一套做一套"的问题。这种现象往往是没有完成知识的内化过程造成的。

所谓"内化"，是指外部客体的东西经过主体的重新组合转变成主体内部东西的过程。就学习而言，学生是主体，相对于学生以外的都是客体，包括教师、知识，以及传授知识的方法。教育的最终目的就是要使外部客体的东西内化为学生自己的东西。而这一过程就是客体经过主体的一系列智力活动的重新整合，将客体中知识的部分转变为主体的内部知识，与主体原有知识有机融合，形成新的认知结构的过程。

知识内化形成能力则必须使内化知识稳固化，即不会被遗忘；无形化，即看不出技巧与形式；无意识化，即运用知识的潜意识化；智能化，即将知识转化为智力内涵和能力的外显形式；心理能量化，即内化的知识已不再是意识性质，它已经转化成一种物质意义上的心理能量。此时外部知识已经转化为主体所拥有的一种能力。

心理学的研究表明，完成知识内化是由“认知结构”“同化与顺应”以及“元认知”共同作用的结果。所谓“认知结构”，即：主体利用其原有的认知结构，经过一系列的认知活动，将新知识内化于学习者原有的认知结构之中，以建立新的认知结构的过程。认知结构不但是知识内化的结果，而且是制约知识内化的重要心理机制之一。

所谓“同化与顺应”，是指任何外部刺激都是通过“同化”和“顺应”这两种机能而被接收到主体的认知结构中来的。“同化”是学习者用原有认知结构解释新知识，将新知识吸收到已形成的认知结构之中。“顺应”是指学习者修改原有的认知结构，或建立新的认知结构以适应新知识，进而导致认知结构出现“质”的变化。“同化和顺应”机制在学生学习知识时通过以下三种形式表现：其一，当学生的学习时认知结构发生原有知识观念的概括水平高于新学习的知识，这种学习即为下位学习，此时的学习是将新知识与原有知识关联，并把新知识归入原有认知结构中的过程；其二，当学生学习是在原认知结构所包含的观念基础上，学习一个包容性程度更高的命题，并引起认知结构发生质的变化，这时的学习即为上位学习；其三，当学生学习时新旧知识处于同一个层次，学生可以通过自己已经掌握的规律理解新知识，使自己的知识得到广泛的迁移，此时的学习属于并列结合学习。

所谓“元认知”，是关于学生对自己认知的认知，是个人对自己的认知加工过程的自我知觉、自我评价和自我调节。有关研究表明，如果没有元认知的使用，一个人即使有很强的一般认知能力，在解决问题过程中也得不到有效的发挥。反之，如果一个人有很强的元认知能力，即使一般认知能力不高，也能在解决问题中表现得很好。同样，在知识内化的过程中，如果没有元认知自我监控机制的参与，知识内化的水平就会降低，效果就会更差。

二、传统教学的模式及其问题

以上述理论为依据，审视传统的教学活动，我们发现传统的教学活动，即教师课堂讲授、学生听讲、布置作业、最终以考试衡量学习效果的教学活动，虽然在知识传授的完整性、系统性，甚至前沿性方面都有所体现，但在通过授课模式的设计帮助学生完成知识内化方面尚显不足。以“市场营销调研”课程为例，传统的教学方法比较注重市场调查与数据分析理论和方法的讲授，也会采取留作业的方式督促学生掌握这些方法，甚至布置一些调查的题目由学生自己去完成，但仍然无法激发学生强烈的学习动机，进而完成从教师讲授到学生学习的转变。它强调老师的知识面和教学方法，但往往忽略作为学习主体的学生的感受和能动作用。

在教学中教师是“教”的主体，学生是“教”的客体，然而在学习中则相反，学生是“学习”的主体，而教师、知识以及教师传授知识的方法则变成了学生“学习”的客体。传统教学过程中强调“教”的主动作用，强调教师传授知识面的系统性、全面性和前沿性，却往往忽略了这一过程也是学生学习的过程。学生所学习的知识，能否内化成为学生自己的东西，转变成为能够帮助学生解决现实问题的能力，既与教师的教学方法有关，又与教学设计有关，同时还与学生的学习动机有关。缺乏学生学习动机的配合，即便再完美的教学设计，也无异于舍本逐末。通过分析，笔者认为传统的市场营销调研教学方法存在以下不足：

第一，仅仅把“市场营销调研”当作一门课程看待，没有系统地找出这门课与其他相关课程之间的联系，也没有突出“市场营销调研”和“市场营销学”等先行课程的内在逻辑关系；

第二，课程实践部分的设计不够系统完整，被割裂的各个部分很难使学生有身临其境的参与感；

第三，统一确定调研题目虽然方便了成绩的判定，但却没有激活学生的学习兴趣，进而调动学生学习和参与的动机；

第四，调查分析实践中部分方法的使用规定不够灵活，没有给学生留有更多的选择空间，不能发挥学生学习的积极性与主动性。

上述问题集中表现为教师作为“教”的主体，在教学过程中仅仅注重“教”的主动性，却忽略了学生作为学习主体“学”的积极性，从而缺乏动机的配合难以完成知识的内化。

将教师“教”的部分和学生“学”的部分有机结合起来，是应用类专业课课程教学设计的难点，也是学生完成知识内化的必要过程。要使学生“知识内化”这一过程得以实现，首先，学生要热爱专业或有比较强烈的学习动机。现实中不少大学生，所学专业并不是自己的选择，因此激发他们的学习动机就显得尤为重要。其次，要有能够帮助学生完成“知识内化”的教学模式设计。现实中虽然“满堂灌”的教学方式的比例逐渐下降，但真正能够从学生“学”的角度入手，而不是单纯地强调教师“教”的能力与水平，仍然是教学模式设计的难点。再次，要有合格的教师。合格的教师不仅仅要看他的学历和研究水平，更应该要求教师爱学生，懂教学，而不仅仅是知识的传声筒。

三、实践教学中知识内化教学方法设计

一般而言，工商管理和市场营销专业的实践教学体系包括：案例教学、实验教学、实习教学和毕业论文等部分。实验教学是专业课程内的实践教学，是基于课程的实践教学方式。实践教学建立在课程知识结构体系基础之上，融入实践教学的内容，在本课程之内开展部分实验和模拟教学内容。

“市场营销调研”作为营销和工商管理等专业的专业课程，以市场营销学和统计学等课程为先行课程。先行课程对本课程的学习非常重要，是实现学生知识内化的“同化与顺应”过程中的专业认知的基础，能够帮助学生完成上位学习和并列结合学习。为了更好地帮助学生在学习本课程中完成知识的内化，笔者确定了本课程教学设计的基本原则。

（一）课程设计的基本原则

第一，注重背景知识的介绍，注重课程在实际工作中的作用与意义的介绍，以激发学生的学习动机。

第二，将本课程设计成整合先行课程的教学平台，授课中注意理论的广度、深度与实际操作的结合，并将接近“实战”的实际操作作为课程的特色，贯穿在整个课程的始终。

第三，注意课上讲授、交流和课下实际操作的结合，要求学生模拟实战，自选调研题目，课下付出时间完成调研计划，进行直接和间接资料的采集并对其中的数据加以分析，按要求完成数据分析报告，最终完成营销调研报告。另外要求老师加大辅导力度。

第四，课上要求每位同学向大家交流数据采集分析的方法，展示调研成果，并以此作为本课程成绩的重要依据。

第五，注重结果的口头表达与笔头表达的训练，培养学生收集数据，使用分析方法以及表达分析结果的能力，以提升学生潜在的专业素养。

（二）实践教学的具体开展方式设计

依据课程知识结构的逻辑关系，通过课程背景介绍、基本理论方法讲解以及基本理论与方法在现实中应用的介绍，使学生对课程所要实现的目标有所了解，并激发学生学习本课程的动机，为本课程的学习奠定基础；公布课程的评分标准，展开实践教学，即由学生选择研究题目，配合课程完成研究计划的制定，直接资料的现场采集，间接资料的收集与检索，定量与定性资料的初步分析与整理，形成数据分析报告，直至最终完成营销调研报告；结合学生的调研成果进行营销调研的专题介绍，使学生能够看到不足或受到激励，形成对营销调研的完整认知。

为此笔者设计了如下"市场营销调研"课程实践教学系统，由六个模块构成。

模块一：背景知识介绍。这部分由两章组成，包括为什么要学习市场营销调研和什么是市场营销调研。在本模块中完成与市场营销专业知识的衔接，使学生了解市场营销调研对营销工作的作用、意义以及市场营销调研活动的现状，从而激发学生的学习动机。

模块二：介绍实际工作中市场营销调研方案制定的内容与形式，介绍课程学习效果评价的标准。教师给出市场营销调研的参考题目，由学生根据自己的兴趣或已有安排自主选择，并结成互助小组，进行资料收集和共同完成调研任务。同时要求学生以个人为单位形成调研成果，鼓励小组同学之间资料采集上的互助，借以锻炼同学的协同能力，打消资料采集方面的顾虑。这一模块是学生营销调研实践活动的准备过程，也是激发学生学习兴趣和动机的重要环节。

模块三：在介绍定量与定性营销调研方法以及量表设计的技术性内容的同时，鼓励学生课余时间进行直接和间接资料的采集，并适时地进行交流，发现问题及时调整，使调研能够顺利进行。本阶段要求学生在老师规定的调研方法中进行选择，进行数据采集和资料的初步分析。同时要求老师进行个别辅导，对学生在调研中发现的问题及时地给予点评和指导，并帮助同学进行调研计划的调整。

模块四：在介绍资料整理与统计分析方法的时候，开始组织学生利用不同课程上学过的方法与手段进行数据分析。鼓励大家使用在"统计学"课程上学过的SPSS 进行统计分析，对于没有学过的学生则鼓励其自学，并介绍统计软件分析的要点。然后要求学生将分析结果形成数据分析报告，开始数据分析报告的交流，并将数据分析报告作为考核的依据之一。这样能够使学生对数据分析有所体验，形成对统计分析理论与方法的认知。本阶段的要点是开始将课堂变成整合先行课程知识的平台，通过统计分析软件的使用，使学生们完成知识内化过程中的上位学习、下位学习和并列结合学习，进而产生强烈的体验。

模块五：以调研报告撰写的讲解为基础，使学生了解不同要求下调研报告撰写的要点，增加学生对不同表达形式与效果的认知。在前一模块要求完成的数据分析报告的基础上，形成最终的营销调研报告，并开始在课堂上进行营销调研报告的交流。

模块六：营销调研专题介绍。在此模块内给同学介绍实践中常用的消费者研究、新产品调研、价格调研以及渠道调研和广告调研的要点，结合课上交流的内容，给同学修正营销调研报告的机会，并要求在规定的时间节点，提交最终的营销调研报告。

上述六个模块依次递进，各模块既相对独立又相互联系。从市场营销理论现实应用的介绍和学生的自主选题、激发学生的学习动机开始，到有要求的直接资料和间接资料的收集，再到资料的分析，将方法融入这一过程，强调方法的筛选，强调数据分析软件的使用，鼓励使用先行专业课程所学过的理论和方法，使教学变成开放的课堂；强调利用所学过的先行课程中的理论解释数据，强调分析的专业视角和分析的规范性，并通过调研报告的课堂发表，锻炼学生“口头”、“笔头”和“多媒体”的表达能力，使学生的综合能力得到全面提升。通过专题介绍以及学生之间的交流，使学生在受到启发的情况下，主动修改分析报告，利用反馈原理实现学生自主学习过程中的“元认知”，使本课程变成学习、整合专业知识的平台。

（三）本实践教学设计的特点

第一，通过营销调研背景知识以及营销调研在实际工作中运用的介绍，激发学生的学习动机。

第二，鼓励和帮助学生选择自己感兴趣的营销调研题目，进而使学生的学习兴趣与动机得到强化。

第三，鼓励学生注重直接和间接资料的采集，鼓励学生通过开放式思维整合先行课程学过的相关原理、专业知识和分析工具，鼓励大家利用这些原理和工具形成独立的市场分析与判断。

第四，使交流的部分成为学生“口头”、“笔头”以及“多媒体”表达训练的重要机会，鼓励学生使用专业词汇，鼓励学生为取得不同效果采用不同表达形式的尝试，鼓励学生满足实战的高效率的表达，要求学生在营销调研报告形式上规范完整，数据真实客观，分析严谨细致。

第五，利用反馈机制给学生调整、修改的机会，在制定调研方案、形成数据分析报告和营销调研报告的过程中，允许大家在规定的条件和时间内进行调整，给大家完成知识内化所需要的充分时间，使“元认知”得以实现。

四、教学效果总结

从教学的角度看，采用本实践教学模式授课，课堂效果良好，学生们表现出浓厚的学习兴趣：从不同角度提出不同问题；愿意尝试采用不同方法进行数据分析；愿意学习数据分析软件；愿意探究分析原理和分析方法；积极完成数据分析报告和营销调研报告；愿意听取老师的建议，并依据交流心得修改完善调研报告。学生们在撰写数据分析报告和最终的营销调研报告中，更多地使用了学习过的专业原理，在分析过程中，逐渐有了更明显的专业视角，交流过程中也表现出了一定的准专业素养，并有兴趣不断进行修改和完善调研报告，与传统的满堂灌的教学效果大相径庭。

经过两个轮次的教学实践，取得了比较好的教学效果，出现了一批比较优秀的作业，完成了较高质量的数据分析报告和营销调研报告，也有一些同学对市场营销调研产生了浓厚兴趣，毕业后被分配到相关单位做市场分析工作。

参考文献

[1]袁振国.当代教育学[M].北京:教育科学出版社,1998.

[2]张大均.教学心理学[M].重庆:西南师范大学出版社,1998.

[3]周天梅.知识内化的心理机制[J].南昌:江西社会科学杂志社,2004 (7).

[4]张庆林.当代认知心理学在教学中的应用[M].重庆:西南师范大学出版社,1995.

“做中学”：“管理学研究方法”课程能力培养型教学方法研究

工商管理学院　张晗

【摘要】本文通过对“管理学研究方法”课程设计的描述和分析，探讨了能力培养型教学方法的优势和特点，以及提高教学效果的关键所在。本研究的目的在于探索能够适合现代教学理念、教学内容以及学生成长成才需要的课堂教学模式。

【关键词】教学方法　能力培养　做中学　研究性教学

一、引言

“管理学研究方法”是工商管理学院企业管理专业的一门选修课，特别是工商管理实验班的必选课。该课程的主要内容包括：管理研究的基本要素；管理研究设计；论证研究假设可能采取的各种实证研究方法；管理研究中的测量统计方法；以及管理专业学生研究型论文的撰写要点等。本方法旨在提高管理研究和论文撰写工作的效率和质量，希望通过本课程的学习，能够开发并提升学生的逻辑思维、综合研究、定量分析和使用数学模型的能力，引导学生使用国际规范的研究方法，为他们今后开展管理研究打正、夯实基础。

该课程的最大特点在于，授课内容是管理学的研究方法，而非管理学的某类知识。该课程的学习需要学生已经具备了一定管理学相关知识，继而通过课程掌握一定的研究方法后，学生可以运用这些方法独立进行管理学的研究工作。因此，该课程实践性和操作性很强，传统的教授知识的授课方式完全无法帮助学生掌握该课程的内容。因此，在授课过程中，笔者尝试改变教学方法，不再是简单地讲授知识，也不仅仅是讲授知识后再动用一些简单的形式进行“应用题”式的练习作业，而是带领学生从头至尾系统完整地完成一个研究题目。学生是完成的主体，老师则转变为一个指导者。经过三个学期的实践，教学效果明显地得到提高。本文对这种教学方法的成功之处进行总结和提升，试图形成能力培养型教学方法的完整框架，以利于该种教学方法的推广使用。

“管理学研究方法”能力培养型教学方法分为四部分：课前资料准备、课堂教学设计与组织、课后的引导与拓展、课程考核。

二、课前资料准备

研究的目的是发现真理、积累知识，而研究方法就是研究所依赖的工具。管理学研究方法是随着管理学研究的进展而形成的。管理学较强的实证学科特点决定了管理学的研究方法是以实证研究为主的。随着管理学领域的不断国际化，管理学的研究也变得越来越规范。对于管理学专业的学生来说，掌握一些基本的规范研究方法，对于他们的学习和今后的工作都是有极大帮助的。

管理学科发展了一百多年，已经形成了一些基本的研究方法，主要分为演绎和归纳。实证方法涉及实验研究、问卷调查、扎根理论、仿真模拟等方法。在本科生的课堂上，由于课时所限，并不可能把这些方法都一一介绍给学生。因此，课前准备第一个要做的事情就是对讲课内容的筛选。筛选的标准和需要考虑的问题主要包括：

首先，首都经济贸易大学“教学科研型”大学的发展目标决定了其培养学生的重点在于应用，同时兼顾研究。对学生的研究水平要求并不高，而且学生在毕业后从事纯粹的研究工作的比例也不高。因此，对于复杂的、需要耗费大量精力才能掌握的研究方法就排除在外了。

其次，由于该门课的授课对象是本科生，授课内容也应该包含“普及知识”的意义在其中。所以，管理学常用的基本研究方法是应该包含其中的。

综上所述，授课内容应该是：管理研究的基本要素；管理研究的理论建构；论证研究假设可能采取的四种实证研究方法；管理研究中的四种测量统计方法；以及管理专业学生研究型论文的撰写要点。

第二个需要考虑的问题是生源。由于是选修课，选择这门课的决定权在学生手中。因为本门课特别强调学生的动手能力，所以让学生在选课的时候就清楚地知道如果没有平时认真地完成作业，那么是不能获得学分的。这样一来，最后选择这门课的学生都具备乐于完成课程作业的兴趣和对作业难度的心理准备。

第三个问题是上本门课所需要的前提是知识的积累。由于是方法类课程，对数学、计算机操作的掌握和统计软件的应用是必备能力。同时，还需要学生具有一定的专业知识，能够独立选择一个可行的研究问题。这对现在的学生是一个挑战。但从实践教学中看，学生这方面的能力每年都在逐步提升。

第四个问题是研究题目的选择。现在的设计是让学生自己选择研究题目。这样做的好处是，题目都是学生感兴趣的，因此在做的过程中学生更容易坚持下来，并容易出现创新。但也存在着一些问题，因为“管理学研究方法”这门课被安排在二年级的第一学期，这个阶段学生才刚刚开始接触专业课，仅仅学习了“管理学”和“组织行为学”两门专业课，而“战略管理”“营销管理”等课程都是在同一个学期的。由于更深的专业课还没有接触，学生对于管理学知识没有形成完整的专业体系，因此在选题上就受到很大局限。从以往的教学过程看，学生的研究选题常常集中于“领导”这部分内容，研究对象也集中在“学生”。这样做的优点是，研究对象是学生较为熟悉的群体，并且数据也容易获得；缺点是学校组织和企业组织的区别还是很大的，对“学生”的研究无法替代对企业真实情况的了解。这是今后本门课设计过程中应该重点改善的地方。

以上四个问题的解决，为这门课程最终的教学效果做了基本的保证。一方面，教师可以给学生讲授难度适当的研究方法方面的知识；另一方面，保证了学生的主动性和接受知识的可行性，能够极大地减少学生由于缺乏对课程的了解而盲目选课、之后又不积极配合老师上课的现象，最终使老师和学生从课程开始就正式进入到良性互动过程。

三、课堂教学设计与组织

“管理学研究方法”一共是 32 课时。因为是考查课，随堂考试就占去了 2 课时。加之课程安排在第一学期，十一放假很可能又占去了 2 课时。如何使用这剩下的 28 或 30 课时，就需要精打细算。

根据已经确定的授课范围，授课内容最终确定为五部分：第一部分，建立规范的研究思维方式；第二部分，研究题目的选择和理论构建；第三部分，研究方法介绍；第四部分，研究的测量统计方法；第五部分，规范的研究论文的撰写要求。其中第二、三、四部分是授课的重点，也是需要学生去实践的主要部分。因此在每一部分授课结束，都会留给学生一定的时间去完成他们研究项目的相应部分。在这个过程中教师要发挥“指导者”的作用，帮助学生解决研究过程中的问题。2013 年第一学期的课程安排见表 1。

表 1 “管理学研究方法”课程安排

日期	内容	日期	内容
9 月 3 日	导论	9 月 10 日	问题提出与理论构建
9 月 17 日	**作业:构建你的问题及理论**	*9 月 24 日*	*讲作业*
10 月 8 日	研究方法	10 月 15 日	研究方法
10 月 22 日	研究方法	**10 月 29 日**	**作业:运用研究方法收集研究数据**
11 月 5 日	*讲作业*	11 月 12 日	测量统计方法
11 月 19 日	测量统计方法	**11 月 26 日**	**作业:运用统计方法分析数据**
12 月 3 日	*讲作业*	12 月 10 日	研究模型
12 月 17 日	*讲作业及论文模式*	12 月 24 日	交期末论文

注：表 1 中，宋体字的课时以教师讲授知识为主；黑体字的课时留给学生在课下完成作业；斜体字的课时留给学生回到课堂来讲作业。在这个过程中，老师对他们的作业加以指导，帮助他们解决研究过程中的问题，巩固所学知识，最终完成自己的研究。

这样安排的目的在于，在给学生构建了正确的研究思维之后，通过他们自己选择一个感兴趣的题目，让他们带着问题来学习相关的知识。每个阶段的作业都是学生研究项目的一部分，随着作业的逐步完成，学生的研究项目也就完成了。而这个项目的研究报告将最终成为学生提交的期末论文。这样一来，学生的身份由原来的"学习者"变成了"研究者"，学习的兴趣和完成的可能性都会大幅增加，真正做到了由"要我学"向"我要学"的转变。

增加讲作业的环节，把教师的地位放在"指导者"上。一方面，可以及时掌握学生的学习状况，对他们没有理解的知识点能够及时把握，并加以指导，这样做有利于提升教学效果。另一方面，是对学生研究工作的监督和检查。讲作业迫使学生把本阶段的研究工作必须放在这个阶段完成，随时保持其学习和研究的进度，防止"把工作拖到最后，才发现问题很大，然后最终放弃"的行为出现。由于是循序渐进式地解决困难，学生也不会觉得完成一项研究工作是多么艰苦的事情，从而激发了学生学习和研究的热情。

此外，作业的完成是以小组为单位的。每个小组由 4～5 名学生组成。选择小组作业而非个人完成是出于几方面的考虑。第一，完成一项研究工作的任务量是很大的，特别本课程仅限在一个学期之内完成，对于学生来说，完成作业需要占用他们很多时间，为了尽可能地减少对学生课外时间的占用，减轻他们的研究压力，选择小组作业是一个不错的方案。第二，从管理实践中看，任何一项任务，都不可能是某个人独立完成的。团队合作的能力是现今社会人们必须要具备的能力，由小组来完成研究可以很好地锻炼学生的团队合作能力。第三，由于研究工作是一项创新工作，组成小组容易形成头脑风暴，有助于创新观点、创新成果的出现。第四，小组人数选择在 4～5 人，一方面便于研究工作的分摊，另一方面，尽可能减少"搭便车"的学生。

总之，在课堂教学的设计和组织中，学生和教师地位的调整能够很好地调动学生的学习主动性和热情，同时又保证学生的热情不被研究过程中的困难所淹没。小组作业的设计也充分考虑到了学生能力的提升、兴趣的保持和创新的出现等各个方面，可谓一石多鸟。

四、课后的引导与拓展

在这个环节，更加突出了本课程"研究性"和"能力培养型"的特点。通过完成课程中的研究项目，到学期结束，学生基本能够完成一篇规范的研究性论文。教师会鼓励学生做进一步的完善和提升，最终目标是达到公开发表的水平。

从实际操作来看，3 个学期一共完成 15 篇论文。考虑到发表周期，除去刚刚过去的这个学期的 4 篇文章，前面的 11 篇文章中有 3 篇成功发布，并且这 3 篇文章都已经作为大学生创业项目的研究成果的一部分。可见,学生的学习热情并不缺乏,缺乏的是激发热情的方法。

课后进一步的拓展还体现在学生在后续的各类课程学习过程中,以及工作后对本课程所学研究方法的应用。由于样本量所限,还没有看到明显的效果。到目前为止,选修过这门课的学生中,已经有些学生在遇到相关问题的研究时,会选择向本课程的任课教师咨询,或寻求帮助,表明他们在经过这门课的学习锻炼之后,已经开始主动地运用规范的研究方法去思考问题,他们的研究创新能力也得到了提升。

另外一个可能的课后拓展,可能体现在学生的毕业论文中。具有研究方法方面训练的学生在毕业论文的写作上应该更为规范和严谨。当然这需要一段时期的大样本数据的验证,现在还无法做出判断。

总之,这门课的课后引导和拓展主要应集中在学生创新素质和能力的进一步提升上。使创新思维成为学生的一种自觉行为,只有这样才能真正达到培养学生创新能力的目的。

五、课程考核

在课程考核方面,本门课也充分体现了能力培养的特点。

首先,期末考试不再是知识点的考查,放弃了考试卷这种考试形式,选择了研究论文这种能够综合体现学生能力水平的考核方式。从一篇研究论文中,可以综合看到学生对研究方法中知识点的掌握,以及创新思维能力的水平。

其次,最终成绩由平时成绩和期末成绩组合而成。平时成绩包含平时的历次小组作业和课堂的讨论发言情况,期末的论文就是该小组研究项目的最终报告。这种期末论文,从根本上避免了“网上下载,攒成论文”的情况的出现。因为通过历次小组作业的报告,老师已经了解了研究项目的内容,如果最后的期末论文与之前不一致,是很容易被老师察觉的;而且有了前面的平时作业,最终的作业也不再是一件很困难的事情,学生拥有了自己的研究成果,也就不会再去选择抄袭。

对于两项成绩的比例分配,平时成绩占 40%,期末成绩占 60%。这种分配保证了学生不可能放弃任何一项成绩,因为,如果放弃一项,就意味着最终成绩一定是不及格。从而又进一步保证了学生完成项目的可能。

再次,平时成绩的考核包括两部分:主要部分是每个小组作业的考核成绩,这个成绩小组成员是一样的;另一小部分是每个同学在课堂讨论中的发言情况,这个成绩是有个人表现决定的,小组成员之间不一致。这样的安排,一方面保证完成作业的每个学生的工作都能够得到衡量,另外也可体现学生的个体差异,也是对积极参与的学生的鼓励。此外,如果有必要,还可以包括对一小部分缺勤的考核。但到目前为止，本门课都还基本没有出现缺勤情况。

综上所述，课程的考核方式也是从引导学生提升能力的角度出发，尽可能地利用考核方式调动学生实际动手参与，从而达到提升创新能力、实现能力培养的最终目的。

六、结论

通过对“管理学研究方法”课程能力培养型教学方法的介绍和总结，可以发现，培养学生的创新能力，需要在课堂教学方法中做到以下几点。

首先，核心是改变知识获得方式的惯性思维。传统的学生获得知识的方式是“教师教什么，学生学什么”，学生处于被动接受知识的地位，这样很难调动学生的学习积极性。而如果是学生在解决自己感兴趣的问题过程中主动寻找相关知识来帮助自己，学生在学习这个知识时会更专注、更认真，学习效果也更好，同时学生的积极性也会被调动起来。而且主动寻求相关知识帮助的能力，这本身就是研究创新能力的一部分。

其次，关键是改变师生关系的定位。学生要变成研究者，教师要变成指导者。学生的工作是接受已有知识，研究者的工作是创新知识。只有创新知识才能真正锻炼能力。因此，能力培养必须要依赖研究工作。能够为学生提供一个研究的机会，并加以适时地指导帮助，就是给“能力培养”一个机会。

再次，成就感是最好的推动力。任何一个人都是有自我实现需求的。对学生的激励，也需要从这方面去考虑。当学生能够看到自己的努力最终成就了一个全新的东西，这就是对其学习的最大推动力。再加上自身研究的成果如果能被社会接受（公开发表），这无疑是对他们工作的最大肯定。

最后，正负激励相结合是保证。激发学生的热情，仅从正面积极引导是不够的，尽可能地防止学生偷懒是保证能力培养过程能够顺利完成的有效方法。在遇到困难的时候，人总是习惯性地退缩。如果不加阻止，学生在还没有体验到成就感时可能就已经放弃了。所以，在课程设计中需要借助一些强制性的要求，例如将作业、平时成绩等纳入课程考核，迫使学生在遇到困难的时候只能前进，不能放弃。等到他们自己找到了研究的乐趣，即使外力要求他们放弃，他们也不会轻易放弃的。正如强化理论所说，惩罚也是一种激励。总之，为了保证对学生的能力培养过程能够顺利完成，需要正负两方面的激励。这里，将这几个构成要件总结为“能力培养型”教学方法框架模型，如图 1 所示。

七、总结与讨论

本文通过对“管理学研究方法”这门课程教学方法的剖析，逐一分析了“能力培

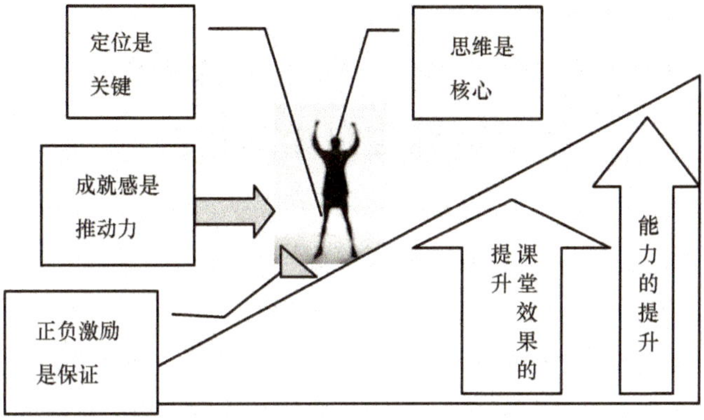

图 1 “能力培养型”教学方法框架模型

养型”教学方法的核心要素，并最终形成了能力培养型教学方法的框架模型。本文的贡献有以下几个方面。

首先，构建的能力培养型教学方法框架模型，不仅仅是对一门课程经验的总结，它具有普遍的适用性，可以推广到方法类课程中加以运用。

其次，该框架并不仅仅限于在方法类课程中使用，只要具备完成分析一项内容的课程，都可以采用该模型。例如可以推广到“战略管理”课程中，借助对一家企业战略方面的完成情况进行分析，帮助学生获得战略思维和战略分析决策能力。

本文的局限性在于由于样本量所限，能力培养型教学方法框架模型的效果现在仅能观测到课程教学期间和随后成果的发表。对于学生之后能力运用的长期效果还有待于时间的检验。这也是未来可以拓展的研究问题之一。

参考文献

[1]陈晓萍，徐淑英，樊景立. 组织与管理研究的实证方法[M]. 北京：北京大学出版社，2008.

[2]何德华. 工商管理本科学生专业实践能力培养探讨[J]. 湖北经济学院学报，2007(7)：173－174.

[3]苗雨君，邵仲岩，陈红梅. 管理学课程教学培养创新人才的研究[J]. 山东纺织经济，2009(4)：126－127.

[4]庞海云，彭建良，彭鸿广. 基于能力培养的管理学课程立体化教学法研究[J]. 浙江科技学院学报，2007(12)：322－325.

问题式学习(PBL)教学法在“财政学”教学实践应用中的研究*

财政税务学院　何晴

【摘要】问题式学习(Problen)教学法是一种基于解决现实问题为核心的、以学生为中心的教育方式。本研究采取对比研究的方法,将传统SBL教学模式与PBL教学模式进行对比分析,旨在探讨PBL在“财政学”课程教学中的教学形式和应用效果。研究发现,PBL教学法能够提高学生的学习能力和理解能力,以及训练其多角度解决问题的能力,但缺乏传统SBL教学中的知识系统性。同时,PBL教学法要想真正发挥作用,需要教师充分发挥引导者角色,以及调动学生投入自主学习的积极性。此外,学习资源的开发是保证PBL实施的重要环节。

【关键词】PBL教学法　“财政学”教学　教学实践

一、引言

问题式学习(Problem－Based Learning,PBL)教学法于1969年由美国的神经学教授Barrows在加拿大麦克马斯特大学创立,是基于解决现实问题为核心的、以学生为中心的一种教育方式,由导师设计真实性的问题,将学习任务及目标融入现实问题中,通过学习者的自主探究和合作来解决问题,从而学习和掌握隐含在问题背后的学科知识及解决问题的方式,培养学生解决问题的技能和自主学习的能力。随后几十年,PBL在美、加、英等欧美国家得到了较快的发展。进入21世纪以来,PBL教学法在亚洲也得到了蓬勃发展。近年来,中国的一些医学类院校也开始借鉴PBL模式,进行了有益的尝试和探索,取得一定的经验。但大多数学校仍处于PBL的探索阶段,例如尝试从医学教育的应用,逐渐用于商学教育、建筑教育、工程教育、法律教育、社会工作教育,甚至用于中小学教育,探索在各学科的实现路径及效果。

与PBL教学法相对照的是SBL(subject－based learning) 教学模式,即以教师为主体,采取课堂讲授式,授课主动权全部在讲授的教师。通常教师制定了每节课的主题后,就按照课程纲要,系统地介绍这个题目的重要知识及内容。本研究将采取对比研究的方法,将传统SBL教学模式与PBL教学模式进行对比分析,通过对两者的比较获得相关的研究结论。具体研究方案是在“财政学”课程中引入PBL教学模式,旨在探讨PBL在经管类教学中的教学形式和应用效果。具体研究目标有三：第一，探讨 PBL 模式的接受程度和适用范围；第二，探索 PBL 模式的教学设计方式及实现形式；第三，比较 SBL 模式与 PBL 模式教学效果的差异及其原因。

二、研究设计

（一）研究对象

本项研究以我校 2012 级法学、行政管理和国际经济学共 230 名本科生为实验对象。其中，法学和行政管理 150 名学生为 PBL 模式教学对象（实验组），国际经济学 80 名学生为 SBL 模式教学对象（对照组）。

（二）PBL 教学实施步骤设计

PBL 教学实施步骤如表 1 所示。

表 1　PBL 实施步骤

<table>
<tr><th>操作流程</th><th>操作环节</th><th>操作策略</th><th>具体实施</th></tr>
<tr><td rowspan="3">教师备课</td><td>问题的创设与选择</td><td>选择与学生密切相关的真实性事件或者问题作为学习的中心内容</td><td>选择“关于大学学费政策的评价”作为案例分析的主题，该题目与学生密切相关，学生兴趣度高</td></tr>
<tr><td>学习资源的准备</td><td>准备丰富的学习资源，这些资源应当有助于问题解决，但又必须是间接的帮助而非直接提供答案</td><td>案例分析资料中包括 14 个来自不同渠道的案例资料。同时，对于案例分析所需要的基本知识，给学生提供了参考书列表、相关文献列表、数据来源等，并在课程之初，指导学生如何查找文献和数据，来帮助分析问题</td></tr>
<tr><td>对学习成果的要求</td><td>提供一个明确的目标和必须达到的标准</td><td>在布置案例分析作业时，给学生提供了分析思路的大致方向，同时对案例分析的要求作出说明：案例报告的完整性；报告的格式规范度；案例选择的合理性；案例自主分析的程度；是否及时提交作业等</td></tr>
<tr><td rowspan="3">教学实施</td><td>人员分组</td><td>根据合作学习的规则和模式对学生进行分组</td><td>将实验组的学生分为 4～6 人一组</td></tr>
<tr><td>创设情境，提出问题</td><td>提出引导性问题</td><td>布置案例分析资料</td></tr>
<tr><td>小组自主协作学习</td><td>分小组讨论交流，加深每个学生对问题的理解</td><td>要求各小组在充分讨论的基础上共同撰写案例分析报告，要求在报告中详细说明各小组成员在案例分析报告中的分工</td></tr>
</table>

续表

操作流程	操作环节	操作策略	具体实施
成果展示	小组汇报	可以采取不同形式进行小组汇报	各组提交完整案例分析报告，然后各组在课堂上对报告内容进行展示，要求各组准备报告 PPT
	评价反馈	小组自评、各组互评、教师评价	各小组的书面案例分析报告由教师给出书面成绩，课堂报告由教师和其他组成员提出问题共同点评并给出成绩

（三）研究步骤

教学改革研究分以下四个步骤进行。

第一，限于教学安排，本研究尚不能在“财政学”教学全过程中采用 PBL 教学模式进行实验，因此选择了课程中的一次案例分析作业作为实验，对实验组和对照组进行不同的案例作业安排。其中，实验组采用 PBL 模式布置案例作业，对照组采用 SBL 模式布置案例作业。

第二，对于实验组的 PBL 教学模式遵循“以问题为基础，以学生为中心”的理念，设计以下步骤：

第一步，“财政学”课程上课开始，教师对本课程所采用的 PBL 教学方法做详细介绍，并将案例分析作业布置给实验组。

第二步，向全班同学布置任务并要求学生按 4～6 人为一组进行分组。

第三步，公布学生分组情况，要求各小组对小组成员进行角色分工，由组长组织大家展开案例分析工作和准备学习材料。需要注意的是，由于案例分析工作在“财政学”课程开始之初就布置给实验组，实验组还没有对案例分析所需的财政学知识和原理进行充分储备，因此需要各组成员自行对案例分析所需的内容进行学习。

第四步，随着课程内容的推进，各组完成案例分析报告，在全班进行交流、研讨。各组同时进行准备，分别上台交流，交流之后进行讨论，所有的同学都可以进行发言点评，保证必须有 4～5 个有代表性的点评意见，最后教师作综合评价。

第五步，成绩评定。案例分析作业在课程成绩中占 25%，主要考查案例报告的完整性；报告的格式规范度；案例选择的合理性；案例自主分析的程度；是否及时提交作业等。

第三，对照组采取 SBL 教学模式，按照传统教学方法，在课程进行到已经将案例分析所需要的基本知识完成后，再将案例分析报告布置给学生。

第四，对实验组和对照组的案例分析报告进行比较分析，观察两组之间是否存在显著差异。

三、研究结论

通过对实验组和对照组的案例分析报告进行比较分析,笔者发现有以下特点。

第一,实验组和对照组的案例分析报告具有不同的特点,与实验组相比,对照组的案例分析报告在财政学概念和原理的运用、分析方法应用逻辑的正确性等方面较强,但是对照组中,各组案例分析报告的差异性相对较小,学生采用的分析逻辑相对一致。实验组的案例分析报告总体来看,篇幅相对较长,其中对财政学概念和原理的应用,知识点覆盖面大于对照组,由此带来的一个现象是实验组中不同小组的分析思路差异较大,同时,实验组中出现了不同小组的报告质量也存在较大差异的现象。个别组显然习惯于传统的接受式教学方式,局限于教师提供的资料和情境,依赖组内其他同学的资料,缺乏独立思考、主动探究的能力,加上进行案例分析时课程还未完全讲解所有所需的知识点,缺乏主动探究和深入思考,因此案例分析报告的质量显然不会令人非常满意。

第二,PBL 教学法源起医学教学,其中有一个明显的特点就是强调多学科知识的共同传授,培养学生运用不同学科知识解决一个复杂问题的能力。财政学的案例分析本身也具有这种特点,需要综合运用经济学、财政学、统计学等不同学科知识。但是,从研究情况来看,无论是实验组还是对照组,学生都显然在综合运用各学科知识的能力上有所欠缺。这种现象不仅反映学生在对各学科知识的掌握程度和应用能力上存在不足,也反映出要想真正发挥 PBL 教学法的优势,仅仅依靠一门课程的师资力量是难以完成的,需要在教学设计时,围绕某一核心课程,将各相关课程的教学融合在一起,真正做到"以问题为导向、培养学生解决问题能力"的教学。

第三,PBL 教学法相对传统教学法更为精细化,实现这种精细化教学的前提之一是小班授课。在本项目中,实验组和对照组的学生数量加起来超过 200 人,分为 3 个班授课,每班人数在 50--100 人不等,都是大班教学。在有限的课堂时间内,很难让各个小组之间充分交流,而且各小组成员间在学习能力和学习态度等方面也存在着差异,部分学习自觉性不够或自信心不足的学生参与的积极性不高,影响了学习的效果。另外,由于学生人数多,教师在课堂上会感到力不从心,难以及时观察、指导、评价每个学生的学习探究过程,这会极大地限制 PBL 教学法的实际应用效果。

第四,对于学生而言,PBL 教学法也是一种精细学习的过程,学生需要安排足够的时间进行课外自主学习、查找资料、小组讨论、探究解决问题、互相交流等。但以目前的学时安排和课程安排,学生在每门课程上投入的时间和精力有限,加上课程考核中对案例分析部分的成绩仅占 25%(75%是"财政学"课程统考成绩),学生的积极性有限,这使得自主学习的效果往往是浅尝辄止,这势必会影响 PBL 教学实施的效果。

四、建议

从研究结论来看，PBL 教学法在“财政学”课程中的应用需要注意以下几点。

第一，PBL 教学法的优势在于提高学生的学习能力和理解能力，以及训练学生多角度解决问题的能力，但缺乏传统 SBL 教学中的知识系统性。由于学生知识水平的限制，学生对基础理论掌握不深透，尤其在师资力量不足、无法获得多学科师资辅助、课时有限、大班授课等环境下，教学中应该综合运用不同教学法，对各种教学方法取长补短、相互借鉴，以“有利于学生能力培养、提高学生综合素质”为宗旨，探索各种新的教学方法，促进教学水平的提高。

第二，PBL 教学法要想真正发挥作用，需要教师充分发挥引导者角色，和学生真正投入自主学习两个方面。教师角色的成功与否决定了 PBL 法的有效性程度。教师发挥的作用体现为教学方案的设计者、教学过程的安排和引导者以及学习效果的评价和引导者。教师在这一过程中不能让学生仅仅停留在对案例的就事论事这一肤浅的层次，一定要将案例背后的知识点、逻辑分析方法和逻辑思维方式传递给学生。从学生的角度来看，在 PBL 学习过程中，需要掌握“提出问题—建立假设—收集资料—论证假设—总结”各阶段操作的要点，并投入足够的时间和精力，在完成各阶段任务过程中培养自己的能力。

第三，学习资源的开发是保证 PBL 法实施效果的重要环节。先进的计算机技术、网络技术给教育提供了广泛的发展空间，师生可以跨越时空的限制索取学习资源。此外，问题导向教学势必要求多学科知识，这对于各种学习资源的开发提出了更高的要求。因为 PBL 法中每一个问题都需要附有相应的学习参考资料，提供给学生自学，学校则需要在网上开设学习讨论园地，教师把学生遇到的各种问题分类公示。

参考文献

[1]王济华.“基于问题的学习”(PBL)模式研究[J]. 当代教育理论与实践，2010(6).

[2]乔玉玲，郭莉萍. PBL 教学法在大学英语阅读教学中的应用[J]. 教育理论与实践，2011(10).

[3]崔刚，顾薇. 合作式教学在多媒体教学中的应用[J]. 清华大学教育研究，2003(1).

[4]Johnson D W, Johnson R. Cooperation and Competition: Theory and Research[M]. Edina, MN: Interaction Book Company, 1989.

[5] Hmelo-Silver C E. Problem — based Learning: What and How do Students Learn? [J]. Education Psychology Review, 2004,(16):235—266.

[6]Peter Selwartz, Stewart Mennin,Graham Webb. Problem—based Learning: Case Studies, Experience and Practice[M]. London: Kogan Page,2001(3).

[7]丁晓蔚."基于问题的学习"教育价值之我见[J].现代教育科学,2010(6).

[8]周久桃.基于问题的学习研究[D].上海:上海师范大学,2007.

[9]张建伟.基于问题式学习[J].教育研究与实验,2000(3).

[10]李葆春."基于问题的学习"的教学模式[J].重庆科技学院学报(社会科学版),2009(11).

[11]刘晓艳,钟志贤.基于问题的学习模式研究[J].中小学电教,2003(9).

[12]李壮成.基于问题的学习对小学语文教学影响的实验研究[J].四川文理学院学报(社会科学),2008(11).

[13]慕景强.PBL教学法在我国可行性的研究[J].医学教育,2003(6).

[14]陈梅芬,张屹.基于问题的学习活动设计的理论与实践探索[J].中国教育技术装备,2005(5).

*基金项目:首都经济贸易大学2013年度教改立项资助

在角色对抗中学习证据规则*

法学院　刘润仙

【摘要】“民法总论”是为一年级法学专业学生开设的民商法系列课程的入门课程，属于专业基础必修课，主要为学生提供民法的术语、学习方法、构架以及理念等，从而为以后的学习打好基础。笔者认为在课程的讲授中开展适当的案例教学是必要的，为此在大学一年级新生的教学中，开展了婚姻案件如何进行取证的实践教学。开展证据规则实践教学的目的是让学生在接触法律之初，就有收集合法证据的意识，为其将来从事法律实务工作奠定一定的基础。

【关键词】民法总论　角色对抗　婚姻案件　证据规则

一、引言

法学专业学生四年所学的课程中，属于民商法系列的课程大约占了三分之一以上。即使是毕业之后，从事法律实务的同学们所需要的法律大多数也是民商法律。法学界有人称“得民商者，得天下”。在民商案件处理中，收集证据是最重要的一个环节，也是法学专业学生的最基本的功夫。“民法总论”课程是民商法系列课程的第一门课程，主要给初学民商法的学生讲授学习方法、学习理念以及最基本的概念以及最基本的原理等。但笔者认为，民商事案件、刑事自诉案件的证据规则以及收集方法应当在“民法总论”课程中有所体现。为此，笔者选取了与大学一年级新生生活关联程度大且最容易上手的婚姻家庭案件中的婚外情、家庭暴力两类案件，让男女学生分别代表家庭中的男、女双方，各自提出有利于自己的证据，并进行了初步质证，最后让学生就两类案件的证据规则进行总结，写成论文。

二、案例教学对于法学专业学生的重要性分析

在法学教学领域开展案例教学，首先出现在美国，是受法律达尔文主义影响的结果。法律达尔文主义的主要观点是：法律是一门科学，其内容要体现自然选择、适者生存的唯一科学逻辑，而且这一逻辑只将法律本身作为法学研究的对象。判例教学法的创始人兰德尔受到了该主义的影响，在 1859 年提出：“作为科学来考虑，法律包含某些原则或原理，把握这些原则，以便能始终将它们熟练和正确地运用到复杂的人类事务中是一个真正的律师应当具备的，因而，获得并理解它们是每个认真的法科学

生的任务。"从此,案例教学法或者判例教学法逐渐成为美国法学院的主要教学方式。简单地讲,即分析上诉审的先例,从中得出规律性的原理或者原则。

中国高等教育在20世纪90年代开始关注案例教学法,其主要做法是:对典型案例(与美国上诉审的先例不同)进行分析从而得出带有普遍性的结论,目的是让学生在真实个案的环境中了解和挖掘法律的基本理念、诉讼的基本原则和程序,启发学生将所学的法学理论知识运用于现实生活之中。

与原理型教学方法相比,其优势主要体现在:

1. 给学生以身临其境的现实感,易于被学生接受;

2. 提高学生学习的主动性,培养其推理能力、分析判断能力以及创新能力;

3. 学生有可能发现现行法律的滞后处、漏洞点,从而调动其研究法律问题的热情;

4. 将实体法与诉讼法的知识点连成知识面,使学生接受较为系统化或立体化的知识教育,培养其全面解决问题的能力;

5. 案例的形成源于社会鲜活的生活,从中学生可以纵览社会各色各样的人等如何活动,辨别是非,从形形色色的案例中获得一定的社会经验;

6. 教师选择的案例绝大多数没有雷同,案例之间异大于同,具体操作方法因人、因案而异。这对于同学无疑具有极大的挑战性,会激发其极大的热情和好奇,可以培养学生敢于直视问题并解决问题的勇气。

对于案例教学法,法学教育学界普遍认同,并在20世纪90年代开始在高等学校应用。经过20年的教学实践,案例教学法对于提高法学专业学生的思辨能力、应用知识能力均有显著的效果;但与此同时,案例教学也存在不少问题,最突出的是案例教学法已走样成了"举例教学法"。

笔者认为进行案例分析的前提是让学生学会识别证据以及证据的收集、质证的基本技巧。"民法总论"是基础课,为了可以让学生感受一些离自己生活最近的案件的证据收集的基本规范,因此笔者特意选取了离婚案件中家庭暴力以及婚外恋案件两个典型的案件。

三、离婚两类案件中证据规则与收集的实践步骤

(一)第一次布置案例

为了实现目标,笔者首先布置了两个案例,均为真实案件。因为不能占用太多时间,笔者只用了十分钟的时间将两个案件进行了较为详细的介绍。第一个案例是婚外情案。

自诉人:张小青,女,27岁,河南省东成县人,农民

被告人:金广宁,男,45岁,江苏省南邮市人,张小青的丈夫

张小青自诉的理由是:金广宁与其结婚的目的是借腹生子。理由是金某在与前妻董路不能生育的情况下离婚,而与张小青结婚,婚后仍然与前妻一起生活,没有向左右邻居告知双方已经离婚的情况。金某的行为已经构成重婚罪,要求追究金某的重婚罪。

笔者让学生思考以下几个问题:张小青为了证明自己的主张可以提出哪些证据?而其丈夫金广宁又可以收集哪些证据并可以对其进行反驳或者对抗?

第二个案件是疯狂英语的创始人李阳对其美国籍妻子进行家庭暴力而引发的离婚诉讼。因为网络上介绍的案情较为详细,布置让学生自己查看案情后,对以下几个问题进行思考:(1)中国家庭暴力产生的原因及表现形式;(2)受侵害一方如何举出证据证明其家庭成员实施了暴力;(3)作为实施暴力的一方可能举出哪些证据推翻对方的证据,或者对于自己的施暴行为进行辩护。

了解两个案情之后,许多同学根据自己的常识提出了各种证据的设想:录音、录像、书证、人证等。笔者首先肯定了学生的观点后,提出以下几个问题让学生进行回答:

(1)《民事诉讼法》、刑事诉讼案件关于证据的规定是什么?

(2)合法有效证据与非法证据之间的界限是什么?

(3)对于家庭暴力中国法律是如何规制的?司法实践中法院对于施暴人员有哪些司法措施?

(4)假设你是该案件某一方的代理人,你如何收集有效的证据?

由于学生没有学习过相关知识点,并没有对这些问题立即作出回答。笔者将其作为作业布置下去。另外为增加课堂的对抗性,笔者安排男生的角色为两起案件中的丈夫的代理人,而女生为妻子的代理人,自学《婚姻法》中有关家庭暴力规定,翻阅《民事诉讼法》和《刑事诉讼法》中规定的证据的类型及证据的效力,了解最高人民法院有关民事诉讼证据规则的司法解释。

这一系列步骤的目的只有一个,即贯彻案例教学法的宗旨——把学生推向“舞台”,启发学生,老师只充当“导演”和“裁判员”。

(二)第二次进行角色对抗

隔了一周后,笔者用了一节课的时间组织学生就布置的两个案例进行了探讨。

1. 案例一的证据收集及规则

首先由女同学就第一个案件自诉人张小青可以提出的证据进行分析。每位女同学均踊跃发言,笔者总结其观点如下:

(1)有位女同学提出金某在张某发现其与前妻保持不正当的关系时,金某如果给张某写下保证书,如保证不再与前妻联系、断绝与前妻联系等,是证明金某有婚外情的最有力证据。这与真实案例中张小青举出的证据完全一致。笔者进一步总结类似的保证书还有道歉书、悔过书等，这些书证在司法实践中的证明效力最强，可以直接证明书写人与他人有婚外情的事实。但有一点需要注意，即该书证最好为本人书写，并有本人的签名、盖章或者手印。

(2)有学生提出现代人普遍有手机，短信也可以作为证明案件事实的证据。而根据《中华人民共和国电子签名法》的有关规定，凡是能够表现所记载内容并可以提供随时调用、并能保证从形成时内容保持完整且不能被改变的原件，均可以作为证据使用。短信应当属于电子证据之一。在司法实践中，电子邮件、电脑中的博客日记、QQ 聊天记录也属于电子证据之列。电子证据经公证人员公证后，可以作为有效证据对待。为此笔者把在法院陪审过程中拿到的已经公证过的网页证据展示给学生。一般情况下，公证人员在现场将手机、网页打开，并将打开的过程以及内容进行记录，最后制作成书面文本形式。

(3)双方来往的书信。在双方交涉的过程中，有时也会有书信往来，如果该书信中有关于婚外情的事实的陈述，该书信是证明力较强的证据。书信首先是真实的，最好是由本人亲自书写，有本人的签名或者盖章。

(4)如果配偶一方到配偶另一方所在单位进行反映，其所在单位在经过一些调查后，如果作出一些处理决定，也可以作为婚外情的证明证据。实际生活中单位囿于个人隐私的原因，很少对此作出处理决定。

(5)捉奸在床。收集这类证据难度很大，可通过摄像取得，但要注意不能侵犯隐私权。笔者进一步引导学生，什么情况下的录像就不属于侵犯别人的隐私。有同学说在公众场合获取的录像不侵害个人隐私，也有同学提出即使没有录像，如果报警后公安机构的出警记录可以间接说明配偶有婚外情。

(6)证人证言，如邻居、朋友等的证言等。有同学说亲属的证言也可以，笔者引导学生思考该亲属的证言是否有感情成分在内，这样的证言可信程度如何？哪些人的证言具有较高的可信度？最后同学们一致认为，最好是在一些机构工作的人员，如居民委员会、小区物业办公室人员、相关单位工作人员、人民调解员、社区工作人员等，具有亲属关系的人的证言可信度不高。

(7)夫妻双方就婚姻外遇相关情况交涉的录音资料、婚姻一方与第三者在共同场所出入或进入房间等行为的录像和照片等。有同学说，可以请调查公司或者侦探所进行调查。笔者引导学生，调查公司或者侦探所在中国并没有调查别人隐私的权利，如果采取非法手段，这些机构有可能要承担刑事责任或者侵权责任。另外，单有录像或者照片，也很难说明双方有婚外情的事实，需要其他证据的佐证。

在女生发言后，笔者让男生站在张小青的丈夫金广宁(以下简称金某)的角度提出反驳的证据。男生普遍认为，女生提出的证据较为充足，自己能提出的证据十分有限。经过讨论，男生对于张小青提出的证据提出了反驳意见并提出了一些证据。

(1)证明给张小青写的保证书是在其欺诈或者胁迫下写的,不是自己真实意愿的表达。如何证明张小青是欺诈或者胁迫,学生并没有更进一步的证据支持。

(2)鉴于金某与前妻同居,关系较好,金某可以找其前妻作证。可以证明虽然住在同一处,但没有夫妻关系之实。笔者引导学生,因为前妻与之可能构成婚外情,作为发生婚外情的另一方,其证据的效力如何?同学普遍认为基本没有什么说服性。

(3)金某可以找其朋友、同事,让后者证明已公开宣称与前妻离婚,与前妻之间没有了夫妻名义,这样不可能以夫妻名义进行同居。这样,金某的重婚罪就有可能构不成。不过朋友、同事的证言可信度较低。

(4)有男生提出一定要证明居住前妻房屋的合理性,如离工作地点较近,前妻生病无人照顾,离婚协议中双方约定可以共同居住等。真实的案例中,金某只是提出离婚协议中双方约定共同居住房屋,但没有证明居住该房屋的必要性,金某与张某在其单位还有一间集体宿舍,但金某却一周有5天居住在前妻房中。

在男生、女生给出该案的双方证据后,笔者将真实的案例给学生,学生再进行谈论,这样学生们就较为清楚婚外情证据的收集以及证据规则。

2. 案例的证据收集以及证据规则

笔者首先将李阳家庭暴力的报道给学生进行了展示。因为该案件属于社会热点事件,学生普遍知道该案的具体情况,因此关于家庭暴力的证据收集以及相关的证据规则探讨较为深入。经过探讨,女同学得出以下结论:

(1)遭受家庭暴力后,一方的悔过书具有较强的证明力,尤其是在悔过书中承认自己有家庭暴力行为的,属于直接证据。

(2)发生家庭暴力后,如果受害人一方已向妇联、街道办事处或居委会提出解决,这些机构进行调解的整个过程中的记录、人证均为有效的证据。

(3)发生家庭暴力后,如果受害人报警,警察到场后进行处理而形成的报警记录、询问笔录以及伤检介绍信等,也是重要的证据。

(4)遭受家庭暴力后,受害人到医院就诊时,医生出具的诊断证明书以及伤情、伤残鉴定证明属于直接证据,效力等级高。

(5)其他有关人员的证人证言,如邻居或者同事、单位领导听到打斗的声音,或者看到受害人的伤情。这些均属于间接证据,需要其他证据的辅助。

(6)受害人在现场拍摄的照片、录像等。但如果施暴人表示异议,该证据的证明力不如第三、四类证据的效力。

李阳的前妻在第一时间进行了报警,有警察出具的出警记录等文件,并及时在医院进行了治疗,也有诊断证明书。正是因为拥有了这两类有效证据,李阳前妻在离婚判决书中因为家庭暴力而得到了精神损害赔偿5万元。另外,李阳前妻还留有受伤的照片,也属于有力的证据。

男生对于女生提出的家庭暴力证据提出了以下反驳意见:

(1)受害人存在激怒施暴人的故意,如受害人辱骂、唠叨、挑衅行为、长期虐待等,这样,家暴行为人的责任会减轻。

(2)受害人对于施暴人有主动攻击行为,施暴人的行为属于正当防卫。笔者引导学生,一般情况下,男性施暴人占99%以上,从男、女力量上对比,属于正当防卫的概率是多少?一般而言,家庭暴力施暴者已经形成了惯性,往往不是第一次,经常性的施暴行为是否可以构成正当防卫行为?最后学生们一致认为构成正当防卫的可能性较小。

四、离婚案件证据收集的理论总结

笔者认为在"民法总论"课程中开展家庭暴力、婚外情案件的证据收集以及证据规则的实践教学工作,不但要求学生在课堂上参与讨论、课下查找相关的资料以及书籍,还应当将两个案件的证据问题进行理论总结,为此笔者最后布置给同学撰写有关两个案件的证据规则的论文,且字数不少于3000字。当然为了不增加学生的负担,该论文占到平时成绩的50%。在布置该论文写作时,笔者将论文写作的基本要求进行了说明:

第一,标题限制在15个字以内。

第二,内容提要简明扼要,首先要说明研究的对象,然后说明研究的主要方法和结论,最主要是说明该论文的主要创新点。

第三,论文要从三个方面进行阐释:提出问题、分析问题、解决问题。提出问题的方式可以从一个典型案例出发,也可以是一个社会现象,也可以是学者的不同观点;分析问题主要是分析该问题产生的原因以及域外相关的规定;解决问题应当占到30%以上,应当对自己的创新之处、可行性、预计的社会效果进行分析。

第四,一定要有脚注,而且脚注与参考文献一定要一致,不能将看过的资料都列在参考文献中。

这种论文基本范式的教育也是必要的,因为许多大学四年级法学专业学生在写论文阶段根本不会写论文,指导老师还得从最基本的要求做起,十分费力不说,写成的论文质量普遍不高,其原因与学生平时缺乏一定的论文写作训练有关。

从学生上交的论文来看,论文内容能够围绕着离婚案件的证据收集以及证据规则进行分析总结。论文的写作大多是规范的,符合老师的基本要求。其中一名同学态度十分认真,为了研究离婚案件证据的问题,将《婚姻法》以及《婚姻法》的司法解释全部自学了一遍，在课堂上还与任课教师就《婚姻法》问题进行探讨，对所学的专业也抱有极大的热忱，对于将来的法学课程充满了期待。

五、结束语

通过两个案件，学生初步接触到证据规则，掌握了论文写作的规范，提高了学习法律的兴趣。在课堂上老师能够与学生充分沟通，以对话教学方式替代老师单方灌输式，课堂气氛活跃，是一次较为成功的实践教学尝试。

参考文献

[1]张华贵. 典型婚姻家庭案件诉讼证据运用[M]. 北京：中国检察出版社，2004：1—32.

[2] [美]伯纳德·施瓦茨. 美国法律史[M]. 王军，等，译. 北京：中国政法大学出版社，1990：127.

* 基金项目：法学院实践创新人才培养项目资助

“统计学”课程教学方法与教学手段改革的探索与思考*

统计学院　马立平

【摘要】统计学是一门实践性和应用性很强的学科，是一门方法论科学。“统计学”课程是教育部经济、管理类各专业必修的核心课程之一，在新形势下，其教学面临着诸多问题和挑战，当然也就必然面临着教学改革。本文结合笔者多年的教学经验，分析了“统计学”课程的特点、统计学教学中存在的问题，并在此基础上，对经济管理类专业“统计学”课程的教学改革提出了几点思考与探索。

【关键词】统计学　教学　改革

信息时代的今天，随着整个经济社会的发展、统计信息量的增加及人们对统计方法的认识的转变，无论是国民经济管理、公司企业的经营和决策，还是科学研究等都越来越依赖定量的分析，可以说统计方法已经成为理、工、农、医、文等众多学科领域进行研究和认知自然、社会的基本方法。统计学对于经济、管理专业的学生来说也非常重要，它不仅是学习经济管理类专业课的基础，也是深入分析经济和管理现象、做科学决策的必备工具和方法。2000 年，经教育部经济学教学指导委员会和工商管理类教学指导委员会讨论，“统计学”成为经济学类的 8 门核心课程之一，也是工商管理的 9 门核心课程之一。

面对统计信息量的增加，为满足整个社会经济的发展对高校培养经济、管理类人才的需求，统计学教学必须进行不断的探索和改革，使学生真正学会应用统计方法去调查和分析社会、经济、管理中的问题，解决实际工作中的问题。笔者从事统计专业教学、科研工作 20 余年，一直关注、探索统计学的教学与改革，积累了一定的经验。现结合多年的教学经验，对统计学教学方法与教学手段改革的探索与实践进行几点讨论。

一、“统计学”课程的性质与特点

（一）统计学是关于数据的方法论的科学

统计学是在统计实践的基础上逐步发展起来的一门学科。它是研究如何测定、收集、整理、归纳、分析反映客观现象总体数量的数据，以便给出正确认识的方法论科学。统计学方法被广泛地应用于自然科学、社会科学、人文科学、医药卫生等诸多学科或领域中。

(二)统计学不仅具有很强的理论性,同时也具有较强的实践性

一方面,统计学是一门收集、整理、归纳和分析统计数据的方法论学科,其学科性质决定了其必然具有很强的理论性,随着数学理论的发展,统计学得到了快速的发展;而另一方面,统计学作为方法论学科,其理论与方法又是在统计实践的基础上逐步发展起来的,没有实践与应用、没有实际需求,统计学没有存在的必要,也没有发展的可能,因而其必然具有较强的实践性。

(三)经济、管理类专业的"统计学"课程强调理论与实践的结合

"统计学"课程在首都经济贸易大学属于公共课,是经济、管理类各专业的学科基础课。作为非统计专业开设"统计学"课程的目的是在了解统计思想与统计学原理的基础上,掌握常用的统计方法,从而能够正确利用统计方法搜集数据、并探索数据内在的数量规律性。此外,随着计算机的普及及计算手段的不断更新与发展,各种统计软件的出现使统计方法应用与实践的可操作性越来越强,对于绝大多数非统计专业的学生而言,即使不会编写计算程序,也可以通过现成的统计软件去分析现实的经济、管理等问题。

二、"统计学"课程教学中的问题与面临的挑战

(一)基本达到"统计学"课程教学改革的预期目标

统计学是一门综合性强、适应面广的学科。"统计学"作为高等学校经济类、管理类核心课程,对于学生的专业能力的培养起着不可或缺的作用。我校经济、管理类各专业均开设"统计学"作为学科基础课,属于面向全校的公共课。作为承担面向全校的公共课的"统计学"教学团队,在多年科研工作与教学实践的基础上,积累了大量数据、经验和资源,将其反馈于教学,积极倡导并实践教学方法的改革、课程内容的改革与创新,在围绕课程建设的专业建设方面做了大量的、系统的、有针对性的工作,取得了诸多的改进和成效。

1. 目前拥有统一的教学大纲、教材、考试大纲和统一组织的考核与试卷,以此规范"统计学"课程教学,确保课程的教学质量。

2."统计学"的教学目的从过去的注重学习和掌握统计方法与统计计算为目的,转变为注重培养学生的统计思维、统计实践和统计方法的应用。教学内容上,删去了过去一些实际中用不到或很少用到的概念和数学证明与公式推导,同时增加了实际分析研究中常用的多元统计分析方法与应用;略去了过去的一些枯燥的手工计算过程,增加了统计方法的应用与案例分析,以及利用统计软件进行实践应用的环节与内容。

3. 从近年来的教学实践、教学效果与学生的反馈看,"统计学"课程的教学改

革总体上是成功的，得到了学生的认可。从经济、管理类专业学生的毕业论文及大学生科研创新项目的研究情况看，学生的数据搜集与数据分析能力得到了显著的提高，“统计学”课程教学改革的预期目标基本达到。

（二）“统计学”课程教学中的问题与困惑

虽然教师们在经济、管理类专业的“统计学”课程教学改革中做了不懈的努力，但仍然存在着一些问题和困惑。

1. 作为经济、管理类专业的学科基础课，统计学对于学生专业能力的培养起着重要的作用。但是由于不是专业主干课程，并没有得到一些学生的重视，再加上有的学生想当然地认为统计学是数学类课程，原理多、公式多、难理解、难记忆、难计算，如果教学中再和其专业实践应用之间结合得不紧密，就容易导致学生只是为了通过考试、拿高的分数提高绩点而学习，真正主动学习、认真钻研的积极性和兴趣不高，最终降低了该课程的学习效率与学习效果，教学目标大打折扣。

2. 统计学是通过对大量数据的分析与研究发现问题、得出结论的方法论科学，只有应用于具体的某学科领域或某一具体的问题才能充分体现其本身的价值。但是，目前“统计学”作为我校经济、管理类专业学科基础课的公共课程，采取的是统一教学大纲、统一教材、统一考核的教学模式，这种模式会强调教学的规范性，受教学大纲和考试模式的影响和限制，师生一定程度上会更多地关注基本概念、基本原理和基本方法的讲授和学习上。教师的讲授会缺乏学生专业领域中应用的针对性，现实教学和实践之间结合得不够紧密，与专业课程融合不够。又由于统一试卷和试题，学生学习中会忽略统计方法的实际应用，从而会削弱统计学的理论与实际应用的结合，尤其是与学生所学专业的有机结合。

3. 在考试方式上，学生的最终成绩是由平时成绩和期末成绩组成。其中，平时成绩包含出勤情况、课堂表现、作业完成情况等；期末考试多采用闭卷考试方式，考核内容多是注重对基本概念、基本原理和简单应用的测试，题型主要包括单选、多选、简答和计算分析题等标准化的考核，很难进行统计方法综合应用能力的考察。对于这种考核方式，学生只需要进行考前的短期突击和强化，完全可以通过考试，甚至有的可以取得不错的成绩，但对于统计综合应用与实践能力的高低无法给予客观真实的评价，在学生主动学习积极性不高的情况下，也无法有效地引导学生理论联系实际。

4.“统计学”课程改革时除删掉了不具有实践与应用价值的一些内容外，保留了传统的统计学原理中仍具有现实意义的内容，包括统计学的研究对象与研究方法、统计的基本概念、统计数据的搜集与整理方法、简单统计推断方法等内容。此外，还增加了实践中应用较多的多元统计分析方法和相关的统计软件使用等内容。这一内容方面的变化，一方面使“统计学”的内容更适合统计应用发展的需要，增强了统计方法应用的操作性，提供了学生的学习兴趣，但同时也增加了学习难度与压力。与此同时，我校“统计学”在教学安排上基本上是48～51课时，由于教学内容多、课时有限，如果学生课余时间努力不够，教师很难在这些课时里完成全部教学内容的详细讲解，学生也很难掌握和理解全部教学内容，达到预期的教学目标。

5. 现在的“统计学”教学手段基本采用的是多媒体教学。多媒体教学的优势显而易见，一方面它可以提高教学内容的动态性、趣味性和直观性，可以使绘图、制表、计算等结果同时展现，另一方面在教学内容的选取上比传统的板书教学更丰富、更灵活、信息量更大，同时可以在短时间内用多种统计方法处理同一组资料。多媒体教学手段的使用，可以实现理论方法与模型计算、分析同步进行。但是与传统的板书相比，其跳跃性较强、速度略快，学生的注意力更多地集中在投影上，对教师的教授细节及教师与学生之间的互动性就会减弱。多媒体教学中对PPT的制作质量要求比较高。

三、“统计学”课程教学改革的思考

（一）更加明确教学目标，加强教学内容的针对性，尽量满足各专业需要

1. 变“教会学生知识”为“提高学生能力”。根据教学大纲、考试要求和教学目的，“统计学”的教学目标基本定位于掌握基本的统计学原理、基本概念、基本方法，并能将统计方法应用实践。但在课时有限、学生主动学习的积极性不是很高的情况下，要实现这一目标有一定的难度。虽然“统计学”经过改革删掉了一些实际中不需要或很少用的基本概念和计算，但同时也添加了部分应用性较强的多元统计分析方法，教师很难完成大纲中的基本内容及教学的基本要求，在不改变现有教学目标的情况下其结果往往是学生掌握了方法不了解原理，知道了计算方法却无法正确地使用。在这种情况下，可以考虑调整“统计学”课程的教学目标，变“教会学生知识”为“提高学生能力”，把培养学生分析问题和解决问题的实践能力及创新能力作为教学要解决的首要问题。课程的教学目标应突出提高学生掌握统计方法的应用能力，并以此为依据改革“统计学”课程的教学内容。

2. 加强教学内容的针对性，尽量满足各专业需要。由于经济、管理类各专业“统计学”课程采取相同的教学大纲、相同的教学内容和考试内容与方式，因而在“统计学”课程的实际教学中，存在着注重统计原理与方法的讲授，即使教师虽然在讲授中进行统计方法的应用举例，但大部分例子在很大程度上是为了演示统计方法的实施过程，缺乏学生专业领域中应用的针对性，现实教学和实践之间结合得不够紧密、与专业课程融合不够的问题。虽然统计学是方法论的学科，但在实际应用中，不同专业对统计方法的需求还是有差异的，其各自研究的对象更有很大的区别，这就需要教师在有限的教学时间里，选择最恰当的教学内容，尤其是选择具有专业特色的统计应

用案例，突出提高学生对统计方法的应用能力，把满足学生专业需要放在首要位置上，使学生通过教师的讲授充分体会到统计学方法在本专业的应用价值，提高学生在课堂上及课余时间学习专业知识、学习统计方法的兴趣。

3. 将统计软件作为教学中的重要内容之一，提高学生对统计方法的可操作性。统计学是关于数据的科学，需要从大量的数据中分析得出结论，因而统计计算必然是统计实践与应用中的重要工作内容之一。可以说，对于比较少的数据，统计方法发挥不出其优势与作用，而如果面对大量的数据，没有相应的计算工具或不借助计算机很难完成统计分析。为了实现“统计学”提高学生掌握统计方法的应用能力的目标，在去掉原来统计学教学中实际应用意义不大的部分内容的同时，可以将至少一种统计软件的，使用作为重要的教学内容，统计软件或计算工具可以是SPSS、Statistica，也可以是Excel或自己编写程序，其目的是让学生学会利用一种有效的工具来搜集、整理、分析统计数据和资料，增强学生对统计方法的实际应用能力。

（二）精心设计，通过精益化的教学方法与手段确保高质量的教学效果

1. 教学手段上提倡板书与多媒体教学结合使用的教学方法，像一些逻辑性较强、需要学生顺着教师的讲解去思考、去理解的内容，如假设检验等涉及简单推导及统计原理性的内容，可以采用板书的手段与方法；而对于比较复杂的统计图表和统计软件的使用及计算结果的分析等内容，可以运用多媒体的手段与方法进行演示。

2. 加大课件研制的投入。随着教学课件在教学中的使用越来越多，在教学中起的作用越来越大，教学课件的研制也就成为教学方法与手段改革的关键。与以文字介绍为主的相关课程相比，“统计学”教学更应充分利用现代化的教学设备。“统计学”教学中需要采用SPSS、EXCEL等统计软件，这些软件主要以数据输入、统计计算、统计模型参数估计为主，如果将统计数据、统计图表、计算结果与理论方法介绍统一通过多媒体投影设备展示给学生，将会大大提高学生学习的效率。当然，要真正发挥多媒体的作用，必须精心设计、制作课件，优质的课件不是简单地将板书的内容、教科书上的内容搬到PPT上，而是应该将教师的教学想法、体会与感受、大量的丰富的背景资料、统计方法应用等内容以生动的、有趣的方式展现给学生，需要投入大量的时间和精力。

3. 留部分内容给学生自学，注重学生的继续学习能力的培养。由于课程内容较多，如果所有内容均需在课堂上进行详细讲解，虽然学生有事半功倍的感觉，但课时压力大，往往会使教师和学生仅仅局限在统计基本概念、公式、方法的教与学上，没有时间组织案例分析和介绍更多的统计方法应用。实际教学中，教师可以根据学生的基础状况，尝试将部分内容留到课下让学生自学，并在课堂讨论，以培养

学生继续学习的能力。

(三)注重教学中的理论联系实际,提高学生的实践应用能力

实践教学是学生知识接受、技能培养的重要环节,是培养学生的实践应用能力、创新能力的有效手段。它不仅仅在"统计学"课程中,在整个高等教育中均占有十分重要的地位。学校各专业均从专业的特点出发,建设了专业实践基地和实验教学平台,一定程度上满足了学生培养的需要,但是课程教学仅仅是专业教育的一小部分,是专业教育的基础。结合统计学的特点,本文认为理论联系实际可以着重以下两个方面:

1. 将精选的案例引入课堂教学。

案例教学不仅可以将理论与实践紧密联系起来,使学生在课堂上就能接触实际问题,而且对提高学生统计分析技能、综合分析能力和解决实际问题的能力有很大的帮助。由于课堂教学时间极为有限,授课内容又比较多,因而教师在选择案例时,需要进行精选,案例最好有针对性地选取与学生专业相关的、能够涉及数据的收集、整理、分析等统计全过程,集统计理论、统计方法、统计分析和统计软件为一体,在表现统计学的理论性与科学性的同时,充分体现其较强的应用性与实用性,提高学生对学习统计、应用统计方法的兴趣。

2. 精心编写教学案例,并将其作为辅助教材。

统计学是关于数据的科学,"统计学"教材与教学中充满了公式、术语和枯燥的数据和计算,而正是这些内容会困扰经济、管理类专业的很多学生。案例教学是很好的教学方式,但统计学的学习中涉及众多的原理、概念等基本知识与方法,再加上受课堂时间的限制,案例教学的内容不会很多。学生课下比较多的时间是阅读、学习教材中的内容,而国内的大多数统计学教材重理论、轻实践,在实践与应用的结合方面上对学生的启示不够充分。虽然也有一些统计学案例书籍,但综合性不够,有很多案例更像是统计应用计算题。为此,笔者认为经济管理类专业学生在学习统计学时,需要一本高质量的统计学案例教材,以帮助学生了解、掌握统计学在专业领域中的实际应用。

3. 课余时间里将统计实践与应用作为必须完成的学习环节。

培养学生统计方法的应用能力仅考虑课堂讲授与学习、案例介绍与分析、课后作业与练习是远远不够的。"统计学"课程概念多、公式多、计算多,如果学生不做必要的课外阅读、练习和实践活动,很难真正了解和掌握。即使突击考核通过,甚至得到了高分,也无法将其应用到实际。真正提高学生对统计学作用的认识和实践创新能力,必须有学生的积极参与。本文的建议是除了学生完成课外的作业与练习外,还应将课外的统计实践与应用活动作为必须完成的学习环节并进行考核计入到期末考核成绩中。学生的积极参与一方面可以提高学生的学习兴趣,了解

统计方法的作用;同时,还可以通过学生的实际应用真正理解统计的基本原理,掌握统计方法的实际操作与计算,从而达到“统计学”课程的教学目的。

三、“统计学”课程考核方式的思考

任何考核与评价均会对被考核对象的行为选择起着重要的引导作用,学生的学习考试也是如此。“统计学”课程的考核应采取多元化的考核方法,真正发挥考核的作用,引导学生注重实际能力的提升。目前的考试方式偏重于基本概念、基本方法、原理及简单应用的考核,这种考试模式较充分地考虑了知识本身的逻辑性,易于组织与教学,但容易将学生局限在课本的范围内,对于学生统计方法综合应用与分析能力的考核力度明显不足。这样,会在一定程度上削弱学生对于统计应用与实践的关注度,其实际应用能力得不到培养,进而会影响到教学目标的实现。为此,本文建议“统计学”课程学习的期末考核不仅包括学生对统计知识的学习与理解情况、具体统计方法的应用技能水平,还应包括其统计方法在实践中的综合应用能力。具体地包括:

(1)调整考核内容的结构,提高平时成绩、过程考核、统计方法应用能力的考核结果占总评成绩的比重;

(2)在期末考试中,以考察统计方法应用能力为主;

(3)期末考试中除考核重要的统计概念、方法和基本原理外,给教师更多的自主权,将统计方法应用与学生所学专业相结合;

(4)平时成绩更多的是结合学生的统计实践活动,考核学生的统计方法综合应用能力、分析能力以及自主学习能力。

参考文献:

[1]凡兴兰. 信息化与高校统计教学改革[J]. 当代教育论文,2005(10).

[2]张文超. 以培养学生综合能力为导向的统计学教学研究[J]. 商场现代化,2012(8).

[3]韩东飞. 改革统计教学模式,提高课堂教学效果[J]. 改革 2013(2).

[4]路春艳. 浅议高校统计教学模式改革[J]. 学术论坛,2013(2).

* 基金项目:“北京市属高等学校高层次人才引进与培养计划项目”资助

翻转式课堂 EFL 学习解析*

外语系　王宏玉

【摘要】课前收集和创建与学习内容相关的资料是翻转课堂教学的关键步骤。课上组织各种互动活动，实现师生之间、学生之间的互动，最终完成学习目标，这是翻转式课堂的实践环节。本文旨在探讨在第二语言课堂上如何组织课堂活动，如何通过讨论磋商构建英语知识，锻炼学生的语言应用能力。

【关键词】翻转课堂　师生互动　学生互动　教学效果

"翻转课堂教学模式(Flipped Class Model)"是从它的发祥地美国传播开的，后来也被称为"反转课堂教学模式"。对于广大教育实践中的老师而言，这个术语还有些生疏，但对于从事外语教学研究的学者早已开始关注。与传统的课堂教学模式不同，在翻转课堂中更注重的是老师和学生的课前工作，学生在教师的精心安排和详细指导下提前完成指定内容和知识的学习。学习内容包括教师收集的视频、自创视频、音频及 PPT 等材料；而课堂则变成师生之间和学生之间互动的场景，活动设计包括检测预习、答疑解惑、语言知识和技能的运用等，从而达到更好的教学效果。因此，学生和老师的角色发生了变化，以前一直站在讲台上的老师，坐到了学生中间，更多的责任是去解决学生互动实践中的问题，引导学生运用所学知识来构建学习过程，监测学习过程。学习责任的中心也发生了转移——从老师转移到学生身上。课堂的主体由老师变为学生和老师，知识的讲解和运用大部分是由学生来完成。互联网的普及和计算机技术在教育领域的应用，使得翻转课堂的普及得以实现。学生可以通过互联网去使用优质的教学资源，不再单纯依赖老师来传授知识，而是由老师指引导学生来完成课前大量的预习任务和课上互动的学习过程。

一、翻转课堂教学模式理论

翻转课堂教学模式的理论依据是建构主义教学理论、多元智能理论、交际法教学理论、互动式教学理论及人本主义教学理论等。根据多元智能理论，首先学生课前按照教师(依据教学大纲、教材，结合授课对象的实际水平)所给资料和自己的节奏进行个性化学习。由于每个学生的英语学习潜能、语言基础、学习习惯和节奏各不相同，因此，课前安排这种自由的学习空间和缓释的节奏可使学生放松地、尽情地、反复地去学。如果用建构主义理论解释，知识和技能的掌握是通过学生自己运用知识和技能去建构的，课堂上运用互动方式进行群体反馈，共同探究来解决预习中的问题，以便达到各自的学习目标，从而完成知识的内化及建构。

二、翻转课堂教学的实施过程

随着信息技术在学校的渗透和普及，网络学习、移动学习、电子书等新的教学形态到处可见，这些新兴的获取知识的形态，迫切需要新的教和学的方式和方法来实现它。翻转式课堂教学基本可以让学生自己掌控学习的节奏，相比中国传统的课堂教学模式来说学生和老师都会感觉轻松。翻转课堂前后，学生利用教学视频，根据自身情况来安排和调控自己的学习节奏，实现个性化学习。它创建了学生自主学习的宽松环境，没有了焦虑和压力。同时，翻转式课堂最大的好处就是全面增强了课堂的互动性，通过互动中发现的问题和难点，教师的角色已经从教学内容的呈现者转变为学生学习实践的操练者。

翻转课堂教学的实施需要考虑以下问题：

首先，创建什么样的教学视频才能适应不同层次的学生。其次，在课堂上，组织什么样的活动互动学习效果最佳。再次，如何评价学生才能充分展示翻转课堂的教学效果？教师如何利用在线视频、文字、音频等在课前课后浓缩教学材料的精华，指导学生个性化自主学习；课堂上如何进行协作式互动学习，从而改变传统教学模式，实现知识的构建。此外，评价体系如何构建才能体现翻转课堂的教学效果。这些问题都需要在教改实践中来逐步构建，摸索出适合中国国情的“翻转式EFL学习”教学模式，而不是生搬硬套地去理解和应用。这样才能根据国内大学生的特点，找出适合中国学生发展的教学模式并不断完善。

翻转课堂教学实施过程简化模式：

(1)课前—布置预习：发布相关视频、音频课件—布置小组任务—预习问题列单；

(2)课上—组织活动：检测预习—小组展示—班级讨论—师生互动—学生互动—老师集中讲解—完成预定目标。

三、互动模式

盖思和马克(Gass&Mackey，2007) 总结出的互动理论试图解释学习是通过学习者接触语言，产出语言，然后对产出语言进行反馈得到语言知识。盖思(Gass，2003)又指出互动研究的起点是假设语言学习是由交际压力刺激而产生的，并且监控着交际、学习和协调机制三者的关系。本文所说的翻转式课堂互动模式就是这个理论的延伸。

(一)师生互动分组

1. 与全班集体互动:检测预习,课堂练习,集中讲解。

2. 与小组互动:提供帮助,答疑,小组互动监测。

3. 与个人互动:个性化指导,答疑解难。

(二)学生间互动分组

在同学间的任务互动过程中,两个关键问题是:

1. 分组要能反映学习者参与互动的程度。

2. 分组有助于解释学习者互动频率的差异及互动的持续时间。

学生(EFL)间互动通过培养学习者产出、反馈,以及对语言形式的关注促进学习。在角色表演、小组讨论中,同学间互动是一种语言意识的学习,是对语言形式的积极关注。在基于同龄人语言学习任务的互动中,学生是否愿意解决语言障碍是受(教师)所设计的任务和社会现实(包括学习环境)影响的。"Language Awareness"一文指出除了语言问题、任务要求和社会因素外,学生对互相纠错及任务的态度也会影响互动的发生率。所以说分组模式不是固定的,可以有不同形式的分组,不同任务也需不同的分组形式。

分组方式之一:同学自由选择组员,或往往选择邻近同学搭组。这是大学英语课堂常见的分组方式。虽然人数多、教室空间有限,但通过学生间相互学习,学生会更加放松,减少互动中的焦虑。

分组方式之二:老师随机分组,彼此熟识的同学不一定在一组学习,但可分享新组员的经历和见解,从而了解更多的知识和经历。

分组方式之三:按学生语言程度分组。这样可强弱搭配,从而达到相互帮助的目的。

当然了,三种分组方式各有利弊,根据任务特点可随时选择不同的分组方式。互动是如何带动知识的学习呢?根据盖思和马克(Gass&Mackey,2007)"Input, Interaction, and Output in the Second Language Acquisition"一文中的观点,磋商产生知识。磋商过程在有竞争力的对话者中诱发互动调整,促进学习,因为它把输入、学习者内在潜能、特别是选择性注意和输出以一种行之有效的手段链接起来。

四、互动任务的设计

语言学习过程中大多数任务的设计是熟练使用所学内容的词汇、语言结构,翻转式课堂互动任务的设计则博采众长。根据互动式教学法,学生在互动过程中会关注中介语和目标语之间产生的某种空白(gap),这样在交流过程中会产生障碍,而且互动过程中的语言焦虑也会影响学习。正如麦基、阿布尔和盖(Mackey, Abbuhl&Gass,2012)在"Interactionist Approach"一文中提到的:交际型任务教学法注重知识产出的任务包括地图任务(a map task),信息差(information gap),寻找差别(spot－the－difference),完成故事(story completion)。这些任务的设计主要是依靠学生自身拥有的不同信息来进行互补,然后应用到实际生活中。这些任务的分配不尽然,较高层次的学习也可对学习的某些部分进行评述,这完全可以算作互动信息的一种互补。根据 Language Awareness 一文,课堂任务及任务特点如下:

以商务旅行"Business Travel" 一课为例,

(1) 艰难的决定——去哪儿旅行最宜人,为什么?

(2) 在宾馆预订房间;

(3) 回忆宾馆经历;

(4) 宾馆就餐及当地礼仪;

(5) 角色表演:宾馆接待员和客人对话;

(6) 学生决定点什么;

(7) 服务员进行点菜;

(8) 客人进行投诉。

在教学实践当中,互动任务的设计应遵循从基本任务到复杂任务,从复杂任务到更高级复杂任务的原则。针对大学英语教学而言,基本任务掌握从每一单元重点词汇、短语的基本含义和使用,逐步发展到运用这些词汇、短语和所学句型进行交流和写作。Philipa J,Waltera S,Basturnkmera H(2010)强调:语言学习者互动频率及潜在受益取决于多个因素。除了任务本身特点外,学习者对待出错的态度,来自同龄者感受到的错误的反馈,及同龄者之间的关系会相互作用以至于影响同龄者任务互动的受益。

英语语言学习者只有真正地参与到课堂互动中,通过讨论磋商才能构建英语知识和锻炼语言应用能力。这也是建构主义教学理论、多元智能教学理论、人本主义教学理论及交际教学法所倡导的教学理念和举措,翻转课堂教学模式的理论基础并不与之矛盾,倒是一种直接的传承。

翻转课堂俨然就是一种名副其实的交际活动形式。交际活动会产生大量的语言输出,互动过程中能够提供语言锻炼的机会,知识和语言以其本来的形式出现在磋商机会中。这已被实践证明对于语言学习是极其有益的,尤其是对于 EFL 学习者。Anton(1999) 指出:师生互动的交换分析表明,通过对话,老师能够引导学生在课堂活动中高度地参与知识、语言形式、课堂行为规则的磋商和探讨。交际动机使学生高效地参与课堂活动并成功地把学习任务从教师转移到学生身上。所以说,将翻转课堂教育称之为最朴素、最直接的一种外语学习方式一点也不为过。

参考文献

[1]Anton M. The Discourse of a Learner—Centered Classroom: Sociocultural Perspective on Teacher—Learner Interaction in the Second—Language Classroom[J]. The Modern Language Journal,1999,83 (3), 303—318.

[2]Larsen—Freeman D, Anderson M. Techniques & Principles in Language Teaching[M]. Oxford:Oxford University Press,2011(5). WWW. oup. com. elt

[3]Gass S M, Mackey A. Input, Interaction, and Output in the Second Language Acquisition[J]. Theories in Second language Acquisition Mahah, NJ: Lawrence Erlbaum Associates,2007.

[4]Mackey A, Abbuhl R, Gass S M. Interactionist Approach[J]. The Routlege Handbook of Second Language Acquisition, New York: Routlege,2012.

[5]Philipa J,Wsltera S,Basturkmena H. Peer Interaction in the Foreign Language Classroom: What Factors Foster a Focus on Form? [J]. Language Awareness, Applied Language Studies and Linguistics, University of Auckland, Auckland,New Zealand,2010,19(4):261—279.

*本文受首都经济贸易大学2014年校级教改立项"翻转式教学课堂互动研究与实践"资助

“思想道德修养与法律基础”课“教学方法群”的建构研究*

马克思主义学院　王小莹

【摘要】教学方法是实现“思想道德修养与法律基础”课(以下简称“基础”课)教材体系向教学体系转化的关键要素。笔者以课堂教学为主渠道,把“基础”课主要应用的教学方法设计为“教学方法群”系统,使“基础”课教学方法从分散的、单一的研究走向系统化和规范化的研究,以图为提高“基础”课整体教学水平提供参考。

【关键词】基础课　教学方法　系统　建构

“基础”课是学生进入大学后学习的第一门思想政治理论课(以下简称思政课),教学的现实针对性尤为突出。近年来,有关“基础”课的教学研究始终围绕着从教材体系向教学体系转化这一核心问题而展开。基于多年的教学实践,特别是对“2005”新课程方案实施要求的深刻领会,笔者着意探索以课堂教学为主渠道,突破传统的分散、单一教学方法研究的思路和范围,努力建构“基础”课的“教学方法群”系统,实现“基础”课教学方法从分散的、单一的研究走向系统化和规范化的研究,从而为提高“基础”课整体教学水平提供参考。

一、“基础”课“教学方法群”建构的教学理论依据

理想的“基础”课教学应在多种教学要素的积极建构中进行,实现“基础”课教材体系向教学体系转化的难点在于将统一规定的教学内容与多样、动态的学生思想实际实现对接、融合与提升,而建构系统化和规范化的“基础”课“教学方法群”,则是解决这一难题的重要策略。其理论依据主要有如下几种:

(一)认知发现学习理论

这一理论是由美国著名的心理学家布鲁纳提出的。认知发现论强调学习是通过认识形成认知结构的过程。在学习过程中,必须重视学习主体的主导地位,要充分发挥其学习的主动性,鼓励其亲自体验、探究和独立思考,从而达到自主学习并掌握知识的目的。因此,在教学过程中,任课教师应设计各种方法,积极创设有利于学生发现、探究的学习情境,尽可能使学生联系以往已经掌握的知识,逐步由已知引申到未知,并能充分阐明两者之间的联系与区别,使学习成为一个积极主动的“索取”过程。“基础”课以引导大学生自觉学习和践行社会主义核心价值观作为贯

穿课程的主线,由适应大学、理想信念、爱国主义、人生价值、道德修养、法律精神与法治理念等知识模块有机建构形成内容体系。教师在授课时,更要从学生的思想行为现实出发,运用多种灵活有效的教学方法,激发其学习动机和主体意识,引导其将现有的教材知识体系与自己的认知结构联系起来,找准自身问题,在解决问题的过程中提升自身的思想道德和法律素质。

(二)建构主义学习理论

进入20世纪90年代,建构主义的学习理论开始兴起,逐渐成为学习理论中的重要流派。建构主义学习理论是对认知主义的深入发展,特别强调了情景创设,提倡合作学习。认为学习不是由教师把知识简单地传授给学生,而是由学生主动自己建构知识的过程。学生学习知识是在一定的情境下,以原有的经验和认知结构为基础,借助他人的帮助,即通过协作学习和创设教学情景等来进行有意义的建构而获得的。建构主义学习理论所提倡的教学观为教师们组织教学活动提供了很好的借鉴。

多年以来,思政课教学普遍采用的是以讲授法为主的传统教学方法,该方法在宣传党和国家的重大方针和政策时发挥了主导作用。然而,在大学生接收信息途径逐渐多元化的今天,单纯靠“灌输”的方式开展思政课教学显然已经不合时宜。特别是新媒体的应用改变了传统思想政治教育注重单向灌输,学生处于被动的局面,客观上要求高校思政课教学应侧重于交互疏导,即在掌握学生思想动态的基础上,加强与学生的双向交流,加强对学生的思想引导,培养学生自我判断、自我分析的能力,加强自我教育,从而实现教学活动由师生通过共同建构来完成。

二、“基础”课“教学方法群”建构研究的意义

怎样开设出让学生满意的课程,教学方法尤为关键。多年以来,高校的思政课教师在思政课的教学方法方面作了大量的探索和实践,取得了一些成果。然而,思政课在教学方法的理论研究与改革实践方面却始终难有新的突破,究其原因,有两点值得关注:一是过于强化对某种具体的教学方法的研究,如案例教学法、研究教学法、体验教学法等。这种研究的优势是比较具体、针对性强,然而局限性也很明显。由于教师个体的教学理念、个性风格以及对知识内容的理解存在着差异,从而导致不同的教师即使运用同样的教学方法也会产生不同的教学效果。因此,单一教学方法的研究往往表现出较浓厚的个性化色彩,难以透视其内在规律,很难达到示范性的效果。另一种则把教学方法的研究理解为各种具体教学方法组成的教学模式,如实践教学法、传统教学方法等,虽然具有普遍性的意义,但是针对性不强、特点不鲜明,也很难有所突破。上述研究的不足主要表现在:

1. 由于受传统教育思想的影响,教师仍是思想政治教育信息的主要传播者,

掌握着教育的决定权、主动权，而学生在教学过程中"学"的主体地位没有得到真正的重视，不能体现出当今高校思政课接受主体不断变化的新要求。

2. 上述研究没有体现对思政课教学方法的宏观把握，使得思政课教学方法研究没有实现更大的创新。实践中，我们发现往往因为某种方法受到了学生欢迎，提高了教学效果，就会出现多所高校都在集中研究这种教学方法的局面，案例教学法研究的普遍性就是其中最典型的一种。由于这种方法只局限于对以往方法的简单重复，没有对方法进行更深层次的总结研究，因此也就阻碍了教学方法研究的深入发展。

3. 研究成果缺少理论性的提升和深入的总结，难以得到进一步的推广。近年来，高校思政课教学方法的研究大多表现为教师单兵作战，没有形成科研团队，成果只能在特定的环境中生存和延续，很难上升到理论的高度，致使多数成果起不到示范的作用。

作为大学生入学后的第一门思政课，"基础"课针对大学生成长过程中面临的现实问题，把马克思主义基本理论应用于大学生思想道德修养与法律基础领域，从理想信念、爱国主义、人生价值、道德修养、法律精神和法治理念等方面对大学生开展思想道德观念和法制观念教育，进一步提高大学生的思想道德素质与法律素质。因此，课程要求教师在授课的过程中要理论联系实际，教学方法要努力贴近实际、贴近生活、贴近学生。要实现上述目标，就必须实施恰当有效的教学方法，构建师生互动式的动态教学模式，即在课堂教学环节中，由教师积极引导学生进行自我建构，实现学生从被动学习走向探究性学习，从他律走向自律的自我发展过程。同时，加强实践环节，让学生通过亲身探索、体验实践，来加深对理论知识的吸收和理解，以培养学生主动发现问题、研究问题和解决问题的能力。"基础"课"教学方法群"的建构研究与教学实验就是要突破传统的"满堂灌"的单一教学方法研究的思路和范围，通过对不同教学方法基本要素和基本规律的研究，有效地调动学生积极性，促进其积极思考，激发其潜能，使"基础"课的教学方法更加贴近学生实际，符合教育教学规律和学生特点，以增强"基础"课乃至思想政治理论课的教学效果。

三、"基础"课"教学方法群"建构的逻辑主线和基本原则

"基础"课作为一门思想性和实践性都很强的综合性课程，要实现从教材体系向教学体系的再度转化，还必须实施恰当有效的教学方法，才能实现教育教学的目标。教学方法改革是我们教学改革的关键和切入点。面对多种多样的教学方法，我们一定要依据其自身的特点和优势，注意选择与教学内容相匹配的教学方法。为了使"基础"课"教学方法群"的建构更加科学合理，我们在严格按照教育部教学大纲和全国统编教材体系进行课程教学的前提下，根据"基础"课现有的教学安排、课程设置、教学对象特点和亟待解决的现实问题，将"基础"课"教学方法群"建构的

逻辑主线和基本原则确定为:围绕“一个中心”,强调“五个注重”。

“一个中心”是“基础”课“教学方法群”建构的逻辑主线。“基础”课的授课对象是大学一年级的新生,他们对大学的学习生活还处在适应阶段,主动学习、自主学习的习惯尚未养成,知识结构的局限性比较明显。同时,“基础”课教学内容的最突出特点是要贴近学生生活实际,因此,“教学方法群”的建构一定要依据“基础”课程内容和知识结构的特点以及学生特点,紧密围绕“如何有效地引领大学新生人生发展与规划”这一中心,通过“发现成长需求,满足成长需求”,实现“引领成才需求,提升成功需求”的教学目的。“五个注重”是“基础”课“教学方法群”建构的基本原则。教学方法的研究必须做到理论与实践相结合。任何一种教学方法的运用,都必须通过教学活动的开展才能够实现,其优劣与否也只有通过教学活动才能得到检验。教学方法作为教学的手段是为师生服务的,只有让师生乐于接受,且经过教学活动检验证明其是有效果的方法,我们才能够选择它。因此,“基础”课“教学方法群”的建构也需要通过教学活动的组织才能实现。我们针对“基础”课的教学特点,力争通过“五个注重”原则在教学过程中的贯彻实施,来完成“教学方法群”的建构。“五个注重”原则主要表现为在教学组织上,注重互动环节;教学方式上,注重素质教育;教学过程上,注重学生需要;教学手段上,注重媒体运用;教学环节上,注重整合资源。

四、“基础”课“教学方法群”建构的内在机理分析

机理即机制,是机体的构造、功能和各组成部分间的相互关系。“基础”课“教学方法群”的建构,就是基于各种方法的特点及其相辅相成的内在关联,来提升教学实效。“基础”课教学的出发点和立足点就是通过课堂教学这一主渠道,积极构建师生互动式的动态教学模式,即在课堂教学环节中,由教师积极引导学生进行自我建构,实现学生从被动学习走向探究性学习,从他律走向自律的自我发展过程。2009 年我校“基础”课教学部获批北京市高校“基础”课课程创新工作室,2010 年“基础”课被评为校级精品课,这些都为“基础”课“教学方法群”的建构奠定了坚实的基础。“基础”课“教学方法群”的建构首次将“基础”课教学中主要应用的多种教学方法作为一个整体系统来研究,以实现“基础”课教学方法的研究从分散的、单一的教学方法研究走向系统化和规范化的研究。

“基础”课“教学方法群”体系主要由基本教学方法和辅助教学方法两部分构成,其中传统的系统讲授法是基本方法,辅助方法主要包括案例教学法、问题研究教学法、体验教学法、调查教学法等。该体系在建构的过程中,不仅要求各种方法彼此有机结合,构成一个比较完整的方法体系,同时,每种方法又都是一个相对完整的子系统,各具特点且能在教学中独立运用。

(一)基本教学方法

系统讲授教学法是“基础”课采用的最基本的方法。2006 年的“2005”新课程方案将过去的“思想道德修养”和“法律基础”两门课合并为一门课,教学内容涵盖了思想教育、道德教育和法治教育三大部分。教学内容的高度整合给教师组织教学带来了挑战。任课教师对教学内容的每一章、每一节以及每一个重点和难点问题,都要有深刻的理解和准确的把握,不仅要把教学重点、难点和学生应掌握的知识点讲全面,还要讲透彻,做到既依据教材,又超越教材。

在运用系统讲授教学法时,应关注以下问题:一是根据教学对象的特点,注意将科学的世界观、人生观、价值观教育与指导学生解决大学适应阶段的新问题、进行职业规划等实际需要相结合,突出理论教学与现实生活的统一性。二是在现有教材体系的基础上,积极发掘“基础”课的人文教育功能,按照人文性、实用性和针对性相统一的原则,整合教学内容,进一步完善教学体系。三是除了讲清“基础”课的基本理论知识以外,对学生不易掌握的教学重点和难点问题,一定要讲清、讲透。在组织讨论和分析案例时,对所用案例一定要精挑细选,尽量选择那些与大学生密切相关的、既能从道德层面也能从法律层面思考的素材。通过上述教学设计,把道德与法律的关系多角度地展开,将思想道德知识和法律知识的教育上升为思想道德素质和法律素质的教育。

(二)辅助教学方法

作为基本教学方法的必要补充,辅助教学方法主要通过灵活多样的范式方法,如案例教学法、问题研究教学法、体验教学法等,有效地调动学生积极性,增强“基础”课的教学效果。值得注意的是,在“基础”课的教学过程中并非仅仅使用上述几种方法,这些只是我们在教学实验的基础上,经过比较筛选出来并作为重点研究的教学方法。就“基础”课而言,辅助教学方法不能取代基本教学方法在课堂上使用,什么情况下使用哪一种教学方法,必须结合相应的教学内容来确定,同时还要考虑到教师对教学方法的运用能力。目前,各高校使用频率比较高的是案例教学法。这种方法对于提高授课的生动性起到了应有的作用,但如果运用不当也会适得其反,容易造成用案例取代系统理论和知识讲授的问题,从而导致授课的理论性不强、深度不够。因此,在辅助教学方法中,我们应针对教学需要选择那些有利于发挥学生的主动性、参与性的教学法。同时,进一步明确辅助教学方法是配合基本教学方法而设计和使用的,不可使用过多,更不能取代基本教学方法。

五、“基础”课“教学方法群”在教学实践中的具体运用

(一)综合施用多种教学方法,产生共生效应

众所周知,不同类型院校的学生、同一类型院校不同专业的学生甚至同一所院

校相同专业的学生在初入大学期间表现出来的适应性问题既有共性，又有明显的个体差异性。这客观上要求任课教师在备课时一方面要透彻地分析教材中的规定内容，另一方面也要基于所任教的院校学生的实际情况，综合施用多种教学方法来开展教学活动。由于“基础”课面对的是一年级新生，他们的兴奋点是渴望成才。因此，在设计和组织教学时，必须关心大学生的思想、学习和生活，关注他们成长成才的需求，这样才能使得教学由“虚”变“实”。如在“绪论”部分的教学中，我们针对我校为财经类院校，北京生源学生较多的现实，围绕“明确成才目标，制订大学生活规划”这一主题开展教学，以帮助刚跨进大学校门的学生调整和确立新的成才目标，制订好大学四年的发展规划，从而珍惜大学生活，开拓人生新境界。

首先，我们设计、发放了包含20多个题目的小调查问卷，其目的是引导学生主动反思、梳理大学生活适应中存在的问题。同时，教师也可以通过调查问卷的结果，进一步了解学生们的诉求，及时调整授课内容。在课堂上，教师就学生们普遍关心的“大学生活的特点及如何适应”这一重点问题，引入典型案例，结合实例组织学生进行讨论分析和分享交流，教师则侧重引导和进行关键点讲授。在这部分的教学设计中，我们以问卷调查为经，贯穿教学过程始终；以案例分析和理论讲授为纬，突出了教学重点、难点和针对性问题。这种将多种教学法有选择地加以协调运用，能产生共生效应，增强了感性与理性、理论与实践的融合互通，避免了单独施用某一种方法时存在的不足，收到了良好的教学效果。

我们按照“精简”和“管用”的原则，在课堂教学中除灵活运用讲授式等传统的行之有效的方法外，还重点将问题研究教学法引入到教学中来，以增强课程的针对性、实效性。如每年“两会”召开之际，我们组织学生开展了以“聚焦两会”为主题的研究性学习活动。通过对涉及“两会”的热点问题进行思考和研究，深入了解国家的政治、经济制度等，从而进一步培养学生的科研能力。首先，由教师提供参考题目(学生也可自定选题)，讲述研究报告的写作要求和方法，而后学生在教师的指导下，结合教学内容，从学习、生活和社会活动出发，选择、确定研究专题，组建团队(小组)，进行研究报告的准备(收集资料、撰写大纲、修改定稿、撰写汇报大纲、制作PPT等)，最后以班级为单位，由各小组讲演汇报，教师进行总结评分。这种以小组合作形式主动获取知识、应用知识，并发现问题、解决问题，开展类似科学研究的学习活动，体现了指导与自主、规定与开放、统一与多样、理论与实践有机结合的教育指导思想，在研讨中把教学要求落到实处。

(二)传统教学方法中注入新的元素，设计新的教学流程

大学时代是大学生价值观形成的重要阶段。近年来，虽然大学生价值观教育的力度在不断增强，但效果却不太理想。在新形势下，以什么样的方式来传授和学习这些核心价值观，是值得教师们认真思考的问题。为此，笔者尝试以传统的讲授

教学法为基础，融入西方的价值澄清教学法和道德叙事教学法的组合教学方式来开展大学生核心价值观教育活动。

我们精心设计了“我的纯净水”价值观认知教育教学流程，把学生选择价值观的过程比喻为水的过滤过程，在“基础”课的课堂上由教师带领学生经过四层过滤，最终得到属于自己的纯净水，即选择出学生自己最崇尚的一个价值观。“我的纯净水”价值观认知教育活动的开展，使学生们清楚地窥视到自己内心世界的真正信仰与追求，唤起学生们对于信仰问题的自我思考与认知，通过选择、分析、评价等方式，间接地培养学生的价值判断和价值选择能力，从而选择正确的价值取向，并根据自己的价值观做出道德决定和道德行为。

价值观澄清活动虽然有利于调动学生的主体性，但容易只重视澄清过程，不重视道德教育内容的方法，过分强调了个体价值的相对性，会使一些学生善恶不分。为此，笔者又借鉴了西方的道德叙事方法，重续中国的道德叙事传统，以此加强学生的核心价值观教育。笔者从价值观清单中确定了学生们选择较为集中的爱国、诚信、责任、仁爱、敬业、公平和正义七个核心伦理价值，在课堂上将学生分为七个小组，每个小组选择其中一个价值，进行小组成员间的讨论。要求每个成员借助于他们亲身经历的生活中的某一事件或发生在他人身上却给自己留下深刻印象的一段故事，来说明所选中的价值观念。教师最后进行总结、点评，并给予价值观的引导。笔者认为通过道德叙事传递核心价值观念，能够增强价值观教育的接受效果。在这个过程里，教师不再作为道德代言人和道德化身，以一种居高临下的态势进行道德说教，而是教师和学生交互成为课堂的主体。通过小组成员之间、师生之间的交流方式，促使学生积极、主动地对现有价值体系进行独立思考、理性批判，并在理解的基础上做出自主选择，共享彼此的价值体验，体验到为人们接受的核心价值观念，从而形成认同。

（三）运用现代教学手段，拓宽教学新路径

作为全新的现代化传播载体与方式，新媒体日益凸显的重要性及其影响，在拓展了思想政治教育空间的同时，也使传统思想政治教育面临着机遇和挑战。新媒体包含很多类型，其中互联网作为“第四媒体”的影响深远且广泛，已成为思政课教师开展网络教育教学的重要平台。尤其当前被称为“第五媒体”的以手机为接收终端的媒体形式越来越凸显其优势，吸引了越来越多的学生使用。对此笔者做了如下工作：

1. 进一步完善多媒体教学，丰富课堂教学形式。同时，笔者依托学院的网络平台，建立了“基础”课教学博客、“QQ 群”等，试图实现师生课下的网上交流和信息分享，以形成网上网下开展思想政治教育的合力。

2. 充分借助手机媒体，设计、制作微型电子教案，将其提供给学生在手机上进行阅读，力争实现“基础”课移动教学。

3. 通过体验“严肃游戏”，开展“基础”课辅助教学。笔者在“基础”课的教学中运用北京理工大学开发的一款以培养情商为目的“情商加油站”严肃游戏，对我校2011级部分学生进行了体验测试，试图以游戏的形式表达和传递“基础”课的教学内容，进一步丰富“基础”课的教学形式，使学生在潜移默化中接受思想政治教育，受到了学生们的好评。

参考文献

[1]胡菊华，马晓春，谭凤茹. 思想道德修养与法律基础课教学方法的综合施用分析[J]. 思想政治教育，2010(3).

[2]陈秉公. 论“基础”课教学的“双主体”结构与“学导式”教学模式[J]. 学校党建与思想政治教育，2007(7).

[3]董丁戈，李彦秋. “基础”课“课型群”建设的构想与实践[J]. 现代教育科学，2010(4).

[4]王小莹. 高校思想政治理论课引入新媒体的实践探索[J]. 全国商情，2013(3).

*本文受中共北京市委教育工作委员会首都大学生思想政治教育课题(2012年)资助

课堂教学模式

城市经济学教学理念及内容的更新研究

城市经济与公共管理学院 王德起

【摘要】2010年中国城市人口已超过农村人口，进入了城市社会，城市经济成了中国经济的绝对主导力量，党和政府通过一系列决议提出了新型城镇化战略，从而使得城市问题的研究成为热点，城市经济学课程也成为经济管理类学科的一门重要课程。但由于中国的具体国情不同，照搬西方发达国家的经典教材照本宣讲其内容，并不能让学生获得合适的知识体系，按照当下中国国内较权威的教材，则失去了现势性。因此，创新该课程教学理念，及时更新教学内容便显得极其必要。

【关键词】城市经济学　教学内容　更新　探索

一、国内外城市经济学研究综述

（一）城市经济学含义的梳理

城市经济学是一门既老且新的学科，对于它的研究对象和研究内容还存在着许多分歧。

1. 国外学者关于“城市经济学”内涵的解释。从国外已经出版的城市经济学的论著来看，对城市经济学的研究对象，主要有以下几种不同的意见：

（1）城市经济学应当着重研究城市在国民经济和邻近地区的作用。

（2）城市经济学应当集中研究城市土地的合理使用和空间布局。

（3）城市经济学是运用经济原则去解决城市问题的学说。例如，英国巴顿在《城市经济学—理论与政策》一书中强调，城市经济学就是“有系统地运用经济原则去解决城市问题”。

（4）城市经济学应当着重研究选址的经济效果。

（5）美国理查森认为，城市经济学应当把高等数学中的变论、控制论和线性规划应用到选址方面，将数学和经济分析结合起来，研究选址的经济效果。理查森在《新城市经济学》一书中应用了大量的数学方法，比较了各种选址方案。理查森为了把他的研究区别于一般的城市经济学，把他的著作看作是城市经济学的一个新分支，称之为新城市经济学。

2. 中国学者关于“城市经济学”内涵的界定。中国学者关于“城市经济学”内涵界定问题的观点有以下七种：

(1)认为城市经济学是一门研究城市经济关系及其变化规律的应用科学。

(2)认为城市经济学的研究对象是城市经济及其发展规律,主要任务是揭示城市经济与所在地区和整个国民经济的联系及其规律。

(3)认为城市经济学是以城市这一全局性、综合性的经济实体作为研究对象的一门经济科学。主要任务是揭示经济现象的本质特征与发展规律,为城市经济建设提供经济科学上的理论依据。

(4)认为城市经济学所要研究的是城市本身的建设、改造、发展的客观规律,它应该把城市化和城市现代化的过程作为研究对象。

(5)认为城市经济学研究的对象是城市的整体、城市化、城市规划、城市产业结构、城市基础结构、城市的经营和管理等一系列城市的重大问题。

(6)认为城市经济学主要是研究城市内部的各种比例关系,即研究城市中生产与消费、生产与生活、生产与服务、生产与文化教育卫生事业等的关系。

(7)认为城市经济学应当着重研究占城市主导地位的工商业经济活动规律。城市经济学是研究城市经济及其发展和运动规律的科学。这就是说,城市经济学应当研究城市经济的本质特征,城市经济的发展规律、发展机制,以及城市经济运动及其调节的机制。

(二)城市经济学内容的比较

1.国外城市经济学课程主要参考书目及内容范围。

阿瑟·奥沙利文:《城市经济学》,中信出版社 2003 年版;巴顿:《城市经济学—理论与政策》,东商务印书馆 1984 年版;沃纳·赫希:《城市经济学》,中国社会科学出版社 1990 年版。

以阿瑟·奥沙利文《城市经济学》为例,其主要内容包括:①城市发展的市场推动力(占 24%);②土地租金与土地利用模式(31%);③城市交通(占 15%);④城市犯罪(占 6%);⑤住宅(占 10%);⑥地方政府(占 12%)。

2.国内城市经济学课程主要参考书目及内容体系。

①蔡孝箴主编:《城市经济学》,南开大学出版社 1998 年版;②张敦富主编:《城市经济学原理》,中国轻工业出版社 2005 年版;③谢文蕙、邓卫主编:《城市经济学》,清华大学出版社 1996 年版;④饶会林主编:《城市经济学》,东北财经大学出版社 1999 年版;⑤冯云庭主编:《城市经济学》,东北财经大学出版社 2005 年版;⑥董利民主编:《城市经济学》,北京:清华大学出版社 2011 年版。

归纳这些主要教材,涉及的基本内容包括:城市化、城市空间经济、城市规模经济、城市产业结构、城市经济增长、城市经济发展、城市土地经济与住宅经济、城市基础设施经济、城市交通经济、城市环境经济、城市人口经济、城市财政经济、城市区域经济、城市管理经济。

二、准确把握研究对象要义及本质

(一)城市的含义

1.不同学科理念的城市内涵诠释。

(1)市场经济观。英国经济学家巴顿认为:城市是一个坐落在有限空间地区内的各种经济市场——住房、劳动力、土地、运输等——相互交织在一起的网状系统。

(2)人文地理观。法国地理学家潘什美尔(P. Pinchemel)曾经感叹地说:"城市现象是个很难下定义的现实:城市既是一个景观、一片经济空间、一种人口密度;也是一个生活中心和劳动中心;更具体点说,也可能是一种气氛、一种特征或者一个灵魂。"

(3)政治国情观。中国对城市本质和特征的最权威的提法,集中反映在《中共中央关于经济体制改革的决定》中,即:"城市是中国经济、政治、科学技术、文化教育的中心,是现代工业和工人阶级集中的地方,在社会主义现代化建设中起主导作用。"

2.城市的一般性定义。城市是一定地域内非农业人口集聚,以第二、三产业活动为主的,生产力和物质财富高度集中的,社会、经济、政治等诸多因素高度综合的空间实体,是一个经济密集的社会有机体,是一个复杂的大系统。城市是人类历史发展的客观存在,是社会生产力发展到一定阶段的产物,是人类文明和人类进步的标志。

(二)城市的特征

城市不是众多的人和物在地域空间上的简单叠加,而是一个以人为主体、以自然环境为依托、以经济活动为基础、社会联系极为紧密的有机整体。城市的基本特征包括:

1.空间的集聚性(或称空间的集中性)。单位面积上集中了大量的经济或社会活动,表现为城市中心地区地价昂贵等。

2.经济上的非农业性。主要以商业、服务业、加工制造、物流业等为主。

3.构成上的异质性(又称多样性或流动性):不同地区城市存在差异。

4.高效性——高效率与高效益。①高效率,②高效益。

5.多元性——多功能与多类型。①多功能:首先,作为一个经济实体,包括生产、分配、交换、消费的全过程;其次,作为一个社会实体,是政治、社会等活动的中心;再次,作为一个文化实体,提供教育、科研、文体娱乐等多种服务;最后,作为一个物质实体,提供方便于工作、居住、游憩和交通的综合设施。②多类型:美国地理学家哈里所在其《美国城市的职能分类》一文中将城市分为以下几类:工业城市、混合城市、批发商业城市、运输业城市、矿业城市、大学城市、游览疗养城市。日本城市经济学家小经原义胜也把城市分为几类:工业城市、商业城市、矿山城市、水产业城市、交通运输城市、其他产业城市。

（三）城市的起源

城市产生的不同社会经济基础，导致城市兴起的途径或类型不同，如由城堡发展而来的城市；由商品交易集散地发展而来的城市；由交通枢纽发展而来的城市；由农村居民点（邑）发展起来的城市。城市产生的社会经济原因包括经济因素、社会因素、地理环境和自然条件。

经济因素——生产力：生产力的发展、社会分工的扩大和商品交换的发展，主要解释增长及发展的问题。

社会因素——生产关系：私有制、阶级、国家的出现，主要解释公平公正的问题。

地理环境和自然条件：是制约城市产生的自然环境因素，主要解释自然本底、环境保护以及生态建设的问题。

（四）城市经济的诠释

关于传统的城市经济概念描述：一般公认所谓城市经济是指社会再生产过程在城市空间的具体体现，是城市空间范围内各经济部门的总和。

城市经济是与农村经济相对应和相对立的经济形式，在内容上，是要素产品的集合（资源、商品、信息、技术、服务和劳动力等）；在形式上，是各个经济部门的集合（城市内部的工业、商业、建筑业、服务业等的集合）。

关于现代城市经济，20 世纪以来，特别是第二次世界大战后，整个世界城市化的进程明显加速，从 1950 年—1970 年的 20 年中，世界城市人口的总数从 7.06 亿增加到近 14 亿，几乎增长了一倍。城市化水平从 1950 年的 28.6%提高到 1970 年的 38.6%，目前已超过 50%，2012 年为 51.17%。当前，全世界的城市面积只占全球土地面积的 0.3%，却居住着全世界 51%的人口。城市化推进城市经济的发展，也推动了整个社会的变革。

目前，中国城市经济实力得到极大的提高，经济中心作用也得到加强，具体表现在：城市经济在国家经济中的地位更加突出；城市的经济结构不断调整、日趋合理；城市的经济影响力和控制力加大；城市成为对外开放的窗口和通道；城市发挥着科技、教育和文化中心的作用；城市支持了农村改革和农村经济的发展；城市经济走向国际化，城市的国际地位得到加强；城市居民经济收入和生活水平明显提高。

三、教学理念、内容更新总体思路及特色创建

（一）总体要求及原则

大学的职能是：科学研究（学科建设）、人才培养、服务社会。其中，“人才培养”是大学的根本职能及核心任务，符合“国家要求——满足人力资本发展需求——满足社会需求”的主题脉络。

1. 更加注重大政方针，诠释新时期党和国家城市发展的重大策略，满足政府需求。

2. 更加注重人才培养，理清大学各角色及其功能作用的关系，培养社会急需人才。

3. 更加注重方法改进，提高知识传授及能力培养的效率，满足学生知识与能力双提高。

4. 更加注重学科意识，借鉴其他学科成果，创新完善城市经济学的内容体系。

城市经济学的发展要与时俱进，把握城市经济时代特征，形成学科特色，提高其生命力。服务于以下目标：以人为本；全面协调可持续；建设两型社会；服务于全面小康社会及现代化建设，着力于城乡统筹发展；解决伪城市化、半城市化问题，城市内部二元结构，“棚户区”改造，农民工问题，重大民生问题，房价房租过高等问题；解决城市贫困，交通拥堵问题，实现环境美化，等等。

（二）将城市化作为一条主线，链接相关内容

中国城镇化已经成为 21 世纪影响世界文明进程的两件重大事件之一，国内外学者已经揭示了城市化进程及相关经济活动的演变规律。在此基础上，研究中国城镇化的特殊矛盾，分析相关经济活动及经济现象，逻辑清晰合理，针对性更好。如图 1 所示。

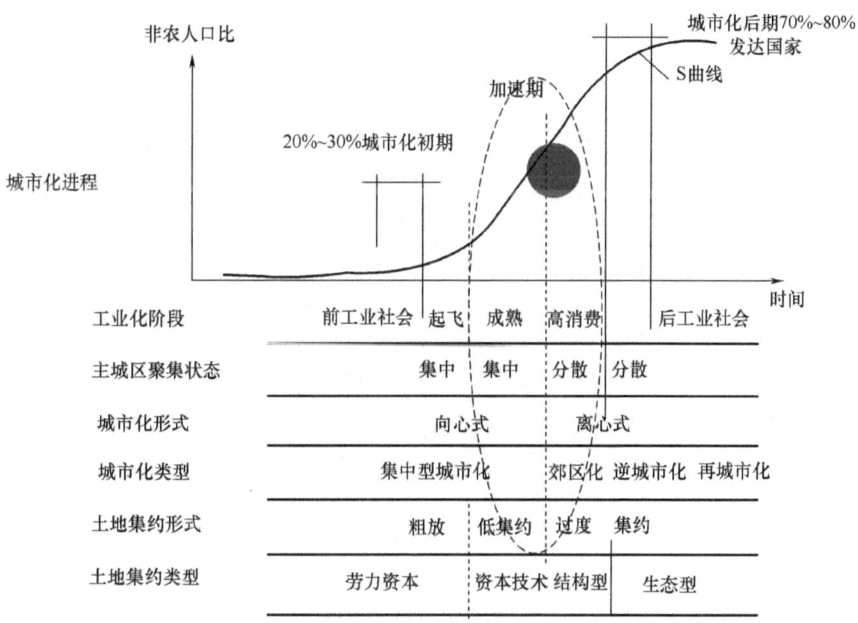

图 1　城市化进程及其相关经济活动演变规律

（三）创新城市经济学理论，构建城市经济发展新机制

城市经济学的核心是集聚经济，经济活动区位选择市场主体基本活动，而产业结构演替是推动城市经济发展的根本动力，三者相互作用、相辅相成，共同推动着

城市经济发展，如图 2 所示。

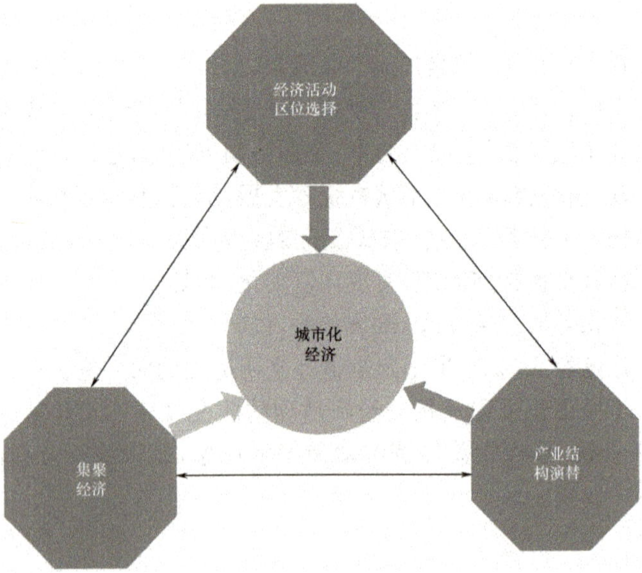

图 2　城市群区域城市化经济发展的框架

而在一个城市群单元范围内，各个城市根据自己的比较优势合理定位，选择确定自己的主导产业及产业结构；在纷繁复杂的大环境中，抓住机遇、获得机会、健康发展；城市政府之间有效合作，引导生产要素合理流动。如此形成城市化及其经济发展的又一个“动力三角”，如图 3 所示。

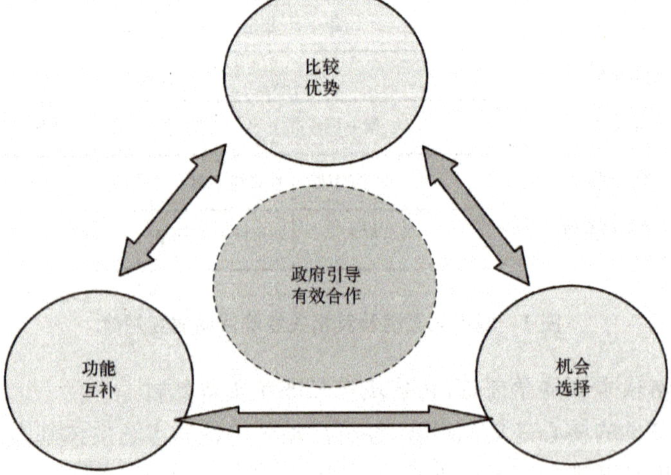

图 3　城市化及其经济发展“动力三角”

（四）将城市群作为一个完整单元，系统讲授城市群主体形态的城镇化

中国制定的国土资源开发《全国主体功能区规划》战略，已经确立了“两横三纵”的城市化战略布局（见图4）；2014年刚颁布的《国家新型城镇化规划》，在这个格局的基础上，明确了对32个城市群进行建设，这是中国未来长期坚持的一个布局。

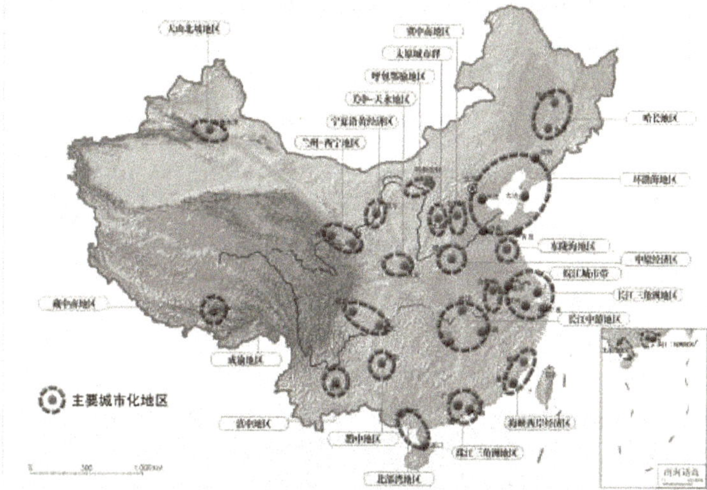

图4 “两横三纵”城市化战略格局

（五）把生态环境建设贯彻始终，在此基础上研究城市发展演化特征

党的十七大提出了“生态文明”建设的战略任务，提出要把生态文明建设纳入到党和政府工作的始终，而生态与环境状况始终与城市建设与发展，以及城市经济运行交织在一起，因此，将其纳入一体进行分析，具有新意。如图5所示。

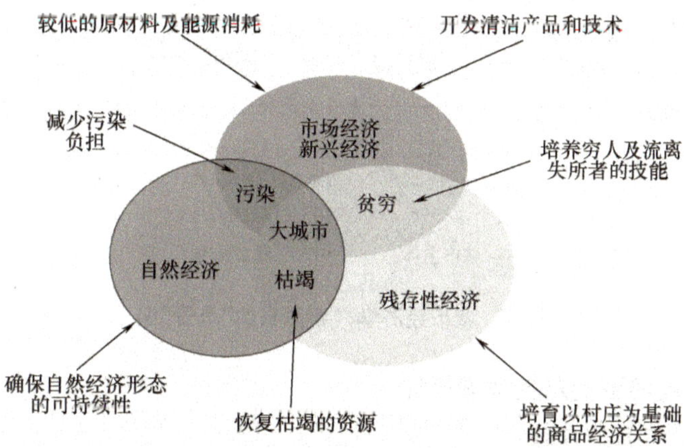

图5 构建城市可持续性发展的战略框架

(六)凸显学科特征,实现融会贯通

城市经济学科上属于区域经济,总体上应该符合区域经济学的研究范式。但城镇化及城市建设在中国有很强的政府主导性,因此也需要考虑政府公共管理的相关理论及范式。因此,要有机衔接相关学科精华,包括区域经济学、发展经济学、公共经济学、空间经济学等;要突出城市公共品供需的相关经济学研究,将城市的社会学角度的内容,如农民工市民化问题、公共服务均衡化问题、城市贫困与犯罪问题,纳入讲授内容之中。

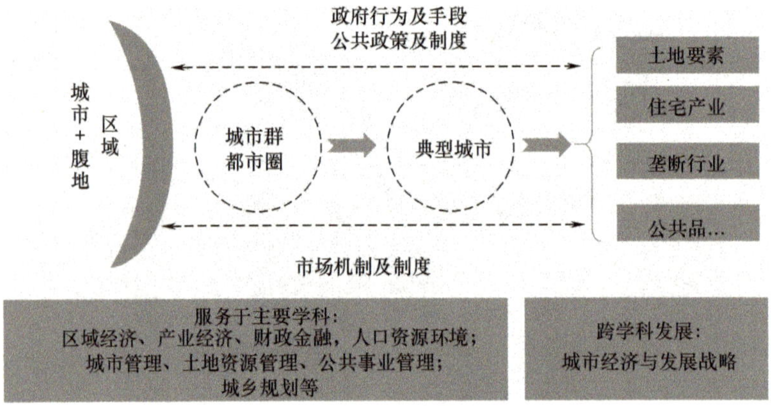

图6　城市经济分析的学科逻辑关系

(七)城市经济学教学内容的逻辑框架

城市经济的研究内容及其逻辑思路可以用"鱼骨图"方法来表述。

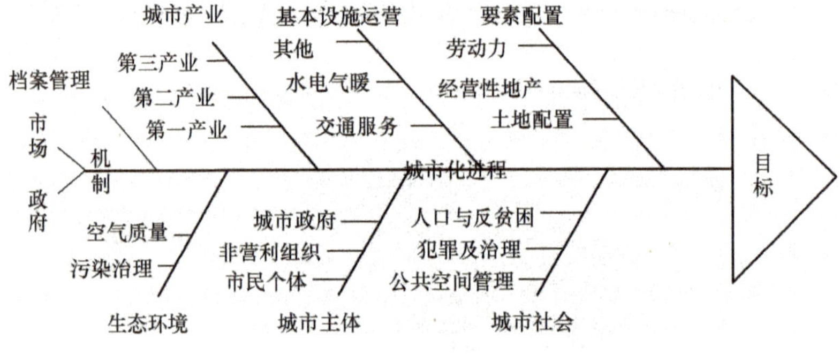

图7　城市经济学内容体系的"鱼骨"图

四、教学内容更新及其教学设计

(一)课程的教学目标

"城市经济学"是我校城市管理、土地资源管理等专业的必修专业课,也是城市经济与公共管理学院的重要大类课程之一。通过该课程的学习，可以为学生学习其他课程打下理论基础，对学生了解城市发展演化以及城市经济运行的原理，掌握城市经济分析的基本理论与方法，以及对城市经济问题进行解释及分析，并提出对策建议等，具有重要意义。

（二）教学基本要求

本课程是城市经济及管理类专业学生的重要课程，教学中，要求将城镇发展及其经济运行的基本原理及理论体系讲解透彻，让学生牢牢掌握；同时，中国城镇化已经成为推动区域经济乃至整个国民经济的引擎，已经上升为国家战略，因此对中国新型城镇化战略及推进中出现的各种城镇发展问题，如住房、土地利用、民生等问题也要重点讲授。为了让学生更好地掌握课程内容，在教学过程中，拟推行"三位一体"的学习模式，即：课堂基础理论和基本问题的学习，实验室动手分析问题的方法的学习，以及实习基地对具体问题的实操性训练，使学生能够在"知识一机能一能力"上均衡提升，真正成为具有较高水平、高素质的高层次人才。本课程的考核方式为闭卷考试，其中，闭卷卷面成绩为 70 分，平时成绩则为 30 分。具体包括课堂参与、作业与课外实践等。

（三）教学各环节学时分配（见表 1）

表 1　教学课时分配表

序号	章节内容	讲课	实验	其他	合计
1	第 1 章　导论	2			2
2	第 2 章　城镇化原理及进程	3			3
3	第 3 章　中国新型城镇化战略	4			4
4	第 4 章　城市增长及内部结构	3	2		5
5	第 5 章　城镇发展及外部结构	5			5
6	第 6 章　城市地租与土地利用	4	2		6
7	第 7 章　城市住宅与房地产市场	6			6
8	第 8 章　城市交通及物流经济	4			4
9	第 9 章　城市教育、贫困及犯罪	2			2
10	第 10 章　城市环境及生态经济	3	2		5
11	第 11 章　城市公共品供给及民生	2			2
12	第 12 章　城市政府管制及政策的经济分析	4			4
合计		42	6		48

（四）教学内容更新及其教学设计

1. 教学的基本内容。

第 1 章导论（2 学时）。包括：城市及城市经济的内涵；城市产生及演变；城市经济的地位及作用；城市经济学的研究对象及内容体系；城市经济学的最新发展及中国特色。

第2章城镇化原理及进程（3学时）。包括：城镇化的含义及类型；城镇化的动力机制；城镇化进程的一般规律及影响因素；城镇化与工业化的互动关系；要素集聚；产业集群与城镇化。

第3章中国新型城镇化战略（4学时）。包括：新型城镇化战略的内涵及特征；新型城镇化的指导思想及基本原则；城乡统筹发展与区域一体化；农民工市民化模式与路径；城市病形成的经济分析；“四化”协调发展的机制及对策。附件学习：①国务院《国家新型城镇化规划（2014～2020年）》；②中共中央《城市工作会议（决议）》。

第4章城市增长及内部结构（3学时课堂，2学时实验，共5学时）。包括：城市产业与城市增长；城市精明增长与边界；城市内部空间结构布局模式（优化）；城市更新及城中村、棚户区改造；城市开发区及新城；城市规划的经济学分析。

第5章城镇发展及外部结构（5学时）。包括：中国城镇化战略布局；城市规模分布原理；城市群形成及发展的机制；主体功能区与区域空间结构优化；首都经济圈发展及京津冀一体化；中国城市群发展概况及与世界城市群比较。

第6章城市地租与土地利用（4学时课堂，2学时实验，6学时）。包括：城镇土地的类型；城镇土地利用的特征；城镇土地节约集约利用；城镇土地市场分析；地租与地价；城镇土地利用及开发模式；土地财政的利弊分析；中国土地制度改革的路径及创新。

第7章城市住宅与房地产市场（6学时）。包括：房地产产品、商品、市场与产业；房地产市场体系；城市房地产市场的四象限分析模型；非住宅房地产；房地产金融体系；中国城镇住房保障体系；中国城镇住房制度改革及房地产市场健康发展。

第8章城市交通及物流经济（4学时）。包括：城市交通及物流经济概述；城市公共交通体系；城市交通拥堵与拥堵税；通勤成本与交通补贴；城市交通与土地利用；城市物流系统及网络。

第9章城市教育、贫困及犯罪（2学时）。包括：城市教育现状及问题；城市就业及收入；城市贫困成因及社会救助；城市犯罪及治理；中国新型和谐城镇建设。

第10章城市环境及生态经济（3学时课堂，2学时实验，共5学时）。包括：城市环境危机；资源型城市转型发展；污染税及排污权交易；环保产业发展及生态建设资金来源；中国城镇的生态文明建设；中国城镇可持续发展的路径及举措。附件学习：国务院《资源型城市转型发展的若干意见》。

第11章城市公共品供给及民生（2学时）。包括：城市公共品概述、城市公正与公平、城市社会保障；城市危机与公共安全。

第12章城市政府管制及政策的经济分析(4学时)。包括:城市政府的职能;城市财政及债务;土地财政与不动产税;城市政府城市建设投融资。

2. 认真讨论一些重点热点问题。①城市化支撑条件与战略布局;②经济全球化与城市新形态;③知识经济与城市经济结构重建;④城市特色、功能定位、发展战略与主导产业确立与转换;⑤城市经济发展能力评价与改进途径;⑥城市社会文化、人力资源开发与城市经济发展;⑦统筹城乡发展与"城乡一体化";⑧城市土地开发、收益分配;⑨城市基础设施建设、生态环境治理与可持续发展;⑩城市经营管理的有效机制;⑪城市群、城市圈、都市带;⑫城市民生及公共品供给。

这些问题要尽早发布给学生,让大家根据自己的兴趣以及可能接近的资源,在课外准备资料、制作宣讲材料、举办研讨会、进行集体学习讨论。

3.创新教学组织。

(1)推进"课堂—实验室—实习基地""三位一体"的教学及人才培养模式,有机组合三者的优势,科学设置各自内容。

(2)以科学研究成果为支撑,利用自己承担各类课题研究较多的便利,揭示城市经济热点及前沿问题。

(3)充分借鉴实验经济学的成功经验,充分利用数字城市等实验室,并将其创新性地运用于城市经济学研究之中。

参考文献

[1](美)阿瑟. 奥莎利文.城市经济学[M].周京奎,译.北京:北京大学出版社,2008.

[2]谭善勇,王德起. 城市经济学[M].北京:中国建筑工业出版社,2009.

[3]郑长德,钟海燕. 现代西方城市经济理论[M]. 北京:经济日报出版社,2007.

[4](美)丹尼斯·迪帕斯奎尔,威廉·惠顿.城市经济学与房地产市场[M].龙奋杰,等,译.北京:经济科学出版社,2002.

[5](美)威廉·阿郎索.区位和土地利用——地租的一般理论[M].梁进社,等,译. 北京:商务印书馆,2007.

[6]董利民.城市经济学[M]. 北京:清华大学出版社,2011.

[7]吕玉印.城市发展的经济学分析[M].上海:上海三联书店出版,2000.

基于创新能力培养的公共管理学大类课教学模式改革与实践*

城市经济与公共管理学院 王蕾

【摘要】传统公共管理学课堂教学模式以课堂为中心，以继承知识为主要任务，以灌输式为主要方式向学生机械地传授知识。基于传统公共管理课程课堂教学模式的弊端，本文根据笔者一线教育的实践，对公共管理大类课程的课堂教学、理论和实践结合、课堂互动及考核模式等方面提出了具有改革意义的建议，构建了符合公共管理专业特点的创新型课堂教学模式，以期能培养创新型实用型公共管理专业人才。

【关键词】创新能力 公共管理学 教学模式

公共管理学是综合运用政治学、经济学、管理学、法学、社会学、系统科学等多学科理论与方法，专门研究公共组织的管理活动及其规律的综合性学科体系。随着中国市场经济改革的深化和公共行政理念的转变，公共管理学已经成为高等院校公共管理大类本科专业的核心基础必修课，其授课目标不仅仅在于使学生掌握公共管理的基本理论、规范和技术，还要培养学生基本的公共管理实践能力。这门课程注重培养学生的创新思维和综合运用公共管理学知识去解决实际问题的能力，是一门实践性很强的应用型学科。如何在公共管理学科中加强创新教育，构建知识、能力、素质为一体的创新教育模式，培养具有创新精神和团队精神的复合型创新型公共管理人才，已成为中国公共管理学科发展普遍关注的热点。

随着科学技术的不断发展、社会的快速进步，社会价值、社会事务以及公共关系较为复杂，人类生活的公共领域呈现不断扩大、地位不断上升的趋势，进而公共管理的重要性越来越突出。中国正处于经济转轨、社会转型的特殊时期，新形势下中国经济社会发展的“十二五”规划中再次强调要建立和谐社会与服务型政府，这为如何提高公共管理学教学质量提供了机遇也提出了要求。全球化、信息化、市场化的快速发展要求公共管理专业不断改革现有的教学模式，适应创新型人才培养的需要，要求公共管理教师必须实现从传统的灌输式到现代的启发式，从传授者到研讨者、从授业者到督导者、从主导者到合作者、从执行者到参与者的转轨。因此，如何培养大学生具有良好的科学素质，已成为高等院校公共管理学大类课程教学的一个核心问题。

一、公共管理学的教学现状

目前中国高校在公共管理学授课过程中，多采取课堂理论教学，教学内容多以原理性、概论性和原则性等为主。这种课堂教学难以使学生获得定量、定性等专业的分析工具和具备更高级的专业素养，也不能有效地帮助学生取得能满足公共管理需要、处理公共事务、解决公共问题所需要的能力、品质和技能。公共管理学一般安排在大学一年级或者二年级，从教学实践看，学生普遍反映该课程学习较为枯燥，对理论的理解存在一定困难。其主要原因在于公共管理学是以理论评点实践和提升实践的学科，其理论多半是公共管理实践经验的总结，而大学低年级学生刚刚步入高校，还没有适应大学学习方式，更没有系统的社会实践知识，目前以教师为中心的讲授式教学方式不可能适应公共管理学课程教学的需要。要克服传统教学模式的弊端，必须把改革的着力点放在学生的学上，从以教为主的教学模式向以学生学为主的教学模式转变，促进学生观察社会和提炼理论的能力的提高。概况来说，现阶段公共管理学课程教学过程中主要存在以下问题。

（一）注重主讲教师单独讲授而缺乏学生的有效参与

目前，中国高等院校公共管理课程普遍采用“主讲教师单独授课，学生被动接受知识”的教学模式。教师根据教学大纲和教学计划讲解课程知识，学生根据教师讲解的内容做好笔记或者在参考书上标上记号，以备应试之用。老师极其注重按部就班的知识传授，学生也非常习惯这种“满堂灌”“填鸭式”式的教学风格。这种授课方式，严重忽视了学生主观能动性的发挥，不利于学生对知识的理解和感受。美国进步主义教育家提出，教育并不是强制听讲或闭门读书，教育就是生活、生长和经验改造。要从教师中心转向学生中心，让学生主动地去学习、去发展，学生应当自己学，在做中学。他们认为这才是大学教育的根本目的。由此可知，在大众化应用型教育模式下，学生不应只是被动的知识接受者，应该鼓励学生积极参与到课堂的教学中去。

（二）注重理论知识传授而忽视实践教学

现阶段，中国应用型本科院校仍然将一些理论知识的传授当成大学教学的头等任务，而对一些理论课配套的实践课程或者实践活动则大多走过场、流于形式，学生通过课堂被动接受的知识很难通过表面性的实践形式转化为相应的能力。美国著名的教育社会学家马丁·特罗教授提出的高等教育发展阶段理论认为，在精英教育阶段，高等教育的主要功能是选拔国家科技、管理人才，塑造人的个性与心智，而在大众化教育阶段，高等教育的主要功能在于向广大公民传授社会知识与培养职业能力。由此可见，在大众化教育环境下应用型人才的培养要将理论知识和实践能力有效结合起来，注重将知识转化为可以运用的能力。

（三）注重结果考核缺乏过程控制

现行的教育模式下，高等院校文科类课程“一考基本定终分”的现象普遍存在。目前，公共管理类课程最终成绩一般由30%（平时）+70%（期末考核）或者20%（平时）+80%（期末考核）两部分构成。其中，平时成绩一般由学生的出勤率来判定，学生平时完全可以不学或者少学，最后仅仅通过三五天复习笔记或者加班背诵就可以通过期末考试，加上平时出勤表现分，学生只要考前几天多努力就会取得不错的成绩。这种平时和期末考核所占比例严重失衡的现象，助长了“平时不烧香，临时抱佛脚”不良现象的蔓延，破坏了大学校园的良好风气，违背中国大学教育的培养宗旨和原则，不利于提高学生的理论素养和实践能力。因此，改革现有的大学考核模式，从以结果为主向以过程控制为主转变，优化考核成绩构成比例显得尤为迫切。

二、创新型公共管理学课堂教学模式的构建

（一）采用团队式学习模式

团队式学习模式是指以一个小型组织化的学习环境为条件，以引导学生自主探究、合作学习入手，以教师的有效教学和管理方式为手段，以提高学生的综合素质和学习能力为目标的一种学习模式。教师根据学生的学习情况、特长以及兴趣等进行分组，由学生自己组建学习团队，拟定体现竞争精神的团队队名以及口号等。笔者在教学过程中结合公共管理学教学实际，按照公共管理学主体分类，每个学习团队成员包括总协调、政府代表、市场代表、社会团体及公民代表、秘书等。在教学中，对于既有学术争议又与实际联系紧密的教学内容，采用团队讨论法进行教学。教师提前把讨论内容布置给学生，学习团队利用课余时间搜集相关资料，并在课堂上认真讨论，学生根据自己担任的角色，结合自己的理解和分析自由发言和讨论并得出结论；然后由学习团队选出一位代表向全班同学阐述其团队的观点，使各学习团队都能够得到启发，同时使学生对公共管理各主体之间的联系也有很好的理解。团队式学习模式能够摆脱传统课堂教学中学生学习的个体性以及与教师的单一对应性，能够提高学生的沟通能力和协作能力。

（二）情景模拟教学模式

情景模拟教学法是一种以案例或情景为载体的实践性教学方法，它更高地要求教师在教学活动过程中承担着更多更重要的角色，同时围绕某一教学主题，创设情景并引导学生扮演角色，将事件的发生及发展过程虚拟再现出来。通过角色的扮演，让学生可以设身处地去实践现代管理实践中那个可能属于自己的角色，培养学生的分析和综合思维能力，锻炼学生的团队合作能力，增强学生应对突变环境条件的应变及组织能力。该方法能通过学生的角色扮演来培养学生分析问题和解决

问题的能力，培训他们的管理技能，积累管理经验，有利于学生综合能力的提高。通过情景式教学这一方式，使学校学习和社会实践之间架起一座桥梁，使学生通过感受管理实践，更快地融入社会，成为优秀的管理人才。例如笔者在讲解公共管理政府治理内容时，设置现实生活中发生的城管暴力执法场景，具体操作如下：让学生根据抽签分别扮演城管执法人员（政府）、企业代表（市场）、小摊贩（公民）、记者媒体报道（社会团体）。在演出结束之后，可以根据情况进行角色互换，以锻炼同学们在不同角色中处理不同问题的能力，使同学们以切身体会更好地理解城市管理中各个主体的不同职责，加深对课本理论知识的理解。

（三）组织学生社会实践

公共管理学是与现实社会紧密联系的，学生在象牙塔中学习的理论知识还需要在社会实践中得以印证和运用。

首先，在公共管理教学过程中根据授课内容不定期组织学生现场观摩。现场观摩是让学生亲自到公共管理部门的工作现场去感受工作环境，了解工作情况，接触工作人员，学习以政府为核心的公共部门分析问题和处理问题的方法，从而使学生能够将所学的理论知识与实际问题结合起来，调动学生的学习积极性。

其次，充分利用学生专业实习的机会，让学生带着问题到现实社会中寻找答案。组织学生深入党政机关、企事业单位基层及社会团体，解读机构、架构，了解日常工作、遇到的问题、处理问题的方法及效果等。使书本上的一维文字变为现实中多维立体工作和生活，让同学们身临其境、参与其中。专业实习不仅提供了一个让学生接触社会、理论联系实际的机会，更提供了一个提升学生综合能力的舞台。

最后，开展公共管理名家讲坛活动，聘请公共管理领域知名专家学者为学生介绍公共管理及其相关学科的发展和应用，开阔大学生的视野，增长学生的见识。积极鼓励学生申报大学生创新项目，让学生参与到教师的科研中来，使学生能够学以致用，理论联系实际，充分发挥了学生的创造与创新潜力。

（四）完善学习效果考核方式

大学生要强调综合素质和创新能力的培养，包括运用理论知识解决实际问题的能力、科学实践能力等。因此可以对传统理论课程考试方法进行适当的改革。以综合能力与素质教育为指导对考试形式、方法进行改革与实践。为更好地调动学生学习的积极性，公共管理学课程的实践教学部分应占总课时的 30%，在考核方式上应摒弃传统的以平时成绩加期末闭卷考试相结合的考核方式，而是采取多种考核方式相结合的办法。

第一，提高平时成绩（包括课堂出勤情况 10%、个人 PPT 能力展示 20%、团队合作表现 20%等）在总成绩中所占的比重，使之由原来的 30% 增至 50%（其中，团队合作表现成绩由各组组长和组员分别相互打分）。

第二，期末考试采取开卷考试形式，事先制作多个题签，学生随机抽取，每人预留20分钟准备时间后，当场回答，重点考核其分析、解决实际综合问题的能力。

第三，课程结束后，每位学生要提交一篇公共管理学结课论文，考察其运用公共管理学基础理论知识，围绕某一特定典型案例分析决策的能力，三项得分相加作为本门课程最终成绩的评定。通过这些手段，促使学生重视理论知识的实践应用，提高综合素质及创新能力。

三、创新型公共管理学课堂教学模式实施的成效

基于上文构建的创新型公共管理学课堂教学模式，在公共管理学教学实践中，就教师感受和学生反馈来讲，整体教学效果较之前有了很大的提高。学生们虽然承受了一定的学习压力，但是大多数都能按照要求认真准备资料，积极参与讨论、主动作报告等，各组组长等学生的组织能力得到了较大提升，大多数学生的语言表达能力、分析问题能力、逻辑思维能力、PPT 制作能力等都得到不同程度的提高，无形中也提高了学生们的团队协作能力。从与学生交流的反馈意见来看，大多数学生认为创新型公共管理教学形式好，气氛活跃，能够提升自己的学习兴趣以及对公共管理学课程知识的掌握程度，并且乐于参与讨论；一部分学生从最初因为分数原因被迫参与讨论变为乐于主动参与讨论。具体成效有以下几点。

（一）增强学生的学习主动性

公共管理学是一门实践性很强的课程，因此调动学生的积极性和主动性非常重要。通过团队教学方式，有针对性地把理论知识转化为有趣的团队实践活动，不仅使学生了解到所学理论知识的使用价值，而且强化了学生的实践运用能力。在教师的指导下，学生为了完成讨论任务，需要独立思考和相互讨论，从而使学生产生较强的任务感，同时也培养了学生的责任心。通过笔者对2011级、2012级、2013级6个公共管理大类班的调查问卷结果显示，83%的学生能积极主动收集资料，完成团队讨论的问题，只有17%的学生不主动收集资料。在调查问卷中，某位同学写道："这种深化课程改革，使我们对知识的学习更积极、主动，同时获得知识的效果比老师单纯的讲解和看书本好很多，并且激起同学的兴趣，各展其长，融入到一个团队中来。"

（二）提高学生的学习能力

每项团队练习与活动的设计，已不只限于课本的内容，而是要求学生从课本的理论内容出发，通过收集并整理资料来完成。在这个过程中，学生不再是单一的信息接受者，更多时候他们是信息的收集者、创造者。对于学生而言，最大的收获将是学习能力的提高。通过对2011级、2012级、2013级6个公共管理大类班的问卷调查，数据显示，36%的学生认为通过情景模拟和角色扮演法能很好地掌握所学的

基本理论知识，58%的学生认为通过情景模拟和角色扮演法能掌握所学的基本理论知识；56%的学生认为团队的学习模式能培养自己分析问题、解决问题的能力，42%的学生认为团队的学习模式基本能提高自己分析问题解决问题的能力。某位同学在公共管理学结课总结中写道："情景模拟和角色扮演的教学方法，真的很新颖，也很适合当代的教育，可以培养自己动脑筋和思考问题的能力，课堂的互动也能培养我们解决问题的能力"。

(三)培养学生的团队精神，加强学生的责任感

在每次的团队练习与活动中，都要求队长合理分配每个队员的工作，使之通过每个人的协作能更快、更好地完成团队任务。在这一过程中很好地培养了学生的团队精神和合作协调能力。通过对2011级、2012级、2013级6个公共管理大类班的问卷调查显示，93%的学生认为通过团队学习，培养了自己很强的合作意识，7%的学生认为自己偶尔能与其他队员进行合作。在团队练习与活动中，对学生的责任感提出了很高的要求。是否按时、按量完成份内的任务，不再是只关乎自己的事情，而且影响到整个团队的最终成绩，因此不负责任的学生会受到队员的批评，使之改进。

四、结语

综上所述，新形势下提高公共管理学大类课程教学效果已是大势所趋。经济社会的发展离不开公共管理学的理论支撑，在某种程度上当今公共管理问题能否得到有效落实决定着经济社会发展的成败与得失。提高公共管理学教学质量也是时代发展的迫切要求。培养学生的创新能力是素质教育的核心，是现代教育的出发点和归宿，是一个复杂而漫长的过程，贯穿于教育教学过程的始终。课堂教学作为人才培养的主渠道，必须充分发挥其应有的作用。课堂教学模式改革，是教学思想的重要转变，这要求教师首先自身应具有创新精神，扬弃传统的课堂教学模式，革除旧弊，勇于创新，并将这种精神融入课程教学之中。因此应当依靠更新教学内容、创新实践教学平台、改进教学方法、提高教师素质、完善教学理论体系，按照实践需要确立公共管理研究的基本范围和重点领域，构建公共管理学中国本土特色的教学模式，培养出具有创新素质的人才。

参考文献

[1]顾湘，等.公共管理学研究型教学模式的实践与思考[J].经济研究导刊，2011(10).

[2]邱雪超.新形势下提高公共管理学教学质量的途径探索[J].华章，2013(16).

[3]宋斌，等.论公共管理学科的教学理念及其模式创新[J].中国行政管理，

2005(11).

[4]王崇彩,胡月英. 应用型本科院校经管类课程教学模式改革探讨:以品牌管理课程为例[J]. 赤峰学院学报,2012(5).

[5]赵红梅,李巍巍. 创新型公共事业管理学课堂教学模式构建研究[J]. 北方经贸,2013(6).

[6]周琼婕. 浅析情景模拟教学法在公共管理学教学中的运用[J]. 企业导报,2013(16).

[7]殷宝双. 大学生创新能力培养与教学模式改革[J]. 中国成人教育,2010(9).

* 基金项目:2012 首都经济贸易大学校级教改立项青年项目"协同创新视角下经管类专业大学生创业能力培养模式研究与实践"资助

网络化多媒体教学环境下“管理学”小组学习模式研究

——基于案例教学法的改进视角

工商管理学院　关鑫

【摘要】当今，大学课堂普遍采用多媒体教学技术，并不断更新多媒体教学环境。同时，案例教学法在“管理学”教学过程中更是得到广泛应用。然而，面向广大90后新生代大学生，如何将这两者更加紧密地结合起来，并高效地嵌入当前大数据时代最先进的互联网通信技术，进而确保更高的教学质量和更好的教学效果，就成为一个亟待解决的重要课题。基于此，本文提出多媒体环境下基于案例教学法的“管理学”小组学习模式，并对这种学习模式的内涵、作用、意义、实施步骤和评价进行系统诠释。

【关键词】多媒体环境　案例教学法　小组学习模式

一、引言

20世纪初，哈佛大学首先创造了案例教学法，即围绕一定培训的目的把实际中真实的情景加以典型化处理，形成供学生思考分析和决断的案例(通常为书面形式)，通过独立研究和相互讨论的方式，来提高学生的分析问题和解决问题的能力的一种方法。这种依照法律工作中立案办法把教学内容编成案例形式来进行教学的教学方法很受欢迎。随着当代“教师主导，学生主体”教学思想的深入与发展，案例教学在大学教学过程中得到广泛应用。通过案例教学，不仅能够启发学生思路，激发学生兴趣，能够使学生更好地将所学理论与实践紧密联系起来，还能使教学内容更加丰富多彩、生动形象，从而更好地保证教学效果，提高学生的理论应用能力。

“管理学”与企业实践联系密切，案例教学在这门课程中应用甚广。为了保证案例教学效果，从经典案例的选取、背景材料的铺垫、问题的设计，到案例讨论的组织，再到案例分析与总结，需要教师花费大量时间和精力来进行精心准备。但是，在教学过程中，面临着多样化的学生群体，很难保证学生全心投入到整本教材的学习中，也很难避免全程式的统一案例讨论模式所引发的疲劳感和枯燥感。特别是对于那些刚刚迈进校门的一年级新生而言，大学课程的教法和学法都与高中有着很大的不同，一切都显得那么新鲜，同时又有那么多的未知，他们需要一段时间来适应大学的节奏，并找到正确的学习方法。而且，由于他们必要的知识储备很有限

(之前可能从未接触过管理学或企业管理理论和相关知识,因而,缺乏必要的知识储备),也难以保证案例教学取得令人满意的效果。由此,如何有效地提高案例教学的教学效果,如何让学生在最短的时间内(可能只有半学年)获得更大的收获,一直以来都是困扰教师的一个大问题。

有鉴于此,笔者结合自己的教学实践和教学改革尝试,希望通过对网络化多媒体环境下的"管理学"小组学习模式的探讨与研究,来寻找一条解决这一问题的可行路径,从而大幅度地改进师生间的关系,提升教师的教学质量,提高学生的学习兴趣,确保取得更好的教学效果。

二、多媒体教学环境下的小组学习模式界定

(一)多媒体教学环境

所谓多媒体教学,是指在教学过程中,根据教学目标和教学对象的特点,通过教学设计,合理选择和运用现代教学媒体,并与传统教学手段有机组合,共同参与教学全过程,以多种媒体信息作用于学生,形成合理的教学过程结构,达到最优化的教学效果。

多媒体教学早在20世纪80年代就已经开始出现,当时主要是采用多种电子媒体,如幻灯、投影、录音、录像等,并将这些电子媒体综合运用于课堂教学。所以,这种教学技术又称为多媒体组合教学或电化教学。20世纪90年代起,随着计算机技术的迅速发展和普及,多媒体计算机开始快速取代了以往的多种教学媒体的综合使用地位。因此,现在所说的多媒体教学是特指运用多媒体计算机并借助于预先制作的多媒体教学软件来开展的教学活动过程。

多媒体教学又可以称为计算机辅助教学(Computer Assisted Instruction,即CAI),是指利用多媒体计算机,综合处理和控制符号、语言、文字、声音、图形、图像、影像等多种媒体信息,把多媒体的各个要素按教学要求,进行有机组合并通过屏幕或投影机投影显示出来,同时按需要加上声音的配合,以及使用者与计算机之间的人机交互操作,完成教学或训练过程。多媒体教学具有交互性、集成性、可控性等特点。

通俗地讲,多媒体教学环境主要是由以下设备构成和支撑:多媒体电脑主机、投影机、音箱设备、多媒体中央控制系统、视频实物展示台和投影幕布(更高级点的可以用交互式电子白板),如教室条件许可,还可以使用多媒体网络教室软件(需要提供一个局域网环境,并确保每人一台电脑)。

(二)大数据时代互联网信息交流平台

当下,大数据业已成为一个最流行的词汇。作为一个包罗万象的术语,"大数据"相当的含糊不清。同样地,"云"这个概念也涵盖了不同的技术。大数据系统的

输入端可以列一个极长的表，包括了社会网络、Web 服务器日志、流量传感器、卫星图像、广播音频流、银行交易、摇滚音乐 MP3、网页的内容、政府文件扫描、GPS 路线和金融市场数据等，而这些数据本质上并非是相同的东西。IBM 公司率先把大数据的基本特征概括成三个“V”，也就是规模（Volume）、快速（Velocity）和多样（Variety）。而这三个方面是观察数据本质和软件处理平台的有用视角。

大数据时代反映了网络技术进步、社会形态演变、人们行为演变、交易的变化等对人们生活带来的变化。今天，移动互联网正在带领全人类走入第五个信息周期，联网的人群将会更多，联网的速度将会更快，联网终端使用的场景将会更广阔。移动互联网把人们利用信息的方式更加碎片化，同时产生很多零散的所谓的大数据。

大数据背景下移动互联的飞速进步和迅猛发展，为现代教学模式的改进或变革提供了强力的技术支持。例如，时下最热门的 OTT 服务，像日常使用的微博、微信等移动互联产品，都属于 OTT 服务。OTT 服务的实时性、互联性、开放性，以及信息的规模化、大量化、快速化、实时化、多样化，为教师和学生间的沟通、互动和分享提供了最大限度的便利，也为教师的教学模式和学生的学习模式提供了一个新的思路。

（三）小组学习模式的内涵

由前面的分析可知，多媒体技术和移动互联网技术的飞速发展，教学思路不断拓展，给现代大学教学提供了强大的技术支持，把多个“不可能”变为“可能”，不断拓展也使得很多从前想都不敢想的事情变成现实。另外，学生对“管理学”的兴趣点不相同，不希望占用太多时间去深入学习所有问题。基于以上思考，本文提出多媒体与移动互联网环境下的小组学习模式，期冀取得更好教学效果。

小组学习模式是针对不同章节的重点内容或关键问题，将学生分成不同小组，教师给出必要的建议和学习思路，由组员自行分工，认领学习任务（需要该小组讨论和总结的案例学习内容，既可以是某一章内容，也可以是某几章内容，教师可根据章节内容和学生人数来具体组织），检索资料，组织讨论，总结报告，并进行课堂分享。在这一过程中，教师和学生充分利用移动互联网和多媒体技术，实时在线答疑，向学生提供必要帮助，并通过多样化视听手段，增强学生学习兴趣，大幅提升课堂教学效果，并积极与学生展开良性互动。深入、广博、实时、互动和分享是这一教学模式的核心词。一方面，通过这种教学方法尝试，能够培养学生自学能力。采用小组学习模式，不仅可以培养学生浓厚的学习兴趣，还可以加深学生对这一部分内容和理论的印象。另一方面，小组学习模式还创造一种开放式学习氛围。教师通过提供必要的帮助，如提供一些基础资料，指导同学设计问题，引导学生进行扩展性资料检索。学生们通过精心准备，针对特定问题进行课堂展示，分享学习心得和收获，并由教师进行点评和补充，从而可以使全体同学收获更多理论知识和学习经验，有效提高他们的理论应用能力。利用移动互联技术，教师可以打破原来的时间与空间约束，实现与学生的实时互动，随时了解和监督学生学习和讨论情况，并提供及时的帮助和指导。

按照教师课堂讲解知识点和向学生提供案例素材的先后顺序，可以通过以下两种形式开展网络化多媒体环境下的小组学习：一种称之为课前案例导引式小组学习，是在讲解新课程之前，将涵盖所要讲解章节内容（重要的理论和知识点）的典型案例素材发给学生，设置问题，并组织他们课前讨论和总结。课上利用多媒体教学环境全方位展示案例素材（文字、图像、音频和视频），并对学生进行精心引导，让他们能够通过案例总结出所要讲解的重要知识点。同时，在条件允许的情况下，可以适当组织学生到网络化多媒体教室上课，学生的实时动态、提问和讨论等，都可以利用现代移动互联设备最快速地传递到教师使用的终端设备上。这种循序渐进、谆谆诱导的方式，不仅能够增进学生学习兴趣，而且在课堂上能够更好地与教师互动，以更大的热情和更多精力参与到课堂讨论中，而且能够帮助教师实时地掌握学生课堂动态和知识掌握情况，从而达到良好的课堂教学效果。另一种称之为课后案例总结式小组学习，是课后将与课程所讲授重要知识点相关联的案例素材发给指定小组，由小组组长组织学生利用课余时间研讨总结，教师通过微博、微信和电子邮件等方式，实时向该小组提供指导和答疑。之后，再由指定的一个或几个小组在下一次课上进行案例分享，并与老师和其他学生进行互动，确保全体学生对课程的重要理论和知识点能够较好地掌握，并不断拓展知识面，提高思考力和执行力，学以致用，从而达到更好的案例教学效果。

三、小组学习模式的作用和意义

（一）大力倡导和鼓励学生进行独立思考

通过网络化多媒体环境下基于案例教学法的小组学习模式，在教师的实时指导下，能够进一步确保学生知识面的拓展，鼓励他们积极思考、独立思考、拓宽思路，进行开放式交流和沟通，系统总结，并将所学理论与实践更加紧密地结合起来。这种学习模式不仅使学生可以独立思考，而且能够激发他们的学习兴趣，拓展他们的知识面，培养他们良好的自学能力。

（二）积极引导和培养学生的综合能力

现在的管理者都知道，知识不等于能力，知识应该转化为能力。管理的本身是重实践重效益的，学生一味地学习书本死知识而忽视实际能力的培养，会对自身的发展有巨大的阻碍，为此案例教学应运而生。同时，利用移动互联和多媒体技术，教师与学生间可以自由交流、实时交流，并且更多地分享和传递信息，大大提高知识传递效率，加快问题解决速度，并为学生解决问题提供了更多思路与维度，将有利于提高他们的综合能力。例如，提升学生的理论素养和动手能力、组织能力、协调能力和整合能力等。

（三）高度重视师生间的双向互动交流

传统的教学方法都是老师讲、学生听，而学生到底听没听，听懂多少，要等到期末考试结果出来之后才能知道，而且学生学到的都是比较死板的知识。而在案例教学中，学生拿到案例后，先要进行消化，然后查阅各种他认为必要的理论知识。这无形中加深了对知识的理解，而且是主动进行的。捕捉这些理论知识后，他还要经过缜密地思考，提出解决问题的方案，这一步应视为能力上的升华。同时，学生的答案随时要求教师给以引导，这也促使教师加深思考，根据不同学生的不同理解补充新的教学内容，并将这些拓展内容通过移动互联和多媒体等更多途径和方式，以最快速度传递给学生。当然，基于网络化多媒体教学环境下的小组学习这种双向互动实时化的教学模式，对教师也提出了更高的要求。

（四）有效促进学生间互助合作、共同提高

基于案例教学法的小组学习模式秉承了案例教学法的精髓，尤其重视小组成员间的互动互助和互相学习，并切实提高他们的知识分享意愿。传统的教学只告诉学生怎么去做，而且其内容在实践中可能不实用，且非常乏味无趣，这在一定程度上损害了学生的积极性和学习效果。案例教学导向下的小组学习模式，没人会告诉你应该怎么办，而是要自己去思考、去创造，因而使得枯燥乏味变得生动活泼，而且案例教学的稍后阶段，每位学生都可以在课上或课下对自己和他人的方案或观点发表见解。通过这种经验的交流，一是可取长补短，促进人际交流能力的提高，二也是起到一种激励的效果。一两次技不如人还情有可原，长期落后者，必有奋发向上、超越他人的内在动力，从而积极进取、刻苦学习，共同提高。

四、小组学习模式的实施步骤

（一）合理划分学习小组

教师可以根据学生的个性特征、学习偏好、报名意愿等因素，将学生划分为由5～6人组成的几个学习小组。小组成员要多样化，这样他们在准备和讨论时，表达不同意见的机会就多些，学生对案例的理解也就更深刻。如果两个以上小组认领了相同案例，应该保证各个学习小组的讨论地点应该彼此分开。小组应以他们自己有效的方式组织活动，教师只需给予必要的指导和帮助即可，不应过多地干涉。

（二）教师提供案例素材，小组开始自行准备

一般在正式开始集中讨论前一到两周，就要把案例材料发给学生。让学生认

真系统地阅读案例材料，查阅教师指定的资料和读物，搜集必要的相关信息，并积极地自主思索，初步形成关于案例中问题的原因分析和解决方案。教师可以在这个阶段给学生列出一些思考题，让学生有针对性地开展准备工作，并完成相应问题。应注意的是，这个步骤应该是必不可少而且非常重要的，这个阶段学生如果准备工作没有做充分的话，会影响到整个案例教学的效果。

（三）组织课堂集中讨论

各学习小组可以按照小组分工情况派出各自代表，发表本小组对于案例的分析和处理意见。每一个小组的发言时间最好能控制在20分钟以内，发言完毕之后发言人要接受其他小组成员的讯问并作出解释，此时本小组的其他成员可以代替发言人回答问题。课堂集中讨论的这一过程为学生发挥的过程，此时教师充当的是组织者和主持人的角色。此时的发言和讨论是用来扩展和深化学生对案例的理解程度的。然后教师可以提出几个意见比较集中的问题和处理方式，组织各个小组对这些问题和处理方式进行重点讨论。这样做就将学生的注意力引导到方案的合理解决上来。

（四）认真系统做好总结

在小组和小组集中讨论完成之后，教师应该留出一定的时间让学生自己进行思考和总结。这种总结可以是总结规律和经验，也可以是总结获取这种知识和经验的方式。教师还可让学生以书面的形式做出总结，这样学生的体会可能更深，对案例以及案例所反映出来的各种问题有一个更加深刻的认识。

通过课堂讲解和互动，教师应当结合教学重点、难度、教学目标和重要知识点的掌握情况，对学生小组讨论结果进行系统点评，帮助学生进一步提升。另外，其他小组成员可以利用微信群、微博和课程论坛等途径，对课堂讨论内容进行评价，或给出更为合理的建议。

为了更好地保证小组学习效果，教师对小组学习情况进行严格考核并计入期末考试成绩（建议不低于30%）是非常有必要的。一方面可以保证学生的高度重视，积极参与，有效提升；另一方面可以较为客观真实地反映学生的学习态度和学习能力。

五、小组学习模式评价

小组学习模式坚持以案例教学法为导向，认真考虑学生的实际情况和兴趣点，由学生自愿组成不同学习小组；同时，充分利用最新的移动互联网技术和多媒体教学资源，最大限度地拓展学生的信息获取渠道，为他们的学习、讨论和互动创造高效的实时交流平台。

可以说，通过网络化多媒体教学环境下的基于案例教学法的“管理学”小组学习模式，不仅能够有效激发学生的学习兴趣，培养学生的团队合作意识，还能有效提升学生的独立思考能力、自学能力和组织能力。通过基于案例教学法的小组学习模式，真正做到了使学生更好地将经典管理理论与当前企业实践紧密结合起来，学以致用，这样不仅可以实现从传统教学法下注重知识传授到现代教学法下注重能力培养（特别是综合能力培养）的成功转变，还可以为学生创造一种全方位实时化的学习环境和全新的学习模式，并能够大幅提升团队和个人学习成绩。

当然，以上对这种小组学习模式的探讨只是笔者个人教学经验和教学心得的初步总结，还有很多不够系统和完善之处，希望广大高校教师与笔者一道，为这种教学法的进一步丰富、深化和完善而持续努力。

参考文献：

[1]方平，李乃刚. 案例教学法在大学英语口语教学中的研究与应用[J]. 怀化学院学报，2010(8).

[2]姜栋. 美国法学教育案例教学法评析[J]. 河北科技大学学报，2013(9).

[3]武希迎. 高校多媒体教学环境构建及应用[J]. 中国教育技术装备，2007(1).

[1]冯宇，郭成，黄天慧. 网络化多媒体教学环境运行维护与应用管理的实践与思考[J]. 中国教育技术装备，2013(3).

[5]吴海燕. 以应用为导向的多媒体教学环境生态化建设[J]. 现代教育技术，2012(11).

[6]张燕南，赵中建. 大数据时代思维方式对教育的启示[J]. 教育发展研究，2013(10).

[7]陈如明. 大数据时代的挑战、价值与应对策略[J]. 移动通信，2012 (9).

以项目教学模式促进实验课程建设的思考

经济学院 宋丕丞

【摘要】项目教学模式与实验课程的结合能够改变传统教学流程，具有整体性、实践性与开放性的特征，利于培养学生的自主设计能力与创新意识。当前项目教学模式在社科类实验课程中的应用还存在发展与探索的空间，本文以商业技术实验课程建设为例，讨论了连锁超市商品销售管理项目对于传统商业技术实验知识的综合与重构，以及项目在准备、实施与反馈阶段的具体内容及操作问题，并提出了支持项目教学模式在完善人员队伍、环境营造及管理模式方面的建议。

【关键词】实验课程　项目教学　商业技术实验

一、实行项目教学模式的必要性

项目教学模式是指以"项目"为主线，在教师的引导下充分调动学生能动性，由学生自主参与学习与研究的一种教学方式。该模式强调提升学生的适应性、探索性与创新性，改变了传统教育模式中师生间的关系与位置。项目教学模式的雏形出现在20世纪以前，经过欧美等国家教育机构的实践，于20世纪中后期趋于系统化，之后逐渐引入中国的教育实践中。当前项目教学模式主要应用于理工科的实验教学领域，在社科方面的应用还未被充分挖掘。

大多数地方高校在本科人才培养体系中，均强调了以应用为目标，并配以一定比例的实验课程，但一些实验课程的开展呈现相对独立的状态，仅就某一领域的知识进行实验设计，使学生在练习时处于"孤岛"状态，其结果是学生难以对多种技能融会贯通并熟练应用，在一定程度上影响了实验课程的教学效果。而项目教学模式与实验课程的结合能够较好克服相关问题，并具有自己的优势。首先，项目教学模式的实验以应用为导向，问题的分析与解决通常需要综合运用多种知识与技能，能有效检验学生对学科知识体系的掌握情况，并在实践中促使学生不断完善自己的知识结构。其次，以项目教学为主导的实验课程不仅关注实验的结果，还会进行实验过程的质量控制，能及时发现学生在实验实施中的失误与盲点。最后，项目模式一般以小组方式进行，能够培养学生的团队精神与协作意识，通过组内与组间讨论进行过程与方法的创新，其结果也有别于单独完成的传统实验课程。

二、社科领域应用项目教学模式的特征

社科领域的专业具有自己的学科体系特征，如经济学、管理学等，在应用项目教学模式的实验课程时与理工科存在区别。因此在探索社科类项目教学模式时既需要借鉴理工科较为成熟的项目模式，同时还应关注学科间的差异性。

（一）项目设计应具有较为明确的目标

社科专业实验的目的性一般弱于理工科实验，且相似专业间易存在交叉区域。如不能对实验目标进行明确的设计，则难以对实验的效果进行整体把握，在实验的后续开展与评价方面也会遇到困难。因此各类项目实验的设计应依从专业培养方案的总体思路，明确实验目标以及要达到的预期效果，尽量对目标内容层级化、具体化、定量化，进而便于对实验项目进行总体控制。

（二）项目组织应强化与其他课程的横向关联

社科专业的基础课程一般较多，应以实验项目为枢纽，充分调动学生掌握的知识体系，实现对已学知识的综合运用。社科专业一般设置有社会调查、统计分析及计量等课程，这些内容在实验项目中均可以用到。如在具体实验项目中，需要进行数据采集、数据整理与数据分析等，具体环节需要用到不同科目的知识与技巧，体系设计完善的项目能够将多学科内容加以组合串联，放大单次项目的实验效果。

（三）以应用为目标进行项目内容的选择与优化

应用性是实验课程教育的重要目标，项目模式在此方面具有独特的优势。社科项目的选择可以更贴近实践，从实际需求出发选择适宜的题目。有条件的专业甚至可以直接引入真实项目，如物流、零售、电子商务等专业可以通过学生实践基地等形式，参与到企业经营活动中，改变封闭的实验室模式，构建开放式的实验环境，激发学生的参与热情与创新精神，并获得企业人员与专家的指导。

（四）适度拓展实验项目的广度与深度

社科类实验的环境依赖性较低，实施的技术难度一般要小于理工科，整体的实验成本较少，易于进行反复多次实验。同时在技术层面，社科类实验一般不需要专有设备设施，大多内容仅基于某种软件或模拟环境即可实现，简单的流程性操作对于学生来说意义不大。因此，在条件许可的范围内应拓展项目的广度与深度，使学生能够切实参与到实验开展的全过程中，并为其预留自主思考与探索的空间。

（五）完善项目模式的考核测评机制

传统课程的单次实验一般在1～2课时内完成，其考评大多关注结果，忽视了对实验过程的控制。而项目型实验一般周期较长，分为多个模块或阶段展开，其间存在多个关键点，并形成相应的阶段成果。为配合项目模式的实施，考核与测评机制也应进行相应的调整，实现由注重“结果”向注重“过程”的转变，将考评点分散化，以阶段量化评价模式对学生的实验质量进行控制。项目模式在量化评价之外

还应关注学生在实验思维、研究态度方面的训练，因此教师在项目开展过程中要及时关注学生实验思路的变化，随时进行启发、引导与纠偏。

三、基于“现代商业技术”实验课程的分析

现代商业技术是应用经济学(贸易经济专业)的实验课程，旨在帮助学生在学习商业经济理论基础上，进一步了解商贸流通领域常用的技术种类与具体应用方法，并通过实验的方式使学生切实掌握各类技术的操作流程，并能够较快适应实际工作岗位的需求。现代商业技术课程在内容方面包含了批发、零售与物流领域的技术，在知识体系方面涉及了商品管理、仓储物流管理、管理信息系统、商业数据管理与分析等，以统计分析、计算机网络、数据库等为先修课程。

现代商业技术是一门综合性与实践性较强的课程，项目教学模式的引入可以实现对传统实验课程流程的再造，强化“以学生为核心、以教师为支撑”的教学与研究模式，给予学生较多自主思考、自由发挥的空间，强化实验课程的综合教学效果。项目教学模式的一般流程如图 1 所示，总体包括准备、实验与反馈三个阶段，各阶段在开展过程中强调师生角色权重的调整，在实验实施阶段为学生预留足够的自主空间。在项目的准备与反馈阶段，主要以教师为主导进行项目的总体设计与结果的评价；而在试验阶段应主要以学生为主体，进行具体实验方案的设计、任务的分解与实施，以及实验报告的撰写等内容，而教师处于观察的位置，对学生在实验中遇到的问题进行指导帮助。在条件许可时，还可以使学生参与到选题与评价过程中，共同对实验项目进行设计与讨论。

(一)项目准备阶段

选题是项目准备阶段的首要问题，题目的难易度、趣味性直接影响着实验的教学效果。项目教学模式的选题方式有别于传统的实验课程，不再采用以知识章节进行分割的方式，而是从实际应用出发对各章节知识进行重新组合，形成对原有知识的交叉运用。对于商业技术实验课程来说，各门先修课程基本上完成了知识点的讲解与基本的应用训练，如计算机类课程与统计分析等课程。本课程可以跳过简单知识点，直接通过一些具有应用价值的题目作为切入点。同时，本课程项目选题应紧跟实践的发展，定期更新相关内容，以及不同内容在实验中的权重，对于本领域内逐渐落后或淘汰的技术知识也应作相应调整。

例如对于商业标准化、商品条码、数据库等知识章节，可以通过其在零售领域的实际应用进行串联。当前超市是零售领域的典型业态，连锁是发展迅速的经营模式，因此可以通过连锁超市的商品销售管理项目对各实验知识点进行综合考察(如图 2 所示)。通过对项目内容的分解，可以形成多个实验模块，包括商品编码与信息录入、商品的进销存管理、总店分店连锁管理及后台销售数据分析等部分，不

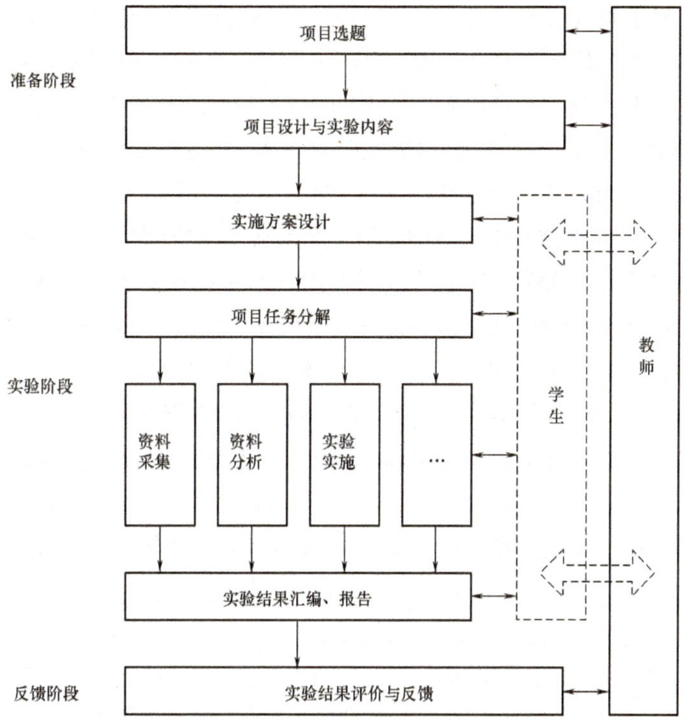

图 1　项目教学模式的实施流程

同的模块均需用到几种不同的技术组合，并依据各自功能特征对技术内容有所侧重。项目应用模块间存在功能层面的关联，不同功能模块可共同实现超市商品由采购到销售的全部管理流程，实验结果可达到应用级别。对于此题目还可以为学生提供选题空间，如同样作为超市业态，不同品类有不同的经营需求特点，学生可结合自己的兴趣选择窄品类（食品类超市、药品超市）或宽品类（综合超市）进行尝试，只要能够覆盖基本的实验知识点即可。

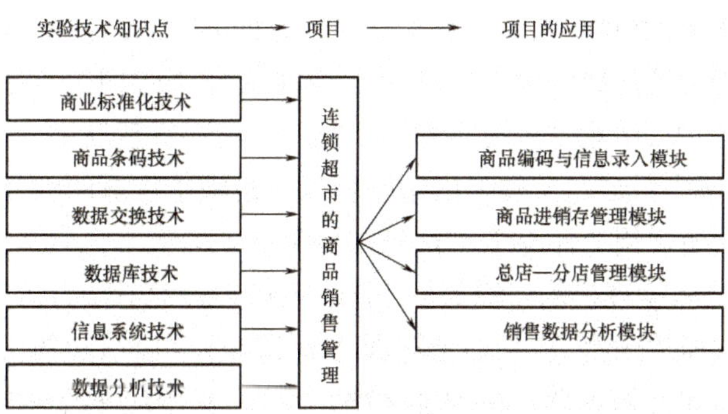

图 2　实验知识点在项目教学模式下的转化

在该项目的总体设计方面，应以“探索式”实验模式代替传统的“验证式”实验模式。如在连锁超市项目中可设置良好的工作环境，并提供基本的软件与功能模块，使学生有自由发挥的空间，在操作基础上分析管理活动中的关键点，参与系统的设计与完善，并可结合自己的兴趣尝试一些项目中未规定的实验内容。

(二)项目实验阶段

项目型实验的实施在时间方面的特点是弹性空间较大。一个完整的项目由多个模块组成，不同模块需要的工作量不尽相同，学生间一般也存在差别，完成项目所需的时间难以预先进行精确的计划。因此对不同进度的小组应区别指导，进度快的小组可以进行多次尝试或逐渐拓展深度；对于进度慢的小组，应首先保证其对于基本知识技能的掌握。同时，项目实验中有些内容需要借助课余时间，尤其在项目计划的制定阶段，学生需要进行文献查阅、材料收集等准备工作。

项目型实验在内容方面的特点是综合性较强，对于不同模块在实验中应用的技术内容各有侧重，如表1所示。各模块的具体描述如下。

1. 商品编码与信息录入模块：该模块涉及的技术知识点较多，主要包括商业标准化技术、商品条码技术、数据库技术。对于超市商品信息的管理，一般要进行商品品类划分、子类别划分以及单品的编码等工作，这是进行数据管理的前提。在此环节，可以让学生在学习商品编码规则基础上尝试自己设计一套编码体系，结合所选的超市类型制定编码的长度、分位、表示意义等，并借助条码等形式实现。同时，对于商品信息的录入与存储，需利用数据库相关技术，以及信息系统平台而实现，学生可以利用已有的数据库功能模块设定自己设计的编码体系，计算机水平较高的同学也可以自己设计录入模块。

2. 商品进销存管理模块：该模块是超市日常管理的重要部分，主要涉及数据库技术与管理信息系统技术。学生首先需要熟悉商品进销存系统的基本操作，教师可以向学生提供基于C/S或B/S结构的商品管理系统进行练习，逐渐熟悉各功能组件操作的特点，以及相互间在数据完整性方面的关联。在此基础上，学生可参与商品存储系统的设计或完善工作，依据自己的选题进行相关的调整，如改变表的设计、更新表的约束、新建录入与查询模块等。进销存管理模块实验的另一重点是数据的同步性，学生可通过实验室网络平台模拟连锁条件下的商品采购与销售，分别设定不同的情境并检查库存数据信息的变化。

3. 总店—分店管理模块：该模块实验的重点是网络模式下的零售店铺管理。网络包括两个层面的内容，一是基于物理网络不同连锁店铺间的关系；二是基于逻辑关系的后台与前台的管理。在物理网络层面，实验中应重点掌握数据交换的各种格式与途径，以及各自的效率与技术特点，本部分的练习可拓展至网络环境的设置与测试。对于逻辑关系的实验与管理实践较为接近，包括总店（后台）对各分店商品的管理、人员的管理、客户关系管理、账目的管理、促销活动的管理等。学生可在组内分别扮演总店及分店的员工，各自使用不同的授权级别，如总经理、经理助理、库存管理员、销售员等，模拟一段时期内连锁店铺的管理活动，并发现可能存在的问题及流程改进的对策。

4. 销售数据分析模块：该模块相对独立，主要通过总店及分店的销售数据分析，发现超市零售活动的规律，包括消费周期性、消费群体与个体的特征等。本部分涉及的实验内容包括数据的采集、整理、统计分析，以及深层次的数据挖掘，在分析方面需要借助专业的统计软件实现。对零售数据的分析可以发现商品需求与销售的特征，实验小组可根据相关结论改进其他模块的经营管理参数，对管理系统进行反馈与优化，如品类、货架与促销管理等。本部分实验如能够借助超市的真实数据，将获得较好的实验分析效果，因此需要联系一些实验基地（零售企业），借用部分实际套账数据进行分析，在此基础上还可以做相应的延展研究。

基于上述分析可以看出，连锁超市管理项目的不同模块间在技术依赖方面存在区别，但相互间存在逻辑功能层面的联系，模块在整体上的功能目标较为明确，即服务于超市的零售管理活动，并在这一目标下系统化地包括了各基本实验知识点，如表1所示。

表1　项目模块与不同技术内容的关联

技术内容		商品编码与信息录入模块	商品进销存管理模块	总店分店管理模块	销售数据分析模块
类别	子类别				
商业标准化技术	商品分类体系	√	—	—	—
	商品编码体系	√√	—	—	—
商品条码技术	条码类型	√√√	—	—	—
	条码实现	√√√	—	—	—
数据交换技术	数据交换载体	√	—	√√√	—
	数据交换标准	√	—	√√√	—
	数据交换环境	√	√	√√	—
数据库技术	存储结构	√√	√√	√	—
	表的设计	√√√	√√	√√	√
	存储与查询	√	√√√	√√	√
	更新与维护	—	√√	√√	√

续表

技术内容		商品编码与信息录入模块	商品进销存管理模块	总店分店管理模块	销售数据分析模块
类别	子类别				
信息系统技术	系统的结构	√	√	√	√
	系统的开发	√	√	√√	√
	系统的管理与维护	√	√√√	√	√
数据分析技术	数据采集	—	√√	√	√√
	统计分析	—	√	√	√√√
	数据挖掘	—	—	—	√√√

注：标注的√数量表示对技术应用的程度。

学生在各阶段实验过程中需要做好具体的安排，包括团队的组建、小组成员的分工、实验步骤与关键点的制定、实验信息的记录、阶段实验报告的撰写等。本过程以学生为主体，大部分工作需要自主完成，如在小组内的分工应尽量使每位组员在实验过程中的角色进行轮换，保证每个人均能够参与到各个环节中。在实验步骤的设计方面，学生可以根据本组选题特点进行重新设计，自行分配实验的时间与侧重点，避免对教材内容的简单模仿。

（三）项目反馈阶段

项目反馈包括两个层面的内容，一是学生的自我检查与评价，二是教师对实验结果的评定与对项目设计的完善。对于学生，应首先进行实验结果的自检查，包括阶段数据及成果，对其进行评定并总结经验，最终形成项目实验报告，还可进行组间横向的经验沟通；学生同时可以就自己的感受对项目总体设计或具体的实验内容与教师进行交流。对于教师，应基于一定的标准对学生的实验结果给予客观评价，其评价体系应考虑多方面因素，包括学生对于本项目实验目的的理解程度、实验计划制定的合理性、实施的正确性与创新性、实验结果的实际效果，及学生对于实验过程中遇到问题的处理等，进而对学生参与项目的能力进行综合的评判。同时，教师应对实验过程进行观察与记录，总结实验中学生提出的问题，汲取有价值的信息进而完善今后项目的设计。

四、小结

开展项目教学模式的实验课程需要在以下方面进行配套。第一，完善教职人员队伍建设。项目教学模式的知识综合性很强，一个项目可能包含数十个知识点，并存在学科间的交叉，因此项目的开展需要多领域教师的协同，为项目的开展提出合理建议。同时，负责实验项目的教师需要具备综合的知识体系，并且有足够的实践经验，能够给予学生及时、正确的指导。第二，营造良好的实验环境。项目的实验环境对于学生的实验效果至关重要，教学部门应为学生提供项目中用到的实验设施，保证基本的软硬件环境，并进行实践单位联系等工作。第三，实行开放式管理模式。对具体的实验项目，在完成基本的教学任务前提下采用开放式的管理模式，保证学生发挥创新性的空间，通过教师的支持使学生在实验中发现的问题或迸发的想法能够得以尝试与验证。因此，社科类实验课程应用项目模式的实践需要在自由开放的体系下不断探索与尝试。

参考文献

[1]刘咏梅.实验教学改革与创新人才培养[J].实验技术与管理，2005(12).

[2] 留岚兰.实验课程设置与创新型人才培养[J].实验技术与管理，2007(1).

[3] 冯永华.构建主义视野下PBL设计探究[J].教育技术导刊，2007(3).

[4] 白广梅，王小逸.创新性实验教学的思考[J].实验技术与管理，2008(2).

[5] 元泽怀.开放式设计性综合实验课程教学的改革与实践[J].实验室研究与探索，2009(11).

[6] 胡莹.开放实验项目教学管理系统的设计与实施[J].实验科学与技术，2011(2).

[7] 白艳茹，王旭，王小宁.卓越计划背景下创新人才培养模式的改革[J].实验技术与管理，2012(3).

[8] 钱书法，崔向阳.基于创新教育的地方财经类高校经济学人才培养模式改革与初探[J].中国大学教育，2012(3).

结合"卓越工程师教育培养计划"的大学物理教学创新模式探讨

安全与环境工程学院　李茂龄

【摘要】普通物理学及实验课程作为大学生接受系统实验方法和技能训练的开端，在高素质工程师人才实践能力培养环节发挥了关键作用。我院安全工程专业即将实施卓越工程师人才培养计划，本文针对我院安全工程师人才的培养特点，紧密结合我院"普通物理学及实验"课程的实际，在案例教学的理论基础上，探讨结合"卓越工程师教育培养计划"的大学物理案例教学的创新模式。

【关键词】案例教学　普通物理教学　教学活动　案例

一、绪论

(一)研究背景

国家经济高速的发展对优秀工程技术人才的培养提出了更高要求，2010 年 6 月中国正式启动了" 卓越工程师教育培养计划"，其目的是培养造就一大批创新能力强、适应经济社会发展需要的高质量各类型工程技术人才，为中国走新型工业化发展道路、建设创新型国家和人才强国战略服务。我院安全工程专业即将实施卓越工程师人才培养计划，因此针对我院安全工程师人才的培养特点，积极开展结合"卓越工程师教育培养计划"的大学物理案例教学研究与探讨，不仅对我院安全工程专业本科教学质量的提升十分必要，而且对我院本科其他专业的教学也具有很好的借鉴作用。

中国工程院常务副院长潘云鹤曾经指出："中国高等工程教育过去没有把工程类专业人才的培养特点突出出来，而是参照自然科学的做法，设置了许多理论课，以认知为主，在探索方法、培养动手能力等方面比较弱，而工程科技研究的是如何解决问题，结果是要通过实践做出来，需要具备与工程专业相关的实践经验和方法。"因此，如何强化实践教学环节是培养高素质工程师人才亟待解决的关键问题。普通物理学及实验作为大学生接受系统实验方法和技能训练的开端，在高素质工程师人才实践能力培养环节必将发挥关键作用。

(二)大学物理教学现状分析

目前，我院大学物理教学现状还存在许多不尽如人意的地方，具体表现在以下几个方面。

1.教学内容仍以学科为体系、知识为本位，没有很好地将理论联系实际。当前大学物理在教学方式上仍以教师讲授和学生听记为主，没有太多地关注个体思维能力、协作精神与创新意识的培养。教学内容相对陈旧，经典物理内容比例较大，近代物理内容相对不足，当代物理前沿及其在高科技中应用方面的内容就更为少见。教学内容与学生现实生活中的高科技发展相距较大，必然造成学生对大学物理课程认识的误区，进而丧失对课程学习的兴趣。

2.学生的素质参差不齐，学习态度不够端正。近年来高校扩招，新生的整体素质下降。有一些学生基础较差，难以适应大学的学习方法；也有一些学生学习独立性较差，仍采用中学的学习方法，对教师依然有较大的依赖性，学习效果较差；还有相当一部分学生中学物理学得不好。大学物理理论性较强、概念多、原理和定律多，而且比较抽象，因而学生认为大学物理很难学好。

3.教学方法和教学手段未进行优化。物理教学中，教师仍然是整个教学过程的主宰，学生则处于被动接受知识的地位，媒体是辅助老师向学生灌输的工具，教材则是灌输的内容。这种教师“一言堂”的模式下，学生不是积极主动地拓宽知识面，而是被动地接受知识，没有凸显出学生的主体地位，从而养成学生懒于思考的陋习，不利于培养学生分析问题、解决问题的能力，更不要说创新能力的培养与提高。

4.教学评价体系单一，不利于学生的全面发展。目前我院大学物理课程的教学评价形式单一，主要是笔试形式。在学生中流行的一种说法是：“课上抄笔记，课后看笔记，考试背笔记。”学生全部的注意力和学习时间都花费在有限的课本和笔记里，学生的求知兴趣狭窄、阅读范围狭窄、知识范围狭窄。把考试成绩作为评价教学效果的唯一标准和依据，客观上造成了教师满足于教材基本内容的讲授，学生满足于应付考试过关的现象，无法实现大学物理课程教学的真正目的，不利于学生的全面发展。

以上种种现象说明大学物理的教学现状与大学物理教学目标还相去甚远，这就意味着我们要革新大学物理教学方法，转变教育观念，进行大学物理教学的改革。

（三）问题的提出

基于以上大学物理教学中存在的问题，以及我院安全工程专业即将实施卓越工程师人才培养计划，案例教学作为一种优秀的教学方法呼之欲出。案例教学是指教师根据课堂教学目标和教学内容的需要，选择和利用一个具体案例，引导学生参与分析、讨论、表达等活动，让学生在具体的问题情景中积极思考、主动探索，以提高教学质量和效果，培养学生认知问题、分析问题和解决问题等综合能力的一种教学方法。它要求教师的“教”重在选择案例和学习材料，组织和引导学生参与学习活动,而学生的"学"则重在领悟、分析、参与讨论和分享大家的思想成果。它是一种开放式的教学,并不要求指向统一的、标准的答案,而是要从案例的分析和讨论中获得启示和意义。

案例教学以它的高参与性、教学内容的实践性等特征,发挥了其他教学方式所不能发挥的功能作用。也正是因为这一点,案例教学在中国受到了教育工作者的喜爱,案例教学也在各学科教学中得到了广泛的应用。然而这一优秀的教学方法在大学物理教学中却未得到应有的重视,也有人尝试过运用案例教学,但大都浅尝辄止,没有做过深入的研究。鉴于以上种种原因,本文紧密结合"普通物理学及实验"课程的实际,探讨结合"卓越工程师教育培养计划"的大学物理案例教学模式,强化学生实验基础和自主实践能力、工程实践能力以及解决复杂问题的综合能力培养,增强学生的创新潜质,为培养掌握安全管理、安全工程技术的基础理论、知识和技能,具备从事安全工程方面的研究、设计、检测、评价、监察和管理等工作的基本能力和素质的、具有国际视野的创新型专业人才打下扎实基础。

(四)国内外案例教学研究现状分析

自从1870年美国哈佛大学居于领衔地位的法学院使用案例教学方法以来,案例教学法已经经历了一百多年的历史。在西方,人们认为案例教学的发展,可以追溯到2000多年前的古希腊时代。19世纪后期,在1870年,时任哈佛法学院院长朗德尔(Christopher Columbus Langdell)创立了判例教学法,被誉为案例教学法的"先驱者"。他在《合同法案例》一书的前言中说道:"有效地掌握这些原理的最快和最好的,如果不是唯一的途径就是学习那些包含着这些原理的判例。"在这里,他强调了案例教学法对学生学习和掌握知识的重要性,后来这一教学方法成为举世闻名的"哈佛模式"的一大特色和内涵。当朗德尔在哈佛大学法学院大力推行案例教学法的同时,哈佛医学院也引入了案例法教学模式,即采用临床实践和临床病理学会议两种案例教学的形式,对当时传统的医学教学进行改革。

哈佛法学院和医学院案例教学的成功实践激励了哈佛商学院,并于1921年正式推行案例教学。另外,学院还成立了商业研究处,专门进行案例的开发和研究工作。经过推广,哈佛商学院案例教学的成功做法,现在已为世界各国大学的法学、医学、工商管理教育所效仿。可以说,案例教学有今天的影响,哈佛大学功不可没。正是经过其完善推广,案例教学才真正从哈佛大学走向世界,并在世界范围内产生了广泛而深远的影响。

到了20世纪70年代,案例教学被逐渐运用到教育领域,并迅速得到普及。德国"案例教学"理论兴盛于20世纪五六十年代,被理论界视为第二次世界大战之后与苏联赞科夫"教学与发展实验"教学理论和美国布鲁纳"结构主义"教学理论并列的三大新教学论流派之一,在世界上颇有影响。在美国、英国、法国和挪威等西方国家，案例教学被广泛地运用于教师教育中，许多大学还建立起了案例教学法的网站，举办过案例教学的比赛，还开发了许许多多适用于教师教育的在线教学案例。20 世纪 90 年代，日本和新加坡都进行了基础教育课程改革，在改革中积累了许多经验。其中一条就是运用案例方法教学，培养学生的自主学习能力和研究创新能力。时至今日，在美国各式各样的师范教育及师资培训计划中，都能发现案例方法的应用。在西方国家教育领域中，案例教学正在被越来越广泛地运用于道德教育、教育管理学、教育心理学、课堂管理学和跨学科教学、单一学科教学之中。

中国教育界对案例教学的认识目前尚处于引进理论、实验探索阶段。华东师范大学郑金洲编著的《案例教学指南》一书对案例教学的内涵特征，以及为什么采用案例教学、怎样运用案例教学，案例的编写方法等给予了比较完整的介绍；顾泠沅教授主编的《以教学案例研究为突破口，促进教师专业成长的课堂教学改革》等文章，对如何进行案例教学和研究，做了理论上的指导；台湾地区张杰民编著的《案例教学法—理论与实务》一书对案例教学的起源、发展以及在商学、医学、法学及教师教育等领域的应用做了比较全面的介绍；2004 年华东师大的孙军业编著了《案例教学》，更为系统地阐述了案例教学的编制、实施原则等一系列问题。

（五）研究意义

本文要解决的问题如下：①深刻理解“卓越工程师教育培养计划”的精神，认清大学物理在高素质安全工程师人才实践能力培养环节中的关键作用。②如何通过案例教学，使大学物理教学从教学内容上弱化理论推导，加强应用分析；教学方法上杜绝“填鸭”，鼓励互动；课程考核方式上注重能力评测；从而全面提升我院安全工程专业本科大学物理课程的教学质量。③如何通过案例教学法的引入，使我院安全工程专业本科大学物理课程满足 2013 年学校、学院对基础课时缩减 10%的要求。

针对安全工程师人才的培养特点，积极开展结合“卓越工程师教育培养计划”的大学物理案例教学研究与探讨，不仅对我院安全工程专业本科教学质量的提升十分必要，而且对我院本科其他专业的教学也会起到很好的借鉴作用。本文紧密结合我院安全工程专业实施卓越工程师人才培养计划的要求，对大学物理从教学内容、教学方法、教学手段、考核方式进行设计。通过案例教学将大学物理理论教学和实验教学有机地融合尚属首次。案例教学在大学物理教学中的实施必将引起教学内容、教学方法、教学模式的新变革，使我校理工科物理的教学质量上一个新的台阶。

二、案例教学理论概述

（一）案例概述

案例教学中一个最为突出的特征是案例的运用，它是案例教学区别于其他方法的关键所在。案例是案例教学的核心和载体，没有案例，案例教学也就无从谈起。案例就其概念而言，没有一个公认的、权威的定义。不同的审视角度，对案例的描述也不尽相同。

常见的描述有以下几种：①一个案例，是教师与学生就某一具体事实相互作用的工具，是以实际生活情景中肯定会出现的事实为基础所展开的课堂讨论，它是进行学术探讨的支撑点；②它是关于某种复杂情景的记录，一般是在让学生理解这个情景之前，首先将其分解成若干成分，然后再将其整合；③一个案例就是一个实际情境的描述，在这个情境中，包含有一个或多个疑难问题，同时也可能包含解决这些问题的方法；④用于教学的案例，指的是一种特殊的教材，它以各种视听手段为媒介，但主要还是采取书面形式去描述一个真实的特定管理情景，此情景中需包含有至少一项管理问题及它的解决方案（即决策），它是为某种明确的教学目的服务的。

上述的几种观点虽然从不同的角度对案例的本质加以界定，其共同点即案例所描述的是实际情境，所以综合各种意见而言，笔者认为案例就是为了一定的教学目的，围绕选定的一个或几个问题，以事实为素材而编写成的对某一实际情境的客观描述。案例具有以下特征：

1.真实性。案例来自于工作、现实生活中，不是凭借个人的想象力和创造力杜撰出来的，其内容要符合客观实际，表述要有血有肉，引用数据要真实、准确，要从社会实际和工作中精心选编，能体现教学目的和教学要求。

2.完整性。案例讲述的应该是一个完整的故事，要有一个从开始到结束的完整情节，并包括一些戏剧性的冲突，而且要有故事发生的背景描述。

3.经典性。案例不是随手拈来的故事，而是经过精心挑选的具有一定代表性的典型事例，代表着某一类事物或现象的本质属性，概括和辐射许多理论知识，包括学生在实践中可能会遇到的问题，从而使学生在掌握有关的原理和方法的同时，也学会了如何将这些原理和方法运用于实践。

4.启发性。教学中所选择的案例是为一定的教学目的服务的。案例必须是经过研究后能够引起讨论、分析和反思的事件，不是仅具有发生和发展的一般事件。因此，每一案例都应能够引人深思，启迪思路，进而深入理解教学内容。

5.针对性。要针对具体教学目标的需要、教育实际、学生的兴趣和接受能力来组织筛选，选编出具有针对性和实用性的教学案例，激发学生进行深入研究，理解和掌握重点和难点，从而提高学生发现问题、分析问题和解决问题的能力。

6.知识性。案例内含着丰富的知识，作为人类智慧结晶，知识本身就蕴含着丰富的认识方法。个体只有在掌握知识的过程中才能把人类的智慧和认识方法内化为自我的智力与能力。

7.问题性。案例并不纯然是一个文学故事，它里面还有一个个促使学生思考的问题。这些问题没有固定的标准答案，不同的人有不同的解读，并形成个性化理解。

（二）案例教学概述

如同案例一样，案例教学也没有一个统一的定义，不同的人根据不同的研究领域给出了不同的界定。①哈佛商学院将案例教学法界定为："一种教师与学生直接参与，共同对工商管理案例或疑难问题进行讨论的教学方法。这些案例常以书面的形式展示出来，它来源于实际的工商管理情景。学生在自行阅读、研究、讨论的基础上，通过教师的引导进行全班讨论。因此，案例教学法既包括了一种特殊的教学材料，同时也包括了运用这些材料的特殊技巧"。②案例教学法是以学习者为中心的合作学习，具有跨学科领域的学习架构，强化学习者主动参与的学习行为，其中真实的问题帮助学习者将所学的内容与真实的生活连结。③案例教学法是一种利用案例作为教学工具的教育方法，也是理论与实务间的桥梁，即教学者利用案例作为讲课的题材，以案例教材的具体事实与经验作为讨论的依据，经由师生的互动来探讨案例事件的行为与原由，发掘潜在性的问题，强调学生的主动积极参与学习过程。④从广义上讲，案例教学法可以界定为通过一个具体情境的描述，引导学生对这些特殊情境进行讨论的一种教学方法。在一定意义上它是与讲授法相对立的。因此，所谓案例教学是教育者根据一定的教育目的，以案例为基本教学材料，将学习者引入教学实践情境中，通过师生之间、学生之间的多向互动、平等对话和积极研讨等方式，从而提高学习者面对复杂教育情境的决策能力和行动能力的一系列教学方式的总和。它不仅强调教师的教，更强调学生的学，要求教师和学生的角色都要有相当程度的转变。⑤案例教学，就是在教师的指导下，根据教学目的的要求，组织学生通过对案例的调查、阅读、思考、分析、讨论和交流等活动，教给他们分析问题和解决问题的方法或道理，进而提高他们分析问题和解决问题的能力，加深他们对基本原理和概念的理解的一种特定的教学方法。案例教学法就是教师们以教学案例为基础，在课堂中帮助学习者达到特定学习目的的一整套教学方法及技巧。

笔者认为，大学物理教学中案例教学的内涵可描述如下：案例教学是指在教师的精心策划和指导下，基于因材施教的教学理念，根据教学目的和要求，并以大学物理知识结构（概念、原理、理论、应用）为主线，组织学生通过对具有代表性的物理概念的提出、理论的求证、原理的解释、应用的领域的物理学案例的搜集、调查、阅读、分析、思考、讨论和交流等活动，引导学生进行自主探究，加深他们对物理学基本原理和概念的理解等的一种特定的教学方法，进而提高他们分析问题和解决问题的能力。

（三）案例教学实施中应注意的几个方面

首先，案例的选择必须典型并具有普遍意义。案例不典型就不具有代表性，就不能说明基本问题。案例教学并不是抛弃知识和原理，而是训练对知识和原理的创造性理解和应用。当学生面对某一问题时，要进行细致的分析，发现问题产生的原因，并揭示问题的实质，进而寻求解决问题的方案，最终对方案给出说明，这就要求所选案例是可以用所学知识原理分析和解决的，而且分析和解决问题所应用的知识应具有全面性、系统性和综合性，这样的案例才可以训练学生的探索能力和创新能力。另外，所选案例要具有普遍意义，能起到举一反三、触类旁通的作用。案例教学实施过程比较费时，要使学生在有限时间里获得最大收益，就必须选择典型、具有普遍意义的案例。

其次，教师要清楚在案例教学中承担的责任。教师是案例教学的组织者和引导者，案例教学对教师的素质提出了更高的要求，如教师要具备良好的口头表达能力、激发学生参与讨论的能力、引导学生在案例分析的基础上提升理论的能力等。教师要不断加强案例教学理念、合作学习理念、研究性学习理念等的学习。教师在案例教学前要精心选择案例，还要熟知案例陈述的背景、事实、观点，以及案例所蕴含的原理，据此拟定课堂教学计划。另外，在案例教学过程中，教师要尽量创设一种融洽的、学生可以畅所欲言的学习环境，引导学生进行批判性反思，对学生讨论中不完整、不准确的地方及时给予补充和更正。在案例教学结束后，还要总结、评价，以便为下次的教学提供参考。

最后，学生要明确在案例教学中担任的角色。在案例教学中，学生不再是知识的被动接受者，而应是主动参与到案例教学的每一个环节中，通过“实践—认识—反思”这样一个循环往复的过程，真正成为一个会学、乐学、善学的“主体”。案例教学要求学生要勤于思考，善于分析，积极参与。要做一个善辩者，有理有据地陈述自己的观点；要做一个协作者，强化互助合作意识；要学会成为一个好的听众，认真听取、评析其他人的观点。

三、大学物理实施案例教学的关键因素

以下就结合大学物理学科自身的一些特点、规律来阐述实施案例教学的关键因素。

（一）教师

在案例教学法中，虽然课堂讨论是最主要的教学形式，但这并不是说不需要教师的讲授，只是教师讲授的方式和作用有了很大的变化。教师是确保一个学校高质量教学的关键因素，仍然是课堂教学的主体。尤其像大学物理这样的课程，教师对课堂教学效果的影响是至关重要的。一个合格的教师除了专业的素质和能力外，教师的道德、品质和人格对学生的影响是十分深刻的。因此，在大学物理教学中，教师应有对学生全面负责的高度责任感和敬业精神，以及扎实的学术水平和良好的科学修养。另外，从案例教学的角度来讲，案例教学的精髓是探求的过程，在

这个过程中，教师不仅是参与者、主持者，更是整个过程的组织者。教师的观念也应有所转变，教师绝不能再以权威自居，而应转变角色，增强对话、沟通意识，要能够听取、听进学生的不同意见，尊重学生的见解。即使在研讨过程中发现了问题和不足，教师也应在启发学生的基础上让学生自己通过讨论加以解决。

（二）学生

学生是案例教学的主体，在案例教学中处于核心地位。成功的案例教学中，学生要从被动角色转变成为一名主动参与者。课前学生要仔细阅读教师指定的案例材料，进行认真的分析与思考，并与其他学生非正式地讨论相关案例，据此对所学知识有个大体的了解，做好充足的准备，进而在课堂上积极发言，阐述自己的思考过程和结论，并与他人展开辩论，为其他学生的积极参与做出相应的贡献。此外，大学生心理和生理发展正处于迅速走向成熟的阶段，精力充沛、朝气蓬勃，具有勇往直前的气魄。在正确的方式方法指引下，可以克服一切困难和不利条件。虽然他们情绪强烈但比青年初期善于控制，情绪丰富、热情高涨，对案例的讨论有很好的辅助作用。另外，他们的抽象思维、辩证思维、发散性思维有新发展，加之想象丰富，所以善于独立思考、思维活跃、求知欲强而好争辩，迫切希望能有新的发展创造与成就，这对案例教学的有效实施也有很好的促进作用。大学生强烈的好奇心和求知欲，善于思索、勇于创新的性格特点，自信心和好胜心等，都有利于案例教学的开展。

（三）物理学科的知识结构

案例教学要最大程度地发挥它的优越性，除了对教师和学生的要求以外，我们还应该考虑学科本身的知识结构。大学物理的知识结构大体分为四部分：基本概念、基本原理、基本理论以及应用。从课程内容来说，大部分属经典物理学的范畴，包括力学、热学、电磁学、光学等。物理学科的知识结构体系以及内容特点对案例教学的使用有着特殊的需求，我们不能有“拿来主义”的思想，而应在分析学科自身结构及内容的基础上有效应用案例教学。因为有些大学物理的知识是不需要用案例教学的，如一些数值计算题仅需要学生一步步地去推导、计算。任何一个理论体系的建立都必须以学科实践为基础，大量的例证是理论得以确立的前提。同样，在学习理论时我们也需要借助已有的知识经验，借助实践的验证。然而，就每一个学习者而言，其亲身实践的时间、空间和范围都是非常有限的，因此，借鉴别人的实践经验是非常重要的，案例教学恰恰为此提供了一个快速而有效的通道。此所谓“他山之石、可以攻玉”也。

四、大学物理实施案例教学的流程

案例教学是一项系统工程，但没有一个固定的模式。在案例教学实施过程中，可以从不同的角度出发，并根据自己的教学需要定。案例教学实施的一般过程：包括确定教学目标；选择合适案例前期准备；案例引入；创设问题情境；案例呈现；案例分析；案例讨论；评价反馈；总结反思。

本文结合案例教学的特点以及教学设计的编排原则，将大学物理教学中案例教学的实施分为教学设计阶段、准备阶段、实施阶段和评价阶段，力图勾勒出一个完整的案例教学流程。这个流程既可以运用到整门课程的案例教学中，也可以用在课堂案例教学中，或供其他学科借鉴。

（一）教学设计阶段

在案例教学中，教学设计占据着突出的地位，因为在各类学科教学中，案例教学几乎没有现成的、固定的教科书或教学参考书，不仅教学材料需要任课教师准备，而且教学目标等也需要教师具体确定、落实。在一定意义上可以说，案例教学情形中，教师对于教学设计有着更大的自主空间，有着更多的发言权，同时案例教学也需要教师更多地参与到案例的教学设计中来。

1. 确定案例教学的行为目标和过程目标。

行为目标：学生要能针对某一情境作出具体的决定，并能将其应用到有关的实际情境中去。其中，教师着重强调的是学生的问题解决行为和决策能力；学生的思维能力要具有严密的逻辑性、清晰性和连贯一致性；学生要能对问题情境作出有说服力的分析；学生要能识别并确定那些与案例紧密相关的基本要素和问题；学生要能体现出运用定性与定量分析的愿望和能力；学生要能超越具体的问题情境，要具有更为广阔的视野和多种多样的能力；学生要能利用可能的资料对问题情境作相当具体、深入的分析，并且能够制定出相当具体、完备的行动计划。

过程目标：学生必须要能参与到案例教学的过程中去；学生必须要切实做好课前准备，并且将自己作为教学过程的一个有机组成部分；学生在教学中必须能够口头表达出自己的思想与观点。在实际的教学中可以依据这些目标进行教学，当然还要结合物理学科总的教学目标和每节课所要达到的教学目标。

2. 选择合适的案例。实施案例教学的关键之一是对案例的选择。选择案例时应注意以下几个方面：要根据教学目标选择案例；还要考虑到安全专业的特点选取相应的案例。

3. 所选案例应该具有问题性，要能提供学生思考和解决问题的多种路径和空间。现实的教育现象及问题丰富多彩、变化莫测，所选的案例也应该体现这种复杂性和变化性。“所有案例都不在于只形成正确的答案或行为，所有的案例都说明环境的模糊与复杂，所有的案例都要求人们不要对教育环境做简单化的理解和处理”，越能引起广泛争议的案例也最接近高度复杂的教学实际情境，更能发展学生的分析、判断、推理和决策能力。案例教学的着眼点就在于学生创作能力以及实际解决问题能力的发展，而不仅仅是获得那些固定的物理原理、物理现象。特别强调的是，不是所有的知识点都要进行案例教学，要根据知识本身的需要来确定是否选择案例教学。

（二）案例教学课前准备阶段

案例设计以后，就要进行案例教学前的准备工作，案例教学的成败与否与准备是否充分关系甚密，不仅要赋予充足的准备时间，而且要真正地调动起学生的学习兴趣与思维潜能。所以从教学的角度以及案例教学本身的特征出发，主要涉及教师、学生和物质的准备三个方面。

1. 教师的准备。设计案例、选择案例、引导案例讨论、推动学生的案例学习等，都对教师提出了一系列的要求。对于教师来说，准备案例教学意味着完成以下任务：

（1）教师在学期开课前制定学期案例教学总体计划，根据所教课程教学目标的实现与教学内容的安排确定具体教学案例总个数，并根据教学进度确定每个案例实施的时间。

（2）联系教学内容，精心准备和研究案例，注意案例的针对性、真实性、典型性、时效性和完整性，以调动学生的学习积极性和讨论热情。

（3）在案例开课的前两周或更早的时间向学生发放案例材料与讨论提纲，确保学生有充分的时间阅读案例，查阅相关资料，进行思考与交流。必要时针对案例开展社会调查。

（4）了解学生的案例阅读情况，对学生在前期准备中碰到的困难和问题，提供必要的支持和帮助。如果是案例本身的问题，应及时予以补充、修正和完善，确保案例讨论如期有效进行。

（5）根据案例教学的实施要求、学生人数、现有的教学条件及案例的难易程度具体设计案例讨论的组织步骤，考虑案例讨论过程中可能出现的问题，并确定应对策略。

2. 学生的准备。案例教学对学生提出了更高的要求，因此需要学生的支持和配合。首先，学生应具备案例讨论所必需的理论知识；其次，学生要按照教师的要求熟悉案例材料，围绕讨论大纲与案例中的疑难问题进行思考与交流、自由探索、大胆质疑。课余时间学生应认真查阅资料，积极开展社会调查，主动思考、主动获取知识，从中体验自主探究学习的乐趣。另外，学生在能力结构方面也要有所准备，比如应从各方面培养自己的认识能力、团队精神、信息素养等。一般来讲，大学生具备了抽象思维能力、概括能力，具有独立性与创造性，能够自觉地从本质上全面分析问题并解决问题，他们的思维结构更适合进行案例教学，但是仍然要注意个体性差异。

3. 其他准备。除了教师和学生的准备之外，其他与案例教学密切相关的因素还包括班级规模的大小、学生组成成分的复杂度和教学参与者个人经验的丰富性程度。另外，物理环境的安排，如教室课桌椅的布置、多媒体教室的布置、教师辅助设施的布置、现代技术信息装备等要做适当的调整，特别是教室的布局，需要加以适当的改变。这样便于教师和学生在教室内自由地走动，便于师生之间更加通畅地进行交流、拉近彼此的距离，便于开展“角色扮演”和小组讨论。最后，要重视合作教学和团队教学。如果不是独自承担课堂教学的责任，而是与其他同事或小组共同承担，教师需要做认真的准备和协调工作。

（三）案例教学实施阶段

教师进行案例教学不是“例子＋理论”的简单描述和说明，而是启发和引导学生对案例涉及的“命题”进行思考、辩论和推理的过程。

1. 案例引入。案例引入的方式有很多，可以文本、音频、视频以及多媒体的形式引入，也可以教师叙述、学生讲述、角色扮演的方式等引入。无论以哪种方式引入，其目的主要在于：集中学生的注意力、引起学生对案例内容的关注和兴趣，告诉学生这个案例讨论的难度、在整门课程中所占的位置、需要达到的教学目标以及接下来的活动计划、活动要求、时间安排等。

2. 创设问题情境。案例教学的实质是一种“以问题为中心的研究型学习”，案例中包含了多个问题，同时也可能包含了问题的多个解决方案。在每个案例呈现给学生之前，教师最好先将本次课要展开讨论的问题提供给学生，让学生围绕这些问题边看案例边进行思考。案例教学是否能成功进行，问题的创设成为关键环节。

3. 案例呈现。案例实施中的这个阶段是由教师来完成的，案例呈现的时间和方式可能因为教学目标、案例内容、案例形式的不同而有差别。教师可以根据案例的篇幅长短、难易程度决定呈现案例的时间在课前、课中还是课后。若案例较长或涉及的内容较多，难以理解，可在课前出示给学生，这样学生有更多时间熟悉案例，为讨论做准备，节约了课堂教学时间；反之，案例简单、容易理解，可在课上呈现，以此吸引学生的注意力，激发学习动机。

另外，有些案例需要用多媒体课件的形式呈现，比如老师在讲多普勒效应的时候，仅凭老师讲授很难让学生理解，这时可以给学生播放 Flash 课件，从而从视觉与感官上加深学生的理解。当案例教学发展到更深层次的时候，则需要一些经过提炼、整理过的文字形式的案例。不管使用何种方式，其目的都是吸引学生的注意力，抓住学生的兴奋点，激发学生的求知欲。最重要的是教师应尽可能地渲染出案例所应描述和展示的氛围，让学生能够尽快地进入案例的情境之中，从而充分感知案例，为后面的进一步分析与探究做好充分的准备。

4. 案例分析。案例分析作为一项重要的教学任务渗透于大学物理案例教学的各个阶段。例如，课堂准备阶段教师与学生必须对案例进行分析；课堂讨论也是对案例的进一步分析；课后的评价与总结同样离不开对案例、学生表现、问题解决方案的分析。案例分析应抓住问题的关键，避免过分拘泥于细节。另外，学生应根据自己的认知观点写出案例分析报告，对以前的分析与讨论作一个总结，加深理解。分析报告不是讨论记录，也不是自问自答式的思想总结。一般在报告中应首先提出自己的观点或者是备选方案，再围绕结论展开分析并用大量的数据和事实支持自己的观点。

5. 案例讨论。案例讨论是案例教学实施过程中的核心环节，也是师生互动性学习最完整、最强烈的体现。教师在组织学生认真讨论案例等方面起主导作用，要确定讨论的组织形式，明确讨论的任务和学生角色。学生通过案例讨论展示自己才能。明确讨论的任务和学生角色。讨论可采取个人发言、小组讨论及集体辩论等方式。如果班级人数较多，一般先采取小组讨论的形式进行。学生通过准备阶段的阅读、研究、分析获得自己关于案例问题及讨论问题的见解后，便可进入小组讨论阶段。每小组选出一名组长和秘书，组长负责组织本组讨论，秘书负责记录工作。讨论中要求小组中每个成员都要说出自己所做的分析及对问题的看法，供大家讨论、补充和共享；讨论结束后选出一名代表负责发言，阐述本组就案例问题所达成的共识以及尚存在争议的问题，并在教师的组织下进入班级讨论和交流阶段。

教师应密切关注学生讨论的进展和动向，使案例讨论紧扣主题深入展开。鼓励学生广开思路、积极发言，使案例讨论分析能得以有序进行。例如，在案例的设计上可采取对比分析的方法，布置学生从不同的角度分析问题，或以竞争对手的身份来参与案例讨论，展开争论，开拓思路，从相互间的交流讨论中提高对问题的洞察力。

教师要针对学生在讨论中的不同表现，采取不同的方式予以引导，既不能放任自流，也不能控制过严。对于部分学生在讨论中不爱发言或很少发言的现象，教师要予以启发，开拓他们的思路，逐步消除他们的自卑感，增强自信心，从而使他们踊跃地参与讨论；对于学生在认识上的错误观点，教师也不能简单地予以否定，以免造成学生心理紧张，有碍讨论顺利进行，而是要引导学生正确分析问题的实质，形成合理的思维结构和框架；对于讨论中表现出色的学生应及时给予肯定和表扬，从而营造一个和谐、积极向上的讨论氛围。

（四）案例教学评价总结阶段

1. 评价阶段。任何一种教学方法的实施，评价都是不可或缺的。作为人类认识的一种特殊形式，评价既要对客体的事实性材料加以描述和把握，又要从主体的目的、需要出发对客体作出价值判断。

首先，注重自我评价。学生参与自我评价能促使学生对其自身进行多角度的思考，激发其责任感并有助于提高自控力。教师多给学生评价自我和他人的机会，可以帮助学生清楚地了解自己与他人之间的差异，使他们通过评价活动提高评价能力。

其次，评价应着眼于学生全面、和谐、健康地发展，而不是用机械呆板的评价去约束学生。评价是促进学生发展的手段，不是目的本身。评价应该为教学目的服务，如果把分数当作目的而不顾学生的发展就失去了评价的意义。

再次，在评价中要用发展的眼光看待某个阶段、某件事、某个人的评价结论，承认学生潜在的可能性、可塑性和积极主动性。在确定被评价者现状的同时必须考虑他的过去和将来，从联系和发展的观点去认识，推动学生不断进步。

最后，在评价时既要考虑测量结果的量化，也要充分注重对测量对象进行定性分析。评价可综合采用观察法、问卷法或者访谈法，而问卷法所采用的题型也可综合采用选择型或开放式的问答题型。

2. 后期总结。讨论后，教师根据情况可以做必要的小结。实际上这个小结也可以先由学生来进行，这样不仅可以提高学生归纳和总结形成知识的内在逻辑关系和结构的能力，而且在总结的过程中提高他们逻辑思维能力和语言表达的能力。另外，这个环节还应该引导学生在得出正确的结论之后反过来站在理论的高度，重新审视案例，分析案例正确应用理论的成功所在，或没有正确应用理论的失败之处，也可分析在改变案例客观环境的假设条件下，可能出现的另外结果。由此使理论回到实践，使理论指导实践，这样还可以进一步加深学生对理论的理解，巩固所学的理论知识。

五、课程教学案例举例

（一）案例 1：牛顿运动定律的应用

1. 教学时数：3 学时。

2. 教学形式：小组讨论和研究。

3. 教学目标：

(1)掌握并熟练运用牛顿第二定律解题。

(2)学习利用物理建模发现物理规律的思维方法。

(3)利用牛顿第二定律解决一个实际问题。

4. 教学步骤：

(1) 简要回顾牛顿运动三个定律，特别是强调应用牛顿第二定律解题时要注意的问题。

(2)提出要研究的问题：物体在黏滞流体中的运动。①现象观察：雨滴在空气中的下落；②演示实验：金属小球在黏滞液体中的自由下落；③根据观察和实验结果，找到物体在流体中下落的运动学特征；④分析物体在流体中下落时受到的力：重力和黏滞阻力；⑤分析黏滞阻力与哪些因素有关；⑥设计一个简化模型来表示实际物体，研究物体在下落过程中与流体相互作用的物理过程，找到理想情况下阻力的表达式；⑦对得到的理想情况下的阻力公式进行适当修正，得到物体在流体中下落过程的一般阻力公式，并对结果的合理性进行评价；⑧利用得到的阻力公式和牛顿第二定律，求解物体在流体中运动速度随时间变化的规律，并对结果进行分析和讨论，再与观察和实验结果进行比较。

(3)实际应用：利用物体在流体中下落运动的特点，估算保证伞兵安全跳伞着落的伞面积。

(4) 以小组为单位写出研究报告。

5. 学业评价：

(1)对物理建模能力的评价。

(2)对实际应用能力的评价。

6. 教学扩展：

(1)如果物体在黏滞性大的流体中很缓慢地下落，分析其阻力的特征。

(2)如果流体很快地流经一个固定在流体中的物体，在物体附近会出现什么情况？

(二)案例 2：热力学第二定律

1. 教学时数：6 学时。

2. 教学形式：小组讨论和研究。

3. 教学目标：

(1)掌握热力学第二定律的定性表述、定量表述、熵及熵增加原理。

(2)学习通过发现问题、建立模型、定义概念、分析研究问题，最终解决问题的方法。

4. 教学步骤：

(1)列举生活中看到的热力学现象。实际热力学过程在满足能量的转化与守恒定律的同时有无方向性？如何定量描述热力学过程的方向性？

(2)分析总结后提出两个热力学过程模型，即单纯的热传递过程和单纯的功变热过程，并以摩擦生热及杯子中的热水变凉分析两种过程的方向性和不可逆性，此即热力学第二定律的两种表述。

(3)不可逆过程有无内在联系，导致过程不可逆的原因是什么？

(4)不可逆热机与理想可逆热机的效率有怎样的关系？

(5)任意可逆循环与不可逆循环热量与热源温度存在怎样的定量关系？采取由特殊到一般的分析方法，即由可逆与不可逆卡诺循环得出克劳修斯等式与不等式。

(6)克劳修斯等式的本质是什么？用类比法将克劳修斯等式与保守力(万有引力、静电场力)的条件进行类比。由保守力必然存在对应的势能(引力势能、电势能)，且势能是位置的单值函数，类比出热力学系统必然存在一个态函数，给出熵的定义式，并指出熵是系统状态的单值函数；由力学主要关注势能的改变指出热力学主要关注熵的改变。

(7)给出热力学基本微分方程及熵变的计算方法，通过例题及课堂训练使学生掌握熵变的计算。

(8)通过几种较典型的绝热实际不可逆过程系统总熵变的计算(部分计算由学生自己完成)，归纳出熵增加原理。

(9)引出热力学第二定律的教学定量表述。通过建立任意初、末状态间的可逆过程和任意过程两种过程模型，由克劳修斯等式与不等式及熵的定义式给出第二定律的数学表达式。

(10)建立 N 个分子在一定体积的容器内杂乱运动的模型，定义宏观分布态和微观分布态概念，分析不同宏观态对应的微观态数目，进而给出玻耳兹曼熵表达式，此即熵的微观本质。

(三)案例 3：振动和波

1. 教学时数：6 学时。

2. 教学形式：小组讨论和研究。

3. 教学目标：

(1)掌握振动和波的基本概念。

(2)深入理解多普勒效应的定义和特点。

(3)深入理解驻波的概念和规律。

4. 教学步骤：

(1)放映历史上工程事故的影片“塔酷马大桥”，并提出问题：大桥倒塌的罪魁祸首究竟是谁。

(2)放映视频“汽车行驶”，让学生仔细听汽车迎面驶来和远离时声音的变化，再放映医学上“彩色多普勒超声诊断仪”的视频，让学生仔细观察两视频的特点和联系。

(3)放映动画“鱼洗”，让同学仔细观察鱼洗喷水的奇特现象，并回答这是包含哪些物理原理。例如提示“鱼洗静止时喷水吗?”

(4)实际应用：分析海啸系列案例。2004 年 12 月 26 日印度尼西亚苏门答腊岛发生地震引发大规模海啸，提出问题：海啸的成因是什么？为什么海底的大地震会引起大规模的海啸？将这个案例和鱼洗的原理联系起来，让同学讨论海啸是如何产生的。

(5)以小组为单位写出研究报告、学业评价。①对物理概念和规律理解能力的评价。②对实际应用能力的评价。

(6)教学扩展:①自己动手制作一演示共振现象的小装置。②阅读有关激振的材料,分析生活中能见到的激振现象。

(四)案例 4:电磁学

1. 教学时数:6 学时。

2. 教学形式:小组讨论和研究。

3. 教学目标:

(1)学习 MATLAB 语言,知道用 MATLAB 语言可对电磁学中的一些物理问题进行运算并绘图。

(2)学习电场、电势的分布。

(3)学习磁场的分布。

(4)学习电磁场中带电粒子运动的规律。

4. 教学步骤:

(1)介绍 MATLAB 语言的基本语法,如:赋值语句、元素群运算语句、空间离散化语句、计算空间点的值的函数及语句和绘图语句等。以一个点电荷和一对等量异号电荷在空间产生的电势计算为例,说明计算机语言编程的思路与应用。学生自己动手下载、安装 MATLAB 软件,并模仿教师研究过程和研究方法,亲自动手编写程序、模拟点电荷及一对点电荷的电势图。

(2)分小组完成描绘连续电荷分布的有限长带电棒在空间电势分布计算与绘图的题目。

(3)计算磁场,先把线状电流线分隔成许多小电流元,再利用毕奥—萨伐尔公式计算出电流元产生的磁场,最后叠加所有电流元产生的磁场;描绘磁场,用小箭头来描绘磁场;分小组完成载流圆环导线轴线上磁场计算,并绘制出磁场分布图;分小组完成赫姆霍兹线圈磁场计算及分布图。

(4)①首先以小组合作的形式研究出带电粒子在均匀电磁场中运动的基本程序,再进一步研究出带电粒子在变化电磁场中的运动程序,由易到难、由特殊到一般,让学生循序渐进地开展研究,提高学生的研究学习能力。其次分析带电粒子在均匀电磁场中的运动微分方程,用最简易的语言或形式化的符号来表达它们的关系,得到解决问题所需的微分方程函数文件,然后再编写微分方程的主程序。②描绘带电粒子运动轨迹。学会调用函数求解出带电粒子运动轨迹的微分方程组,绘出三维空间内带电粒子的运动轨迹。

(五)案例 5:光学

1. 教学时数:6 学时。

2. 教学形式:小组讨论和研究。

3. 教学目标:设计一个用表面等离子体共振技术测量溶液浓度的系统。

4. 教学步骤:

(1)要求学生分小组查阅资料,解决几个问题:①目前常用的测量溶液浓度的物理方法有哪几种?各有什么优缺点?②表面等离子体(SPR)传感器分为哪几种?③SPR传感器的检测方式有哪些?

(2)表面等离子体共振效应(SPR)是一种物理光学现象,它是利用光波在玻璃与金属薄膜界面处发生内反射时的消失波,可以引发金属表面的自由电子产生表面等离子体。在入射角或波长为某一适当值的条件下,表面等离子体与消失波的频率和波数相等,二者将发生共振,入射光被吸收,使反射光能量急剧下降,在反射光谱上出现共振峰(反射强度最低值),此时对应的入射光波的波长称为共振波长,对应的入射角称为共振角。当紧靠在金属薄膜表面的介质折射率不同时,共振峰位置将不同。最后分小组初步完成研究方案,教师对学生提交的研究方案的科学性、可行性进行论证,结合实验室条件,对方案提出修改、优化。

(3)师生共同研讨,搭建实验系统。光学系统的设计—— SPR传感器(棱镜型SPR传感器,一般由光学系统、传感系统和检测系统组成)的检测方式跟光源的选择有什么联系?传感系统的设计对SPR传感器性能影响最大的因素是什么?表面等离子体与外部激励光波的耦合模式有哪三种?最常用的是哪一种?检测系统的设计——检测系统一般可以采用两种方法:一种是传统的逐点扫描方法;另一种是采用阵列检测器件。后者测试效率高,测试性能远远优于前者,但检测电路设计较为复杂,要求学生用前者方法设计。

(4)实验结果的分析。要求学生在实验时对不同厚度的金属膜、不同折射率的棱镜和四种蔗糖溶液浓度对棱镜型SPR传感器灵敏度的影响反复探究,证明实验结果与理论分析相吻合。

(六)案例6:量子力学

1. 教学时数:6学时。

2. 教学形式:小组讨论和研究。

3. 教学目标:

(1)理解电子云的物理涵义,学会基本的编程方法;

(2)掌握一种电子云的计算机模拟方法。

4. 教学步骤:

(1)给出常见的原子图像,指出其不科学之处。基于原子的特性,讨论如何画出原子的电子云图像。

(2)借助教科书弄清电子云的物理涵义。

(3)在指定网站查找有关电子云的计算机模拟资料。

(4)在小组内对所搜集到的资料进行分析归纳,总结电子云的计算机模拟共有几种方案,并通过分析比较,从中选取一种自己认为最佳的方案。

(5)根据所确定的方案,通过编程实现氢原子电子云的计算机模拟。

六、总结

大学物理案例教学是以探究为取向的教学活动,由教师引导,以一定的目标任务使学生对某个问题或课题自主地进行构建、探索和研究。实施大学物理案例教学有以下几个方面的建议:

第一,创设学习背景。明确提出学生需要研究的问题,对问题进行适当描述,为学习做准备。其中注意利用各种方式提高学生的学习兴趣。

第二,将课程教学目标具体化。学生只有明白自己的学习任务才能在学习过程中集中精力。教学目标是对学生将要完成的事项进行的描述,应具有真实性和定向性,且教学目标的描述必须清楚、准确。

第三,清晰的学习步骤。学习步骤是学生主动探究的学习支架。对于教师预选过的学习资源,包括网络资源,也可包括非网络资源及各种学习软件、工作软件等。

第四,评价反馈。评价是以明确的标准来评价学生的学习,可采用多种评价标准相结合的方式。当然,所有的评价标准都必须符合课程标准的要求,必须是有效的、公正的。

第五,总结反思。要求学生完成学习任务或掌握课程知识的同时,鼓励他们对问题进行深入思考,提出一些引导性问题,以促进学生把这种探究的经验扩展到其他领域。

参考文献

[1]郑金洲.案例教学指南[M].上海:华东大学出版社,2000.

[2]朱文.案例教学方法研究[J].西南民族大学学报(人文社科版),2003(10):39—41.

[3]周纪卿,朱因远.非线性振动[M].西安交通大学出版社,1998.

[4]闻邦椿,李以农,韩清凯.非线性振动理论中的解析方法及工程应用[M].北京:北京大学出版社,2001.

[5]钟锡华,陈熙谋.大学物理通用教程:力学[M].北京:北京大学出版社,2001.

[6]李富全,张晓春,赵志洲.围绕工程意识和创新能力的培养深化工科大学

物理教学改革[J]. 中国高教研究,2001(2).

[7]马文蔚,苏惠惠,陈鹤鸣. 物理学原理在工程技术中的应用[M]. 北京:高等教育出版社,2001,(11).

[8]刘立华,华中,张勇,等. 热学教学改革的实践[J]. 赤峰学院学报,2010,26(11):208—210.

[9]李志杰,付浩,王治国,等. 纳米薄膜的研究型教学实验设计探索[J]. 实验室研究与探索, 2009, 28 (8):118—120.

[10] 王明彦. 构建研究性实验教学体系的思考与实践[J]. 中国大学教学,2009(3):75—77.

[11] 刘国华,常露,张维,等. SPR传感技术的发展与应用[J]. 仪表技术与传感器, 2005(11):1—5.

[12] 曾谨言. 量子力学[M]. 北京: 科学出版社,2000.

[13] 教育部高等学校非物理类专业物理基础课程教学指导分委员会. 非物理类理工学科大学物理课程教学基本要求[J]. 物理与工程,2006,16 (5):1—8.

以指标体系为基础的层次结构教学模型

——以法理学进阶课程设计方案为例

法学院　李晓安

【摘要】大学课程是整个学生质量培养体系的基本单元，作为一个基本单元，一门课程本身又是一个完整的知识系统，它同样是由具有知识相关性的更小单元组成。每一个课程体系的完整设计，决定了本专业教学培养计划的实现。构建以指标体系为基础的层次结构教学模型的课程设计，是将课程内容系统化、全面化地传递给学生，实现"深全并重、点面结合、面向实践"，探索性、研究性、实践性相结合，是以理论生活化、理论实践化完成学生培养目标的良好方法。

【关键词】模型　指标体系　检验　关系分析

一、建立指标体系层次结构模型

大学教学中，教学培养计划是学生质量培养的一个完整教学体系。这个教学体系由公共基础课程、专业基础课程、公共选修课程、专业选修课、实践类课程等不同的模块课程组群构成，每一个课程组群又由具有相关性的课程组成，课程构成整个培养体系的基本单元。作为一个基本单元，一门课程本身又是一个完整的知识系统，它同样是由具有知识相关性的更小单元组成。每一个课程体系的完整设计，决定了本专业教学培养计划的实现。如何在一个学期32节或48节的授课时限内，将课程所包含的主要内容系统化、全面化传递给学生，并能够实现"深全并重、点面结合、面向实践"，做到探索性、研究性、实践性结合，做到理论生活化、理论实践化，真正达到学生的培养目标，使学生能够学以致用，是对课程效果、学生培养质量检验的评价指标。要达到这样的教学目的，课程系统设计可以说是关乎教学质量的决定性因素。以指标体系为基础的层次结构模型为课程系统设计提供了样本尝试。

在运用层次分析法进行课程系统设计时，首先把课程系统中所考虑的各因素按其属性分成若干单元。每一单元作为一个层次，同一层次的单元对下一个单元起铺垫作用，这种由下而上的支配关系构造了一个递阶层次结构。

一门课程是一个系统，这个系统由10个单元层次构成(如图1所示)。这10个单元，以课程设计思想、课程目标为指引，以课程环节为中心，以组织形式为手段，以教材、案例库、阅读文献库、延伸教学平台为资源、以考核为课程效果的评价

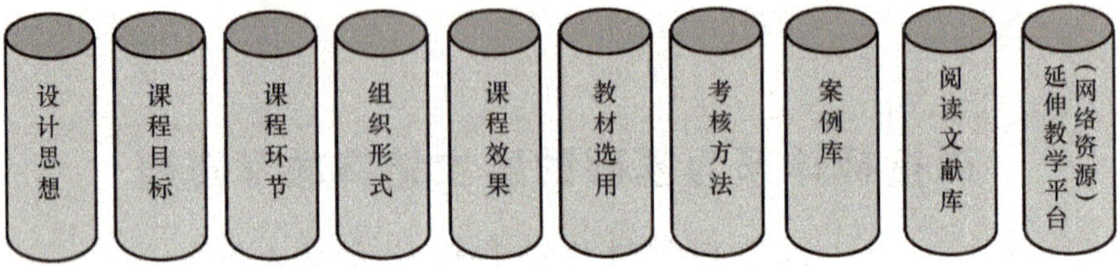

图1 课程的教学体系构成

指标，共同构成一门课程较完整的教学体系。

课程设计思想是该课程的总体指导思想和课程的精神与灵魂。课程设计既要体现本专业的总体培养目标，又要体现本课程学生培养质量。课程设计需要将知识组织系统化、内容全面化，在课程体系中突出探索性、研究性、实践性，将理论生活化、实践化。

课程目标是课程价值的目的，通过专业知识体系、理论基础系统传授，提高学生专业素养，提高学生逻辑思维能力、研究问题和解决问题能力，体现特色并直接与职业素养、职业技能要求对口衔接。

课程环节是一门课程的中心，它通过层次性、关联性单元内容的设计，实现课程设计思想和课程目标。

课程组织形式是课程内容实现的主要方式。现代教学方式改革要求课程组织形式实现主体多元化、形式多样化。授课主体由主讲教师、同行专家、学生共同担任。授课形式可以是案例分析、观摩（庭审）、辩论、专家讲学、学生主题演讲、法律实务代理、网络学习等方式，要调动学生自主学习的积极性，启发学生对专业知识的探索性，鼓励学生培养实践能力的勇气。

课程效果是对教学质量的检验，课程效果由学生和教师共同营造。课程能否成为学生与教师知识交流的平台，学生的期待利益是否得到满足、教学目的与培养目标是否得到实现，都是对教学效果的评价指标。

教材选用是对课程的指引性知识的引导，教材不应局限于某一本权威教材。教材的选用应该是一组教材的参考。学生对一组教材内容的对比性学习，可增加他们的探索与思考能力。学生可以采取买、借、网上阅读等方式获得知识点，多教材的使用并没有增加学生的经济负担。

传统授课的考核方法往往采用学期末闭卷结业考试的方式。这种考核方法简便易行，成绩相对客观，但是不能全面检验课程效果。考核可采用闭卷、开卷、演讲、辩论、学习心得、论文等多种形式。平时的成绩应该占到学期整体成绩的50%。

案例库是配合教学内容的材料运用库。以往的教学中，只有MBA的课程对案例库的建设极为重视。事实上，案例教学在各种专业教学中都占有一定的比例，特别是法学教育。因此，案例库的建设对于课程教学具有很重要的作用。

阅读文献库是学生课余时间加强对课程内容理解的重要补充性学习资源。阅读文献的建立应该根据课程的每一个单元设计，增加学生对本单元内容学习的深度拓展。阅读文献涵盖单元主题的论文与学术著作，并可以成为学生课堂讨论的主要资料。

延伸教学平台是充分运用互联网时代的资源共享特性，将国家级精品课程、省级精品课程、市级精品课程实现在线共享，同时利用国内外著名大学的网络教学资源，达到教学与国际水平接轨的目的。

在课程体系中，课程环节承载了教学主要内容，是一门课程的中心。课程教学环节的设计是一门课程成效的关键。

二、课程环节层次单排序及其一致性检验

以法理学进阶课程为例，将课程环节系统设计层次进行单排序，课程体系设计分为 5 个单元，每一个单元是一个独立的单位，包括：教学主题、教学时段、教学检验、教学目的与关联、教学方法。（如图 2 所示）。5 个单元只有前后排序，处于同一层次结构（见表 1）。对于一致性检验，检验的标准 5 个方面是一致的。

图 2　课程体系设计构成

表 1　课程体系设计及教学内容

教学内容 单元	教学主题	课时	教学检验	教学目的、关联	教学方法
1	法律认识论（一）：法理学与部门法关系	4	法理学意义	开启、回忆、联想激发兴趣	引导讨论：法理学意义
2	法律认识论（二）：什么是法、法律、什么是权利、权力、本位	4	流派观点、权利（力）冲突	刺激、认识、思考	讨论：善法、恶法权与法
3	法律方法论	8	两大法系方法论、法官思维与逻辑	方法对比	观摩、专家讲座讨论：马锡武审判方式
4	法律价值论、公平正义、自由秩序	8	法律价值	法律信仰	学生主题演讲
5	法律实践论、社会主义法治理论与实践	8	社会主义法律体系、社会主义法治理念		互动研讨

三、层次总排序及其一致性检验

(一) 教学主题关联性

法理学进阶课程内容由认识论、方法论、价值论、实践论四部分构成。这四部分的知识具有关联性,从认识论出发,以方法论为手段,以价值论做深入分析,以实践论作为验证结论。知识层面是由浅入深层层递进式学习,达到内容全面系统的知识体系的教学要求。

1. 法律认识论(一)。

教学主题是法理学与部门法之间的关系。教学检验包括:法理学意义;法理学基本问题。法理学与部门法的不同在于:法理学或法哲学是研究“法律的根本问题、法律的根本难题”的。它着重于从宏观上、整体视角上观察和研究法和法律现象,从法学世界观和方法论上追问其本体、本源、本质和理念、价值。法理学的意义体现在:①一个国家、一个民族法律文化的发展也离不开法理学的研究。②法理学不仅为人们提供学习法律的入门知识,而且更重要的是培养法律和法学工作者的见识和境界。③法理学重在训练人们的法律思维方式和能力。

法理学的基本问题:法的存在论(法理学初阶)主要研究法律体系中的共同概念及其他们之间的逻辑关系,法的本质以及与此相关联的法的效力根据等问题;法的认识论,主要探讨法律人(包括学院法律人和实务法律人)在解决具体法律问题的过程中如何认识和确定“法是什么”的问题;法的价值论,主要讨论法律价值的概念,具体内容及其位阶问题;法的实践论,主要探讨中国法治建设理论与实践等。

2. 法律认识论(二)。

教学主题是:什么是法,什么是法律? 权利本位还是权力本位? 教学检验包括:各流派观点分析,对于法、法律,西方学者不同流派的划分与区别;马克思法学观点的划分,特别是自然法学者与实证法学者对法与法律的不同观点。讨论问题如下:通过苏格拉底之死、安提戈涅之间,探讨法之善、恶;权与法的关系对当下中国的意义;权利本位的发生与认识发展;权利冲突;权力本位的特点及在中国的演变。

3. 法律方法论。

教学主题以以“大陆法系”和“英美法系”的不同开启对方法论的研究,方法是通过对比分析法官的思维与方法。思维方法是建构一门学科、一种理论体系的核心。思维方法问题,不只是一个技术、方略问题,而是关涉世界观和认识事物的独特视角和立脚点,可以导引出对同一客体的不同认知。社会科学领域对相同范畴的社会现象的解释,“主义”丛生,学派林立,很大程度上是基于方法论上的差别。可以说,不同思维方法和不同视角,可以形成不同学派。注意法律方法与法学方法的区别。司法的方法包括法律解释的方法、法律推理的方法,是法官和律师在适用法律中的方法。或者更狭义,指的是法官裁判案件的方法。法律方法的内容包括法律解释、法律推理、法律漏洞补充、价值衡量、形式逻辑等。掌握法律方法的特点，法律方法的地位与作用，法官法律思维的特性：技术理性；通过观摩《马背上的法庭》影片、法官专题讲座了解法官逻辑思维，共同探讨马锡武审判方式。

4. 法律价值论。

教学主题是公平、正义、秩序、自由；教学目的是树立法律信仰；教学方法是学生主题演讲。教师主讲内容为：法律价值的认识，包括主观性、客观性、社会性、应然性、实然性、特殊性、普遍性。学生的主题演讲是：正义、自由、秩序。教学素材为影片，如肖申克的救赎、阿甘正传、秋菊打官司。这部分的教学是开放式教学，可提供给学生教学素材，但并不限于此。学生可根据自己的兴趣寻找主题演讲的素材，形成以学生为中心的互动教学模式。

5. 法律实践论。

教学主题是中国法治建设理论与实践。教学检验包括：中国特色法律体系的建成；社会主义法治理念。这部分是教学的重点，通过对中国特色社会主义法律体系的形成道路进行分析，并结合三年来学习的部门法的相关知识，以形成对中国法制建设走过的道路的深刻认识；对社会主义法治理念的学习和探讨，特别是通过对中国选择法治的意义、社会主义法治核心理念问题，社会主义法治形式要求、制度要求、理念要求、观念要求、司法理念等的讲解分析社会主义法治理念对中国当下的意义。

（二）教学目的与手段的关联性

通过第一单元启发、回忆、联想的手段，引导学生对法理学与其他部门法之间的关系进行分析、梳理；通过第二单元刺激、认识、思考的手段，培养学生的理论分析能力和科研拓展能力；第三单元通过方法对比，加强学生法律思维的学习与训练；第四单元，通过主题深入探讨，树立学生法律信仰；第五单元，通过对中国特色法律体系和法治建设实践的认识，树立依法治国的信心。教学目的和手段体现由浅入深、体系连贯、逻辑性强，使教学遵循系统化、组织化、层次化、明晰化的特点，打造学习的立体空间，体现组织系统化的课程定位。

（三）教学方法关联性

讨论、观摩、专家讲座、教师引导、角色互换、学生主题演讲、平台延伸等教学方法，展现教学层次递进、深入的特点，体现教学主体多元化的教学方法改革。

四、教授与信息库系统的关系分析

（一）知识合法性渊源——认知价值的指示性陈述

大学本科课程教学中，教师的作用是主导性的，教师是知识的主要传授者，经过多年的知识积累（教师的本科、硕士、博士阶段的学习，教学工作、科研工作的长期积累)，教授就是信息库系统。在这个信息系统中，存储着大量共同信念、集中智慧的知识，可以认为这些知识具有“合法性渊源”。“知识合法性”不是指知识是经过立法机关、立法程序颁布的，而是指以认识论为基础的建构主义的知识体系。这个知识体系经过科学认识、经验验证，不仅具有专门性、技术性、权威性、稳定性和坚韧性，当它上升为规则、制度、标准后，便具有了普遍性和绝对性，成为知识的共识和进行科学研究的前提。教师的主要职责是将这些合法性知识对学生进行认知价值的指示性陈述。缺少这些基本知识的基础与铺垫，直接让学生主导课堂，学生的知识体系的构成缺乏坚实的基础，课程教学也会成为无源之水、无本之木，达不到教学目的与教学效果。教师要很好地把握讲授机会，集中、高效地将具有普遍意义的知识传递给学生。在法理学进阶教学中，善法、恶法的判断标准、自然法学派和实证法学派关于法及法律的观点、权利与权力的不同学说、法律价值的基本认识、社会主义法治理念等每一个教学课程单元，教师都承担知识的主要传递者的角色，这是本科生通过直接学习获取间接经验的大学教育的主要方法，也是大学生专业知识与素质培养的基本要求。

(二)知识探讨性发展——实践价值的规定性陈述

大学课程教学最主要的目的是对学生知识能力的培养。知识能力是发现、探索、调整、解构、重建、修正知识的能力和理论研究能力。它是在问题主义的基础上具有批判精神。知识能力强调对动态过程知识和真理的多元发展与知识合理性的分析。“知识问题的根本旨趣在于实践问题，哲学关于‘物的追问’实质是对人进行的追问。”大学课程教学担负着高级人才培养的目标和使命。因此，大学课程教学中，教授不仅仅是信息库系统，教师在传递具有认知价值的知识的同时，要引导学生进行实践价值的知识探讨，教师要承担知识探讨引导者的角色。

法学是一门实践性科学，虽然法理学相对于其他部门法学具有很强的理论性，但是，法理学对于法学理论的研究全部来源于法律实践。在每一个单元的课程设计中，都有与社会实践紧密联系的探讨性主题，这个主题由教师和学生共同完成。如认识论单元中权利冲突与权力在中国的演变、权与法的关系，就是实践性很强的主题，在对知识进行整理和完善过程中能够引起师生的强烈共鸣。在教师传递性陈述、引导性启发之后，学生针对社会时弊进行的学术探讨无疑将课程内容与效果推向比较理想的状态。在价值论单元课程教学中，本来相对高深、枯燥的理论学说，通过理论生活化、理论实践化的引导，学生们通过对社会现实的分析，将正义、自由、秩序的认识与理解上升到一个新的高度，不仅树立法律人的信仰，而且激发学生对法学理论进行探索的激情与兴趣。这就是法学的魅力——跟随时代的脚步，向社会公平正义迈进！

（三）把握住“两个平衡”

在课程总体设计中需要注意以下两个平衡的把握。

1. 课时与内容的平衡。法理学进阶课程总课时是32课时，在5个单元的课程内容中，需要科学、合理、精心设计、分配授课时数，使课程重要内容饱满、丰富。虽然表面上看，认识论、方法论、价值论、实践论的课时总数是相同的8课时，但这并不是简单的平均。在法律认识论中，课时的分配分为两部分：第一部分主题有两个，即法理学与部门法的关系；法理学的意义。由于这部分需要学生的回忆、联想、探讨等积极参与，所以，应该有充分的时间。认识论的第二部分，探讨的主题具有理论意义与现实意义。从理论层面，对自然法学派、实证法学派的观点，对马克思主义法学观点，对善法、恶法的评判标准的讨论；从实践层面，对权利本位的认识与发展，对权利冲突的化解；对权力本位的中国演变，对权与法的分析、对合理不合法、合法不合理现象的探讨，讲授这些内容4个课时并不充裕。在方法论单元中，需要观摩影片《马背上的法庭》，需要法官进行讲座，这样，结合对西方两大法系法官思维的分析，中国司法实践中法官逻辑思维的认识，特别是对马锡五审判方式的分析，8个课时才能保证达到以上目的。在价值论单元中，提前布置学生课余时间观摩影片《肖申克的救赎》《秋菊打官司》《黑暗骑士》《阿甘正传》等影片以及孙志刚案等资料，课堂上让学生主题演讲。由于大学三年级的学生对正义、公平、自由、秩序有了一定的认识，因此这部分教学中学生积极性最高，课堂效果最好。在实践论单元，主要是通过对中国社会主义法律体系的形成与社会主义法治理念的分析，将法理学的意义升华。8课时的时间使这部分课程内容饱满。

2. 角色与方法的平衡。在教学方法的改革中，应该注意教师与学生角色的转换。但是，应该把握一定的平衡。如果教师只把课堂交给学生，大多数课时全部由学生主宰，或讨论、或观摩、或主题演讲，教师若不参与学生互动中，就会事与愿违，学生就会感到无趣，达不到预期目的；教师就会偷懒，使课堂教学水分增多，达不到良好的教学效果。在学生主导的主题演讲或讨论中，教师要随时随地提问、引导，通过合法性知识对学生的偏差予以纠正，这样才能使学生注意力集中，才能使学生的认识深入、开阔，达到由教师自己授课的目的与效果。教学方法的改革采取讨论、观摩、主题演讲、法官讲座、辩论、庭审等方式，但是应该做到方法的平衡。所有的方法是为课堂教学服务的，方法的采用必须严格配合课堂教学内容，这就需要教师与学生、专家及时沟通，共同研究教学内容的安排。方法的使用要适时、适度、适用。

五、教学效果分析与检验

（一）教师对课程的评价

教师对课程的评价（见表2）可通过对学生的考察，分析法理学进阶教学的知识点是否为学生所掌握；学生法学的思维能力是否有所提高；学生对法学方法的掌握是否娴熟。

考核在教学过程中占据着十分重要的地位，在端正学生的学习态度、明确学生的学习目的和激励学生正确有效的学习方面起着至关重要的作用。本课程对教学全过程采用综合考核方式进行考核，从学习态度、讨论发言、完成作业、期末测试四个方面来给学生最终评定成绩。其中，学习态度主要以学生对待各项学习内容的认真程度来考核；讨论发言从学生在课堂与课下的发言积极程度和语言的表达能力、内容的思想性等方面进行评判；完成作业则主要考查学生完成作业的质量，包括阅读书籍与文章、进行案例分析等；期末测试除了采用闭卷考试外，还尝试采用半开卷、半闭卷和全开卷的考核方式，以克服学生的短期行为，促进学生综合素质的培养，提高解决证券法律领域实际问题的能力。

（二）学生对课程收获的评价

这部分包括学生是否收获对这门课的期待利益；对课堂教学是否充满喜悦和享受。

（三）学生对教师的评价指标

学生对教师的评价指标(见表2)包括数字内容、教学方法、教学评价和教书育人。

表2　教学评价及标准

教学评价		评价标准
教师对课程的评价		法理学进阶教学的知识点是否为学生所掌握
		学生法学的思维能力是否有所提高
		学生对法学方法的掌握是否娴熟
学生对课程收获的评价		是否收获对这门课的期待利益
		对课堂教学是否感到喜悦和享受
学生对教师的评价指标	教学内容	课程内容娴熟、运用自如，对问题的表达简练准确、重点突出、思路清晰
		专业知识渊博，注重精选内容
		善于联系实际，理论实践并重
		举例典型，关注社会热点，对问题的讲解透彻，注重学生个人能力的培养
	教学方法	实施启发式、讨论式、研究式为主的教学方法，取得了良好的效果
		形成了同学积极踊跃发言、交换看法、沟通思想的良好氛围
		讲课精神饱满富有激情，有感染力，能与学生进行交流，充分调动学生情绪，课堂气氛活跃
		与学生进行多种形式的交流，学生积极参与，教学针对性强
	教学手段	善于科学、合理、有效地使用教学辅助手段，教学课件精美
	教书育人	教师治学严谨，法学素养精深，对教学工作富有热情，对学生总是循循善诱、诲人不倦

1. 教学内容。课程内容娴熟、运用自如,对问题的表达简练准确、重点突出、思路清晰;专业知识渊博,注重精选内容;善于联系实际,理论实践并重;举例典型,关注社会热点,对问题的讲解透彻,注重学生个人能力的培养。

2. 教学方法。实施启发式、讨论式、研究式为主的教学方法,取得了良好的效果;形成了同学积极踊跃发言、交换看法、沟通思想的良好氛围;讲课精神饱满富有激情,有感染力,能与学生进行交流,充分调动学生情绪,课堂气氛活跃;与学生进行多种形式的交流,学生积极参与,教学针对性强。

3. 教学手段。善于科学、合理、有效地使用教学辅助手段,教学课件精美。

4. 教书育人。教师治学严谨,法学素养精深,对教学工作富有热情,对学生总是循循善诱、诲人不倦。

高校课堂教学模式改革探析

财政税务学院　李红霞 姚东旭

【摘要】随着高校教育改革的不断深入,人们越来越认识到,一所高校要在竞争中立于不败之地,必须具备“人无我有,人有我精,人精我强”的办学特色。学校“特色”除了表现为独特的办学理念和文化氛围外,核心竞争力则体现在学校独具特色的教学模式。课堂教学是高等学校实现自身教育理念,培养应用型、复合型人才的重要手段。课堂教学改革作为人才培养模式改革的重要组成部分,是衡量高校办学水平与质量的一个重要标志,也是高校品牌创建的一个重要资源。课程教学改革的重要原则应充分体现人才培养目标的要求,本文通过对高校课堂教学存在问题的分析,借鉴国外高校课堂教学和创新人才培养的成功经验,对中国高等教育基于人才市场需求的课堂教学的创新提出建议。

【关键词】特色　挑战　创新　改革

一、课堂教学改革的必要性分析

在国内外高校竞争日益激烈的今天,高等教育面临的任务十分迫切而又艰巨,传统的教育价值观以及中国现行的教育体制,对大学生创新精神和创造能力的培养还存在一些误区,这在一定程度上阻碍了创新人才的培养。课堂教学在教育平台中起着举足轻重的作用,如何改进大学课堂教学模式,培养社会需要的高素质大学生成为国家教育部门、高等学校共同关注的焦点,探索培养学生创新能力的大学课堂教学模式改革势在必行。

“师者,传道、授业、解惑也”,课堂教学的“三尺讲台”是师者传道解惑非常重要的环节,也是学生获取专业知识、开阔眼界、增长才干的主要渠道。因此,高等学校教育观念、专业设置、课程体系、教学手段、质量监控评价等各个方面的改革都离不开课堂教学模式的创新。然而,中国目前高校课堂教学现状不容乐观,从最能检验课堂教学效果的学生到课率看,尽管近些年来经过教学改革有所改观,但总体上仍不能令人满意。据《中国青年报》一项社会调查显示:有 84.7%的受访者坦言,当前大学生逃课现象非常普遍。问及“逃课”的原因时,有 59.9%的人认为高校考核“严进宽出”,大学文凭很好“拿”;也有 58.8%的人认为高校“很多课程枯燥无味”,没有吸引力,提不起兴趣;有 48.1%的人认为主要原因还在学生一边,将原因归结为“学生缺乏自制力和进取心”;还有 38.2%的人认为“很多学生不喜欢所学专业”,与一些学生是调剂生有关。这些调查数据表明,尽管大学生逃课的原因有多种,但也说明课堂教学确实存在一些弊病和问题,必须引起高校足够的重视和深刻的反思。

人才培养模式是遵循人才成长规律和社会需要,为受教育者构建的知识、能力、素质结构以及实现这种结构的总体运行方式。有什么样的人才培养模式,必然有与其相对应的培养过程,人才培养模式反映了培养过程中各环节的最优化设计,规定了人才培养的时代特征并体现了一定的教育思想和教育理念。课堂教学一直是中国高校人才培养的重要模式,随着经济全球化和科学技术的发展,课堂教学的弊端也日益凸显出来。传统的课堂教学已日渐背离时代的发展,不利于市场对人才的需要及创新型人才的培养,必须尽快向以学生为主体的开放式、互动性的课堂教学模式转变。《国家中长期教育改革和发展规划纲要(2010－2020 年)》中指出:“高校学生适应社会和就业创业能力不强,创新型、实用型、复合型人才紧缺。”为了顺应时代发展和人才培养要求,各高校都在积极采取一系列的应对措施,其中加强课堂教学改革,进行课程体系和结构调整等是其中重要的改革内容。

二、高校课堂教学存在的问题与原因分析

(一)课堂教学与人才培养目标相脱节

哈佛大学前校长陆登庭提出:“新世纪最好的教育模式是有利于学生形成创新性思维品质,使学生更善于思考,更有追求的理想和洞察力。”高校人才培养目标是培养复合型、创新型人才,而传统的课堂教学方式与创新性人才培养的目标要求存在显著差距。目前课堂教学仍以知识传授为中心,以“教室、教师、教材”为中心,教学内容、教学手段和教学方法的组织形式落后。课堂教学还基本上是“满堂灌”和“一言堂”,还没有摆脱老师“讲”、学生“听”的传统教学模式。教学过程单向,往往以教师为中心,而忽视了学生学习的主体性和能动性,没有给学生的个性发展提供空间,没有给学生的批判、创新思维培养提供环境和氛围。

课堂教学以传授知识为载体满足各学科的教学需要,虽然省时、省力、见效快,对系统地传递知识效果明显,但是从长期来看,这种传统的教育方式却不利于培养学生的创造能力和创新思维。“创新”是人类特有的认识能力和实践能力,是人类主观能动性的高级表现形式,也是推动社会发展的强大动力。培养创新型人才的素质主要包括培养学生创造性思维和创造性人格,显然,这都必须要有适合的教学模式来培养和熏陶。随着全球经济化、科学技术的发展和信息化时代的到来,传统教学方法越来越不适应时代的要求。无论在哪个专业领域,一味用“灌输”的方法试图将全部知识传递给学生,在信息大爆炸的时代是难以做到的。因此,要培养具

有创造能力的人才,就必须改变传统的教学模式。

(二)课堂教学模式存在教学主体错位和缺位现象

西方大学普遍实行以“问题为本”的互动性教学改革,教师在整个教学过程中主要是协助和培养学生发展独立自学的态度及方法,在整个教学过程中要真正体现出以“学生为主体”的教学理念,而中国高校却存在学习主体错位和缺位的现象。

所谓高校教学主体错位,是指高校师生关系存在着师生角色定位不准确的现象。现在的教学模式基本上还没有改变老师“教”、学生“学”的“填鸭式”模式,并没有真正地实行互动式教学。学生因长期在灌注式的教学方式中成长,养成了被动学习的习惯,缺乏创新、缺乏主动学习的态度。“被动接受”这一陈旧僵化的授课形式,缺少可贵的互动交流、思维激荡和探究创新的课堂教学氛围。

所谓学习主体缺位,是指在课堂教学过程中,由于多种原因造成学生事实上没有参与课堂教学活动的现象。具体表现为显性缺位和隐性缺位:由于某种客观原因而未到课堂上课,称为显性缺位;而学生已走进课堂,却并没有进入到学习状态,成为没有进入到学习角色的学习主体,称为隐性缺位。学习主体缺位的深层原因之一是把学生只看成是“听众”和被动接受的群体,忽视了学生学习的主动性、自觉性。传统的教学方式,只把教学过程看成是单一的信息输出过程,忽视了师生之间的双向交流,排斥教学互动。缺乏讨论式、参与式、问题式和研究式的教学法,使学生处于被动的“听、写、背、考”的恶性循环中,意识不到自己应是学习的主体,不利于激发学生的潜力、想象力、进取心、自信心,以及团结协作等优秀的人格品质。

(三)课堂教学模式与市场对人才的要求存在显著差距

在当今科技高速发展的知识经济时代,具有创新素质和能力越来越成为社会和用人单位衡量人才的标志,也形成了新型的人才培养观和质量观,同时对高等教育也提出了新的要求。在以前特定的发展阶段和社会背景下,传统的课堂教学方式能够满足知识的传授和市场的需要,因而具有存在的合理性。但传统的课堂教学方式显然已不适应现代社会对除知识以外的能力和综合素质的要求。目前,人才培养的重点就是要强调“创新思维”的养成,即强调不墨守成规,打破现成、常规思路的束缚,寻求对问题的全新的独特性的解答。当前,大学生就业形势较为严峻,学生就业压力很大,但现实中却存在一种错位的现象:一方面,不少大学毕业生难以找到合适的就业岗位;而另一方面,不少用人单位却难以聘用到符合要求的人才。这种错位现象产生的主要原因之一,就是一些学生在就业双向选择和用人单位考核中,没有表现出独立思考、创新思维的优势,语言表达、随机应变的能力欠缺,以及分析问题和解决问题能力不足,而传统的课堂教学方式恰恰反映出对创新性人才培养的支撑不足和后继乏力。就经济社会发展对人才类型和标准方面的要求而言,“满堂灌”“一言堂”的传统教学方式显然培养不出与之相适应的创新性人才。因此,必须克服传统课堂教学方式存在的弊端和问题,不断推陈出新,打破传统的课堂教学模式,这样才能培养出社会需要的高素质人才。

(四)课堂教学模式与国际化人才培养的要求存在显著差距

在当前高等教育国际化发展潮流中,从相同的教学法的角度来衡量,与一些发达国家名校相比,中国高校课堂教学和人才培养方式仍有很大差距。西方大多高校的授课形式灵活,教师善于从教学内容、方法和手段等多方面调动学生的学习积极性,使他们主动参与教学过程,从而提高独立思考的能力。在美国高校,教师十分注重在讲授该课程内容之前简明扼要地介绍该学科的发展现状、尚存在的争论以及对人们生活的影响等以激发学生的兴趣;在教学时留有足够的时间让学生去阅读、思考和提问以提高学生分析问题和解决问题的能力。他们甚至常常鼓励学生提出对权威理论的批评性意见,并就此意见与学生进行讨论。在哈佛的教学过程中不设立唯一正确的答案。哈佛大学一直认为,正确答案绝不是唯一的,在教学中应重视培养学生如何适应形势变化,去寻找更好的答案,教师应鼓励学生在分析问题中充分表现自身价值,增强自信,发挥自己的创造性思维。

因此,在国际化人才培养的背景下,不但要注重借鉴国际经验,加强与国际名校人才培养模式接轨,还有必要在高等教育国际化竞争的格局中,从国际化和创新性人才培养的过程来改进课堂教学模式,着力提高课堂教学和人才培养的质量,从而进一步缩小与世界名牌大学之间的差距。

四、完善课堂教学模式的措施

(一)树立以"学生为本"的教育理念

2005 年,钱学森先生提出了令人深思的"钱学森之问":为什么当代中国培养不出大师,培养不出创新型人才?这是关于中国教育事业发展的一道艰难命题,需要整个教育界乃至社会各界共同破解。它是沉重的,也是不容回避的。培养创新性人才有着穿透时空的历史共鸣和期待,它是当前高等教育改革面临的核心议题,也是深化高校课堂教学改革的目标方向。在高校课堂教学中,应树立以"学生为本"的教育理念,推进教学模式从以"教师"为中心向以"学生"为中心转移。也就是说,学生是教学的主体,老师是教学的引导者,师生应该建立一种宽松的教学氛围。老师应该与学生主动交流思想,鼓励学生提出不同的观点和看法,并且在一些学术性问题上,老师不应随意批评学生的观点,抑制其创新性的发挥。授课时,老师应提出问题,点到为止,从而给学生留下较大的思维空间,激发学生的学习主动性和创造性,提高其分析问题和解决问题的能力。对于学生的一些不成熟的观点和看法,老师应给予积极的指导和鼓励,培养学生的创新意识和创新思维,从而营造民主的教学氛围,真正确立学生的主体地位。高校课堂教学改革要强调创新与发展,摒弃过去那种机械的“填鸭”式教学，以利于学生创新性思维的形成和发展。要使课堂教学改革与整个教学体制改革互为促进，大胆进行教学体系和课程内容的改革，摒弃过时的和与现实要求对立的成分，设置和完善新的教学体系和课程内容，建立整体功能优化的培养机制，由知识继承型教育转化为知识继承发展型教育。

（二）采用多种形式的课堂教学方式

希腊普鲁塔戈说：“头脑不是一个要被填满的容器，而是一个需要点燃的火把”。在课堂教学中要点燃学生思考问题的“火把”，必然需要教师具有高尚的人格魅力，上课要有激情和感染力，要对教师这份职业保持高度热情。正如台湾作家龙应台女士所言，一个具有良好人文素养的教师会具有人格魅力。高校教师应在充分考虑教学活动、教学对象特殊性的前提下，采用更多启发式、互动式、案例式等教学方式，同时，进一步提高教师驾驭课堂教学的能力，促进教学风格的多样化。课堂教学可以采取以下教学方式。

第一，互动式教学。强调课堂教学注重启发、引导，重在激励，通过不同的途径激励学生学习的主动性和积极性。提倡以“问题为本”的互动性教学改革，教师在整个教学过程中主要是培养学生独立思考的主动性和积极性，在整个教学过程中真正体现出以学生为主的教学方法。它通过学生与教师、学生与学生之间的提问、讨论等互动形式，有效地变授课为“对话”，增强学生主动思考和知识综合运用的能力。

第二，案例式教学。其关键是教师通过设计案例结合现实变“授人以鱼”为“授人以渔”，通过案例教学，教师用生动鲜活的案例帮助学生认识、解决现实问题的思路和方法，加深对重要观点、原理的理解，充分发挥他们的想象力和创新力。

第三，启发式教学。课堂教学中应注意教学内容不但来源于课本，还要超越课本。要注重基本教学内容深层次的内涵，追求教学内容的深度，这不仅可以帮助学生加深对基本教学内容的理解，而且可以激发学生的钻研和创新精神。通过启发式教学，将现有知识体系中不同的观点、发展的趋势、存在的问题传授给学生，引导学生追踪本学科专业领域不同学术观点和学术前沿动态，进而有效地促使学生形成主动学习、主动思考和提出问题、解决问题的意识与习惯，提高学生自主研究和独立探索的能力。

（三）课堂教学形式与内容间的相互促进

推进教学从课堂内向“课堂内外结合”方向转移。课堂教学改革不仅要重视课堂内的教学设计，充分用足、用好课堂时间，更要重视引导学生设计、运用好课外业余时间，鼓励学生课后自觉、主动地阅读、消化、思考问题，并为下次课做好充分准备。此外，推进学生从“要我学”向“我要学”转移。不可否认，这一“转移”是课堂学习的最高境界，也是最难实现的一种转移，它是优化课堂教学、强化学生内在动力的成果体现。一方面要切实推进教学中心的转移，实现课堂内外教学的紧密结合；另一方面要进一步充分挖掘学生潜能，尊重学生的兴趣和爱好，调动学生学习的主动性和积极性，改学生被动学为主动学，使学生进入"知之者不如好之者，好之者不如乐之者"的"乐学"境界。

在课堂教学中，教学内容与教学形式要相辅相成、相得益彰。不断优化教学内容是实施教学方式改革的前提，改革教学方式是实现优化教学内容目标的保证。特别是改进教学方式要避免两种不良倾向：一是从一个极端走向另一个极端，由原来"重内容、轻方式"的一端走向"重方式、轻内容"的另一端，这样做顾此失彼，收效甚微；二是只图表面光鲜，实际不得要领。在内容优化和方式改进同步推进的过程中，不能流于表面上光鲜，只重方式不注重时效。比如，多媒体教学手段的泛滥运用，有的只是形式上的"热热闹闹"和多种教学方法的浅尝辄止，手段与效果不对称，形式大于内容。因此，课堂教学改革要注意促进教学内容与形式的有机结合，要注重人才培养的实际成效，使课堂教学真正成为学生个性发展、能力提升和身心健康成长的平台。

参考文献

[1]姚聪莉，任保平．国外高校创新人才的培养及对中国的启示[J]．中国大学教学，2008(9)．

[2]经管类人才创新培养模式成金字招牌[J]．南方周末，2008(6)．

[3]赵居礼，殷锋社．创新人才培养模式 培养高质量技能人才[EB/OL]．新浪网，www. sina. com. cn.

[4]邓幸涛．创新人才培养模式 建设一流开放大学[EB/OL]人才培养模式专题研讨会综述，新浪网，www. sina. com. cn.

[5]顾健民．创新人才培养模式，培养拔尖创新人才[J]．浙江大学教育研究，2009(1)．

[6]毛玉环．构建创新人才培养模式，培养"三能"人才．新浪网，2009－05－12.

[7]唐玉光，房剑森．高等教育改革论[M]．南宁：广西师范大学出版社，2002.

[8]吴遵民．现代中国终身教育论[M]．上海：上海教育出版社，2003.

“信任管理”课程改革探索

金融学院　高杰英

【摘要】在坚持“立德树人”的培养理念下，本文通过对“信任管理”课程沿革与目标、课程内容的改革、课程内容及定位、课程的教学方法以及考核方法的全面分析与改革，探索“信任管理”课程设立的意义、特征以及适合的教学方法，以进一步提高课程质量，实现“立德树人”的最终目标。

【关键词】课程目标 课程内容 教学法 教学评价

十八大提出了教育的首要目标是“立德树人”，高校中也兴起了素质教育的热潮。“中国文化概论”“西方文明通论”“礼仪与社交”“从爱因斯坦到霍金的宇宙”“从愚昧到科学”“科学技术简史”“数学的思维方式”“中华诗词之美”“西方文化名著导读”“用经济学智慧解读中国”“中国经济热点问题研究”等课程进入了我校通识选修课。纵观所有课程，缺少一门解读“信任”的课程，而信任问题在我们的日常生活中又何其重要，在我们社会信任度下降的年代又何其重要。因此，笔者于2013年设立“信任管理”课程，以期在众多的素质教育课程中添一份务实的理性思考课程。

一、“信任管理”课程沿革及目标

（一）课程沿革

本课程是基于金融学院“现代信用学”“企业信用管理”和“信用管理”课程基础上开设的通识选修课程。“现代信用学”作为信用管理专业方向的基础专业课在我校开设已经有8年的历史，为金融学培养方案（2009版）中的专业必修课程、2013版培养方案中的金融学专业的专业选修课程。2005年开始开设，授课对象为金融学专业本科生，目前每年授课人数为100人左右。“信任管理”课程主体是基于“现代信用学”课程扩展、演化而来。“企业信用管理”为金融学培养方案（2009版）中的专业选修课程，2005年开设，授课对象为金融学专业本科生，每年授课人数为70人左右。“信任管理”为金融学院金融专业硕士生选修课程。在这些课程的基础上，设立“信任管理”（2013版培养方案）作为通识性选修课，面对全校大学二年级、大三年级学生开设。

由于信用问题的核心在于信任，而信任问题正是中国社会主义市场经济、政治、文化等各领域共同面临的一个问题。因此，在信用分析的基础上，本课程进一步挖掘信用的核心机制——信任机制，通过对信任机制的形成、信誉等问题的经济学角度的分析，使学生能够辨析社会经济现象背后的信任机制，对信任程度高低以及成因有明确的理论分析能力，对失信现象有自我判断能力，最终在自己的生活中树立诚信观念。信任机制也是现代经济人所必然面临的问题，从个人信用卡到微信支付，网络正进入我们的经济生活，从经济视角来分析我们的现实生活有着非常重要的意义。

（二）课程目标

"信任管理"课程的总目标就是理解信任有关理论，从政府信任、企业信任到个人信任，从制度信任到人际信任，这些日常大家都能够谈论一点、知晓一点的社会现象背后的理论解释何在？本课程教会学生运用理论思辨地分析当前的各种社会现象，看到社会现象或者是某些习俗背后的经济含义以及经济机制，从而提高个人思想素养，形成严谨的逻辑思维能力和较为科学的行为准则，最终实现"立德树人"的目标。

"信任管理"课程的具体子目标有三。第一是系统掌握信任理论，能够用思辨的方法理解西方经济学、制度经济学以及金融学的研究视角以及研究方法。对政府、市场、企业和个人的信任有深刻的理解。第二是在实践应用上，使学生通过教学讨论和综合案例分析，尤其是通过参加辩论，学会如何用理论进行思辨并且锻炼学生的表达能力。通过辩论的竞赛原则设定，提高学生对自我综合素质能力的关注度。第三，提升学生独立思考的能力，注重生活过程中人际信任的培养，学会企业、组织间信任的建立以及企业、组织内部的信任培养，最终能够提高个人在素质修养以及工作能力上的信誉。

二、"信任管理"课程定位及内容

（一）课程定位

"信任管理"是为经济学高年级本科生开设的包含社会学、经济学、金融学知识的选修课程。通过课程的学习，加深学生对信任现象、信任机制以及信任评价与信任风险管理的综合认识，培养学生采用古典经济学、制度经济学等经济学思维方式分析无所不在的社会信任现象，通过揭示信任的重要作用提高学生诚信意识。课程建立在微观经济学、宏观经济学以及金融学的基础上，为将来进一步进行信用管理研究提供基础。通过课程的讲授，普及纳什均衡中的个体理性不能达到群体理性的思想，提高学生的合作意识。通过课程的讲授，使学生掌握信任的基本原理以及个人、企业和政府信任建立的过程以及风险防范。通过课程的讲授以及学生参与辩论，提高学生运用经济理论分析问题的能力、用学术语言表达思想的能力。

在以上课程定位的基础上,凸显“信任管理”课程的三大特色:第一,熟悉而陌生的教学内容。大家对信任耳熟能详,但是如何从经济学视角看待社会中无所不在的信任现象?本课程揭开了信任视角的经济学解释,系统、全面地分析了广泛存在的信任现象。第二,深入浅出的分析方法。信任机制的演化基于不完全信息动态博弈下的精炼贝叶斯纳什均衡,货币则演变成为政府信任的一种简化机制,课程以常见的现象为突破口,揭示其后存在的深刻原理,便于理解。第三,教学互动的教学方法。通过课程辩论、问卷调查以及游戏互动等多种方式激励学生用理论分析社会现象,锻炼自主学习,提高运用知识的能力。

(二)课程内容

“信任管理”共六章的内容,前二章主要从信任的概念及表现、信任的作用与来源、信任的度量三个方面来介绍信任理论。第一章从词源上、心理学上、经济学上对“信任”进行了比较,确认经济学的学习研究视角。信任是一种社会现象,它具备以下要素:第一,时间差与不对称性。行动和兑现较之诺言和约定必然是置后的。言与行,承诺与兑现之间存在着时间差,信任者与被信任者之间存在着某种不对称性。第二,不确定性。具备了确定性,就不会存在风险与应对风险的这一特定方式,也就不能称为信任。第三,因为没有足够的客观根据,信任属于主观的倾向和愿望。信任者因为施与了信用(以偿还为条件的价值的单方面转移),从而处于风险状态中,被信任者则需要经过长期的过程来不断累积自己的信誉,从而最终取得信任者的信任。由此,课程介绍了信任中基于被信任者与信任者的有关信任理论——信誉理论和信用理论。第二章介绍信任机制,包括信任的产生、信任的作用以及存在的信任风险。信任最常用的分类是特殊信任和普遍信任,特殊信任来自于稳定的外在环境、熟人以及多次反复的博弈过程,而普遍信任往往基于制度、基于大环境的信任。第三章至第六章分别针对个人信任、企业信任以及国家信任进行阐述,分析各个主体如何增强其可信程度。第六章介绍信用市场。随着金融市场的不断完善,信任关系的货币化、数字化现象越来越显著,信任关系以各种信用产品的形式被交易、流动。本章主要介绍了直接的信用市场——债券市场和信用衍生市场,并对信用市场及其衍生市场的风险进行了解释。通过课程的讲授,全面介绍了构建社会信任体系的各种因素,从完善信任机制的角度着手,通过建立相应的机制,不断增进社会信任度。

课程按照 16 周,32 课时展开,其中 24 课时主要由教师讲授信任原理、信任机制以及个人、企业、政府信任的管理;8 个课时用于学生教师讨论交流,用信任理论对社会现象进行分析,这其中通过 6 个课时的辩论课程,提高学生自学以及运用所学进行思辨和表达的能力。具体安排如表 1。

表 1　教学课时分配表

序号	章节内容	讲课	讨论	合计
1	第一章信任的概念及其表现——第一节信任的概念	2		2
2	第一章信任的概念及其表现——第二节信誉理论和第三节信用理论	2		2
3	第二章信任机制——第一节信任的来源和第二节信任管理	2		2
4	第二章信任机制——第三节信任风险的度量及管理	2		2
5	辩论:阅历深的老年人与阅历浅的青年人谁更信任别人?		2	2
6	第三章个人信任与社会信任——第一节个人信任的形成和第二节社会信任的形成	2		2
7	第三章个人信任与社会信任——个人信任与社会信任的管理	2		2
8	第四章企业信任的形成与管理——第一节企业信誉的形成和第二节企业信用的演变	2		2
9	第四章企业信任的形成与管理——第三节企业信任管理	2		2
10	辩论赛:公务员财产公开制度是否应执行?		2	2
11	第五章政府信任的形成与管理——第一节国家理论和第二节财政信用	2		2
12	第五章政府信任的形成与管理——第三节货币信用	2		2
13	第六章信用市场——第一节直接信用市场	2		2
14	第六章信用市场——第二节衍生信用市场	2		2
15	辩论:比特币 2015 年能成为货币吗?		2	2
16	答疑、讨论及提交论文		2	2
合计		24	8	32

三、"信任管理"的教学方法

除了课堂中教师讲授外,主要通过课程讨论及大量阅读的方式引导学生自主思考。

(一)课堂辩论

因为信任既是一个理论课题,同时也是现实生活中随处可见的社会现象或人生态度,学生对此都有着朴素的认识。因此,结合专业课程的讲授,通过辩论赛的形式充分调动学生参与学习的主动性,并将辩论结果计入学生的平时成绩。整个课程中设计三个辩论环节,辩论题目可以依据当前社会典型现象,结合专业学习重点提出。例如,目前网络上流行"比特币",针对金融学院学生,结合货币信任机制和国家信任机制的讲述,可以展开"比特币能否成为货币?"的辩论。针对现在社会信任度低的现象,展开"阅历深的老年人与阅历浅的青年人谁更信任别人"的辩论,推动学生开展实际调研活动。针对国家社会体系改革热门话题进行“2014 年国家是否应该推行公务员财产公开制度”的辩论。通过辩论前的小组讨论，不仅推动学生进行自我阅读、自我搜寻资料，而且能够推动学生参与实践，鼓励学生通过调研获得强有力的证据支持自己的辩题从而锻炼实践能力，而且通过参与辩论提高自己的知识运用能力、表达能力以及交流沟通能力。

（二）课后阅读

针对目前学生阅读少、思考少的现状，提供大量相关阅读材料，要求学生课外阅读并撰写图书笔记。首先要求学生掌握科学的阅读方法，明确阅读的四个层次：基础阅读、检索性阅读、分析阅读和主题阅读。作为高年级的学生，理论上专业基础阅读的工作已经完成，具备了最初的专业基础，但是实际上很多学生并没有开始专业的阅读，而仅仅是为了考试而读书背书，不少经济领域耳熟能详的名词还未扫盲。针对此现象，提醒学生开始基础阅读，同时要求已经具备基础阅读能力的学生开始检索性阅读。课程要求学生在课后每星期看 1 本书，阅读书目见表 2，课堂前 10 分钟，请 3～4 位同学分享其在课下的阅读，开始学会检索性阅读，即快速掌握一本书的主要思想、主要内容、表述的方式方法以及自己对于本书有关主题的收获、领悟或者思考。针对信任主题，通过教材、结合上课内容，带领学生进行分析阅读，让学生掌握分析阅读的方法，体会基础阅读、检索性阅读对分析能力的提高。最后确定主题，要求学生提交论文。学生根据论文要求通过学校图书馆资源，自主检索与主题相关的文献，进行文献综述，确定研究方法，就有关问题展开自己的分析。

表 2 “信任管理”阅读书目

序号	阅读书目	阅读目的	针对《信任管理》章节
1	高杰英著，《信任管理》	掌握“信任管理”的理论框架体系	
2	郑也夫著，《信任论》，北京：中国广播电视出版社，2006.	充分理解信任的定义	第一章
3	吴晶妹编著，《现代信用学》，北京：中国人民大学出版社，1999.	掌握信用的理论体系	第一、三、四、五、八章
4	孙磊著，《信用体系演化的经济学分析》，北京：中国金融出版社，2010.	理解社会信用体系的变迁	第一、第八章
5	关建中著，《国家信用评级新论》，北京：中国金融出版社，2011.	理解国家信任管理	第五章
6	奥尔森著，李增刚译，《国家的兴衰：经济增长、滞胀和社会僵化》，上海：上海世纪出版集团，2007.	理解国家信任管理及制度的作用	第五、第八章

续表

序号	阅读书目	阅读目的	针对《信任管理》章节
7	弗朗西斯·福山著，彭志华译，《信任：社会美德与创造经济繁荣》，海南出版社，2001.	理解社会信任	第一、二章
8	哈耶克著，冯克利等译，《致命的自负》，北京：中国社会科学出版社，2013.	理解国家信用、市场信任	第五、七章
9	哈耶克著，王明毅等译，《通往奴役之路》，北京：中国社会科学出版社，2013.	理解国家信用、市场信任	第五、七章
10	诺思著，杭行译，《制度、制度变迁与经济绩效》，上海：格致出版社，2008.	理解国家信用、市场信任	第一、五、七章
11	诺思著，钟正生等译，《理解经济变迁过程》，北京：中国人民大学出版社，2008.	理解信任研究背后的制度北京	第一、二、五、八章
12	张夏准著，严荣译，《富国的伪善：自由贸易的迷思与资本主义秘史》，北京：社会科学文献出版社，2009.	比较国家信任、市场信任	第一、五、七章
13	莫提默·J·艾德勒，查尔斯·范多伦著，《如何阅读一本书》，北京：商务印书馆，2014.	如何进行阅读	全书
14	中文阅读文章 80 篇	如何从理论视角进行思考及实证分析	全书
15	英文阅读文章 23 篇	为学有余力的学生接触前沿理论研究提供素材	全书

四、“信任管理”的考核方式

（一）加大过程考核的考核方式

加大平时成绩的考核，考核方式采用平时成绩与期末成绩相结合的评价方式，平时成绩占最终成绩的 50%，期末成绩占最终成绩的 50%。平时成绩由三部分构成：考勤＋发言＋辩论。其中考勤占 10%，发言占 10%，辩论占 80%。期末考核采用论文方式，要求学生针对信任专题撰写规范的综述型论文。评分构成为：规范性

(30%)+内容充实性(50%)+内容前沿性(30%)。

(二)辩论成绩采用学生互评+教师加分的方式

学生分成辩论小组,每个小组的辩论成绩将成为该小组成员的平时成绩之一。本着自我学习的目的,由学生推荐同学担当评委,教师可以给出自己的加分项,三次成绩最后取平均分作为小组成员的最终成绩。针对少部分学生存在偷懒搭便车的行为——既不参加资料的搜集整理,也不参与辩论过程,其他同学出于面子问题迫不得已让其加入小组名单,课程成绩评价还采用学生小组成员互评的方式。通过背对背的评价,尽可能全面公正公平地测评学生的学习过程。参与辩论的测评共进行三次,根据每一次辩论分别做一次,通过前测和后测的比较,还可以发现学生相互测评以及期中的评价能否实现学生的相互促动与自我调整(见表3)。

表3 学生课堂参与辩论的情况

在小组同学准备辩论讨论时	总是	经常	有时	很少	从不
积极参与辩论材料组织与讨论					
积极阐述自己的观点					
关注和努力理解其他同学的观点					
及时礼貌地回应别人					
当对方不理解自己的观点时,尝试多角度解释					
阅读大量材料后才做出发言					
经过辩论没有解决的问题,课后想办法解决					

参考文献

[1] 莫提默·J·艾德勒,查尔斯 ·范多伦.如何阅读一本书[M].北京:商务印书馆,2014.

[2]张萍,涂清运,齐薇,任建英.基于同伴教学法的多元化评价模式研究——以大学物理课程为例[M].中国大学教学,2013(9).

“学术论文的检索与写作”教学改革与实践

图书馆　张桂岩

【摘要】本文通过对我校检索课发展历程的回顾，特别是对该课程教学模式、教学方法的探索与改革，对我校信息素质教育如何取得更好的收效进行思索，以探索信息素质教育创新模式的改革思路。

【关键词】信息素质 教学模式

中国对高等学校信息素质教育源于1984年教育部下达的文件《关于在高等学校开设〈文献检索与利用〉课的意见》，2002年全国高校信息素质教育学术研讨会的召开对加大信息素质教育力度具有划时代意义。长期以来，信息素质教育的主要途径是通过“文献检索与利用”课程的讲授，在30年的发展进程中，“文献检索与利用”（现为“学术论文的检索与写作”，（以下统称检索课）几经起伏，有发展、有低谷、有徘徊。多年来通过对有关检索课教学模式和教学方法的文章进行统计和学习，发现学者对检索课教学的研究包含教学模式、教学改革、教学方法、教材和内容、教学原则和目的、教学的组织管理等各个方面，研读后发现，研究者更注重教学过程中收到的实际效果，更关心学生的接受和收益。笔者从事检索课教学10余年，随着时代的发展不断对课程进行着探索和变革。

一、检索课教学改革的创新思路

我校“文献检索与利用课”从1984年开课至今，对课程名称、授课内容、教学模式和教学方法、考核形式等不断进行着学习和改进，网络环境下的高校检索课，改变了以教师和课堂为中心的教学模式，在教学过程中注重案例式启发式教学的应用，采用网络多媒体等现代化手段和多样化的教学模式，强调以学生为中心的个性化和分阶段教学方式，变学生被动式学习为主动式学习，让学生在轻松、活跃的学习气氛中掌握各种信息源和科学的检索技巧，建立了新的检索课课程体系。

在新的检索课程体系中，教师只是资源的引导者，学生成为主动的思考者和积极的参与者，被强调的是学习的过程，重点放在实习环节，加强课内实习指导，通过专业实例强化检索的基本思路与步骤，最终使学生达到能通过各种检索方法，熟练利用各种检索工具、国内外数据库获取自己所需的知识信息。根据不同的专业设计出针对性强，实用性强的实习题，让学生自由选择实习的题目和内容，或根据需要自由命题，以提高学生实习的兴趣和积极性。

二、改革措施

（一）名称、内容的改变

20 世纪 80 年代开课时，各校都采用教育部文件中所提出的“文献检索与利用”作为授课名称，讲授内容以目录学、分类学基础知识，纸本检索工具书如目录、索引、文摘、百科全书、年鉴、手册等的利用为主，可有效地检索利用所需纸本书刊报。随着信息时代的到来，计算机等现代通信技术的发展，“文献检索与利用”课的内容已不能适应时代的发展，影响了学生的学习热情，各校陆续改名，我校也改为“经济信息检索与利用”，授课内容逐渐由纸本资源的手工检索向计算机检索过渡，信息来源也逐渐扩大，不仅包含馆藏纸本资源的检索，更多地包含了电子资源和网络资源的检索与利用，内容有了质的改变和丰富。为了让学生更直观地感知授课内容，2008 年将课程名称改为“学术论文的检索与写作”，授课内容目标性更强，便于学生理解。

（二）教学模式、授课方法的改革

“学术论文的检索与写作”课为全校公选课程，选修人数不满即自然淘汰，这对任课老师既是一种压力，也是一种激励。图书馆的信息素质课程多年来没有被同学淘汰，说明课程内容的实用性、课程的讲授方式等能被同学们接受，适应了时代的发展。

1. 案例式、启发式教学实践。

检索课是一门实践性很强的课程，需要学生主动参与，主动去发现信息 ，接受性学习与主动参与相结合，最大限度地开发学生潜能。

2005 年前后，网络化发展对“经济信息检索与利用”课的教学内容和方法模式提出了新的要求，为此，教师利用 PPT 等软件将教学内容制作成课件，利用网络化、计算机技术实施多媒体课堂教学方式，注重将典型实例的实际检索情景和每一检索步骤的再现，使原本枯燥无味、抽象性学习的内容更形象和直观，有效地调动了学生学习的主观能动性。尤其是具体检索过程的演示吸引了学生的注意力，调动了学生的学习积极性，而通过专业实例强化检索的基本思路与步骤，最终使学生达到能通过各种检索方法，更加直观地熟练利用各种检索工具获取知识信息。

对课堂教学模式和教学方法的改革经历了 10 余年的历程，基本确定了检索课要以课堂讲授和检索实习相结合，以案例式启发式方法教学，利用图文并茂的 PPT 及网络教学等手段丰富课堂内容，活跃课堂气氛，变学生被动式学习为主动式学习，让学生在轻松、活跃的学习气氛中掌握科学的检索技巧。

2. 嵌入式教学实践。

案例式教学的发展丰富了嵌入式教学法的运用，嵌入式教学法是将特定应用的案例嵌入难以理解的理论中，要求教师通过整合把教学所需要完成的任务集中在丰富的现实案例中，有利于学生的理解和掌握。检索课的最大使用价值是对专业课程及学生完成整个专业课学习起到辅助教学的作用，因此，检索课教师需加强与专业课教师的联系。如何更好地适应学科专业教学与科研的需要，理顺专业课学习与检索课学习的融合关系，是对检索课改革的新要求。要解决这个问题必须加强与专业课教师的联系，努力与专业课学习配套，结合本校学科逐步构建起适合学校特点的检索课课程体系，把检索课作为一种现代信息技术与素养教育的重要组成部分，从实际出发，渗透到各种专业知识学习的过程当中，强化实习与实践教学环节，提高学生的动手和创新能力。检索课只有更贴近学生的专业需求，将信息检索、搜集、筛选、鉴定贴近专业课题研究的实践活动，才能更好地激发学生的学习兴趣，发挥学生主动学习的积极性。教学过程中要将各种丰富的专业元素有机地整合到理论体系的教学中，并将两者和谐搭配，加深学生对检索课的认识与理解，从而提高大学生的信息意识和信息素养。

嵌入式教学法不仅要求教师要有扎实的专业教学基本功，而且要将学科知识有机地嵌入在教学中，通过教师教学的积极引导，培养学生综合运用知识自主学习的能力，使学生信息检索的专业水平得到逐步提高，真正实现检索课的教学目标。

对于检索课这样一门技能性和工具性很强的学科来说，只有将该课程的知识结构、课程内容和实践环节等各个要素有机结合起来，才能达到整体最优化的教学效果。检索课的最佳授课模式应该是从理论到实践，再由实践反馈到理论，不断循环往复，逐渐上升的一个过程。在不同的学习阶段，都应该采取与之相适应的实践训练。它与检索课传统教学模式相比，其优势主要体现在以下三个方面。

(1)从教学方法上看：由传统单一枯燥的讲授法变为与专业课程相结合的教学法。教师在理论教学过程中，有针对性地嵌入专业课程知识与案例，引导学生运用基本理论解决专业课程方面的问题，帮助学生加深对理论知识的理解。嵌入式教学法在实施过程中能够将检索技能与专业课知识案例分析有机融合和协调起来。

(2)从教学程序来看：嵌入式教学模式能够将传统教学过程中的课堂教学在随后的专业学习中得以实践，使专业课程学习过程中对检索实践的需求嵌入检索课整体的授课过程中。两者成为相互依托、相互支撑的有机组成部分，课堂知识在实践过程中得以有效吸收和升华，在教会学生了解相关文献检索知识、技能的同时，增强了其自我实践、自我学习的科研和创新能力。

(3)从教学评价来看：嵌入式教学模式可以很好地将基础理论知识考试与专题作业评价结合起来。对于这门工具性、使用性的课程，专题检索报告要优于试题考试的评价方法。专题检索报告的内容就是展示学生检索、收集、分析和处理文献信息的过程，在完成报告的过程中，使学生真正地掌握信息检索的方法和途径，真正地学会学习，从而有效地达到检索课的教学目的。

检索课教师要培养学生的问题意识，鼓励学生大胆质疑，发现问题、提出问题，自主选择检索课实践课题。对于学生提出的选题，老师一般不多加限制，以开拓学生思路，锻炼学生思维。检索课教学目的不仅仅是让学生知道问题的答案，更重要的是让学生练习遇到问题，收集信息，分析、利用信息，创造、解决问题的过程，培养他们独立学习的能力。

(三)考核方式的改革

以讲授纸本式工具书为主的“文献检索与利用”课，考试方式是闭卷式答题，考查同学们对各个知识点的掌握情况。填空、简答、问答题等传统考试方式，让这门方法课失去了特色，也无从考查同学们对检索方法的掌握情况。随着“经济信息检索与利用”课的内容改革，计算机检索成为重点，考查方式随之改为了开卷式答题，以考查检索方式的叙述为主，但没有借助计算机，而是以笔答的形式进行方法叙述，同学们无需再死记硬背知识点，但授课效果、检索结果、同学的掌握程度很难从答卷中看出；至“学术论文的检索与写作”课开课以来，加大了计算机检索的实习时间，考查方式改为某一论文或课题上机检索，将检索方法、检索结果呈现出来，并撰写检索报告的方式。虽然没有统一的标准答案，但从报告中可清楚地看出同学们掌握信息源的多少以及检索方法和技巧的运用情况，达到了此课的授课目的。

(四)网络教学平台的利用

我们的课程建立在全校网络课程建设平台之上，随时更新课件内容，学生除课堂学习外，可随时上网学习课件内容，随时提问、留言，提交作业等，有了更多的主动性、互动性和灵活性。

三、绩效与思考

经过多年来的认真教学与实践，“学术论文的检索与写作”课已由 40 名的小班选课扩大到 80 人的大班，同学评价也年年在 90 分以上。通过本课教师的指导，2007 级工商管理专业叶沙舟同学的学术论文 2010 年被 ISTP 收录，更多的同学在大学学习期间受益，同时笔者也受邀在一些专业课老师的课题讨论上讲授相关的检索内容，在会计学院、劳经学院等四年级学生毕业论文开题前做检索方法的讲授等，得到同学们的认可。

无论课程以何种模式或者特色呈现，最重要的还需教师具备职业素质、修养、责任心、爱心，要以认真的学习态度不断地丰富完善自己的知识结构、文化修养、授课技巧，要以无私的奉献精神把自己的知识传授给学生，以兢兢业业的精神影响学生，教育其踏踏实实地完成学业，养成终身学习的学习习惯，并掌握高效的学习方法，自觉地提高自己的信息素养。高校信息素质教育普遍得到各高校图书馆的重视，2006 年北京地区高校信息素质教育研究会既已出台了“北京地区高校学生信息素质指标体系”，这也是对检索课授课评价的标准之一，在今后的教学实践中需要任课教师不断地探索和创新。

参考文献

[1]金白杨．文献检索课中“研究性学习”与“接受性学习”的整合[J]．图书馆杂志，2007(2)：65—66，75.

[2]李芳，顾江．文献检索课互动式教学法探索[J]．图书馆理论与实践，2007(1)：136—137.

[3]颜廷虎，孔丽娟．系统分析我国高校文献检索课教学——一种新型的文献检索课教学模式[J]．现代情报，2007(3)：195—196.

[4]张静．从 1984—2003 年论文统计看我国高校文献检索课的发展[J]．大学图书馆学报，2009(2)：80—82.

[5]彭奇志，柯平．高校信息素质教育的分析与实证研究[J]．情报理论与实践，2010(12)：75—79.

汉语假期班留学生的学习特点探讨及课堂教学对策

——基于假期班留学生学习需求调查问卷的总结分析

国际学院　万凯艳

【摘要】中国经济的发展使来华留学生与日俱增,很多外国学生趁暑期、寒假等时间来中国短期学习,汉语形成了一种独特的学习方式。那么,假期班留学生的学习需求有哪些,和长期生有哪些不同?在对他们的课堂教学上教师应该采取什么方式更能促进他们的汉语学习?本文调查了首都经济贸易大学对外文化交流学院2012年暑期班留学生的学习需求,并在调查问卷的基础上作出相应分析并提出建议,希望能对提高假期班留学生的课堂教学效果有所帮助。

【关键词】假期班　长期班　教学

随着中国经济的发展和国际地位的提升,来华学习汉语的留学生数量日益增多,假期留学生班也受到越来越多的留学生的欢迎。很多外国的大学生、工作人员都愿意选择暑假或者寒假来中国学习汉语,这样既不影响在本国的学习、工作,又能学到原汁原味的汉语。以首都经济贸易大学对外文化交流学院为例,2012年暑假汉语学习班共接收了156名留学生。但是,现在国内假期班留学生的教学和管理还处于摸索阶段,不能满足日益激增的短期班留学生的需求。

在教学中笔者发现,假期短期班留学生与长期班留学生有很大的不同,他们在中国的时间短,特别想提高口语能力,有的不想学习汉字,也不想学习过多的语法,使用和长期班同样的教材不能满足他们的需要。由于在中国的时间短,他们比长期班的留学生更渴望了解中国文化,每天密集的学习生活让他们觉得憋闷、无聊。因此,教师在教学和管理上采取什么样的办法既能使他们学习顺利、收获很多知识,又能把短暂的中国生活过得丰富多彩?在教学上,教师是否在听、说、读、写四个方面有所侧重?和长期班留学生相比,他们到底有怎样的学习需求?带着这些疑问,笔者对学生进行一场问卷调查,用定量分析的方法总结了假期班(以暑假班为例)留学生的学习、生活特点,试图为留学生的课堂教学提供一定的参考建议。

本次调查的对象为2012年暑假来我校学习汉语的法国班、日本班的学生,法国班学生 23 人，日本班学生 10 人，共 33 人。调查内容包括来华汉语的缘由、来北京的目的、希望学习的内容、日常学习安排情况、对教材的看法、对作业的要求、对老师的要求、对学校组织活动的意见、对学校环境的看法、业余生活等。发放问卷 33 份，收回问卷 33 份。针对这 33 份问卷，笔者逐一核对信息，确定为有效问卷，回收有效率为 100%。由于有的选项为多项选择，所以有的项目选项的百分比加起来超过或少于 100%。笔者就一些对提高学习效果来说比较重要的问题加以总结分析，并据此提出教学建议。

一、调查问卷结果

（一）来北京的目的

"尽最大努力学好汉语"的占 56.5%，"了解中国"的占 9.1%，"增长见识，学多少不重要"占 4.4%（如表 1）。

表 1　来北京的目的

选项	尽最大努力学好汉语	了解中国	增长见识，学多少不重要
选择人数	56.5%	9.1%	4.4%

学生假期时间放弃休息来学习还是很渴望能学好汉语的，日本学生学好汉语的愿望尤其强烈。但是，和长期班留学生相比，"了解中国"的比例高一些，"学好汉语"的比例小一些。

（二）最想提高的汉语能力

听、说、读、写四项技能中，学生最想提高的是口语能力（78.3%），日本学生还希望提高听力（11.2%），欧洲学生希望能多学点汉字（9.5%），也有一些希望提高阅读（7%），见图 1。在认为的最好提高水平的方式中，法国班学生认为是"跟中国人聊天"（20 人），而日本学生更多的认为是"上课"（6 人）。

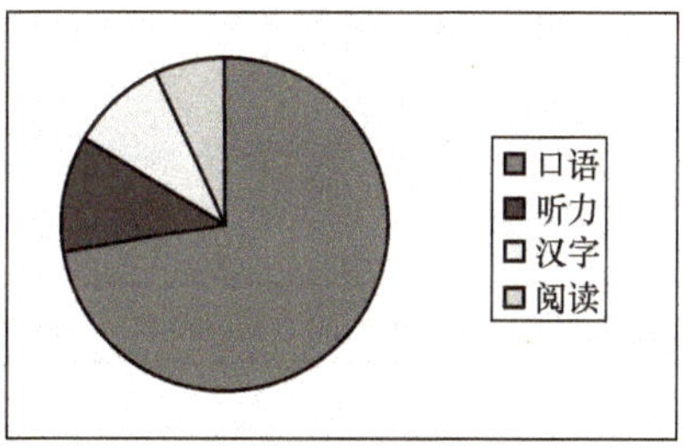

图 1　最想提高的汉语能力

（三）学习情况

在每天的学习中，复习、预习的情况如图 2 所示，学习时间见表 2。

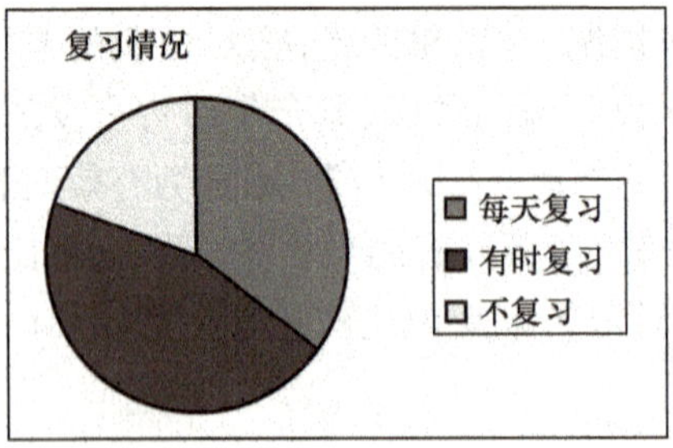

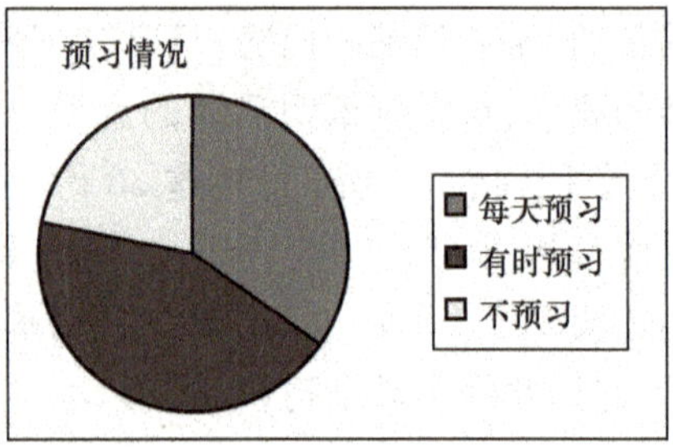

图 2　学习情况

表 2　学习时间

选项	每天学习 1 个小时	每天学习 0.5 个小时	每天学习 1.5 半小时
百分比	34.8%	34.8%	17.4%

预习的内容中，73.9%的学生是“查生词和看课文”。

笔者认为，短期生与长期生不同的地方是他们来北京不只是为了学习汉语，由于在北京停留时间短暂，所以业余时间里用了比长期生更多的时间去游览、购物，了解中国文化，因此，他们每天复习、预习的时间很短。

作业方面的情况如图 3 所示。假期学习对留学生，尤其是欧美学生来说是一件很困难的事。他们渴望学好汉语，多学点东西，但是，暑假天气热，在法国国内都是放假、度假的时间，他们来中国学习汉语，刚来不太适应中国的环境和食物，所以学习热情大多在两个月中呈现递减状态。

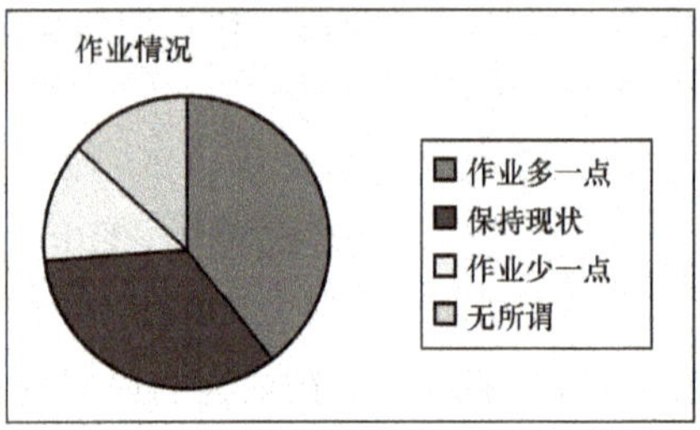

图 3　作业情况

在考试方面，他们的要求也不一致，具体情况见表 3。

表 3　考试要求

选项	应该有考试	无所谓	不愿有考试
人数比例	73.9%	20%	0.9%

(四)业余生活方面

暑假班的学生业余做什么呢？73.9%的学生是在“了解北京，认识北京”，“购物”的占 26.1%。其中，想与中国人交流的学生占“34.8%”。因此，笔者认为，学校有必要在暑假班的授课中举办一些“文化知识”讲座和一些语言实践活动，比如，带他们到秀水街购物，让他们亲身体验讨价还价的过程，增强他们对学习汉语的兴趣。

（五）教材和教学进度方面

学生大部分比较满意（82.6％），觉得教材“很实用”的占60％，“比较实用”的占40％，没有学生认为教材“不实用”。56.5％的学生认为“现在的教学进度合适”，17.4％认为“有点快”，26.1％认为“有点慢”。希望老师“严格点”还是“松点”的回答上，参加回答的20人，选项情况如表4所示。

表4　老师要求程度

选项	严点儿	松点儿	保持现状	无所谓
人数比例	10％	15％	60％	10％

总体上来说，学生大部分对教材满意，觉得教材“实用”或“比较实用”，这说明我们在教材的选择上还是成功的。但是，两次的调查中，学生对教学进度快慢的感受有所不同，笔者认为，这可能和学生的汉语基础和学习积极性有关系，因此，应该针对不同的教学对象适时地调整进度。

（六）汉字方面

在调查中，最让笔者没想到的是关于“希望学习汉字吗”的回答。87％的学生希望学汉字。看来，虽然汉字具有很难学的方面，但是学生对汉字仍有浓厚的兴趣。

（七）语言实践活动

大部分学生对学校组织的活动满意。71.4％的学生表示很喜欢，28.6％的学生认为在活动中参观的时间太短，没有学生不愿意参加。但35％的学生希望能给他们安排一个中国导游。

二、调查问卷结果分析

第一，和长期班留学生相比，暑期班留学生除了在北京学汉语以外，用了更多的时间“了解北京、了解中国文化”。因此，笔者将其定性为“游学”性质。

第二，由于暑期班学生来北京的时间短，因此，他们不可能系统地学到汉语知识。因此，在听说读写四个方面，对他们应该以听说为主，主要提高他们的口语能力。

第三，汉字虽然很难，但是汉字在留学生心目中是中国文化的代表，是汉语学习水平的标志，因此他们普遍对汉字很感兴趣。因此，教师不能因为假期班时间短、汉字难就取消汉字的教学，应该满足他们这方面的需求。

第四，在学习上，和长期生相比，他们每天分配的时间不是很多，因此，在复习、预习的要求上，老师可适当放宽。但是，考试的频率不需减少，因为学生还是希望有考试，有一部分学生学好汉语的愿望还是非常强烈的，考试可以适当鼓励他们的学习主动性。

第五，学生在业余时间更多的是参观、购物，他们又认为“跟中国人聊天”是很好的提高汉语的方法。那么，教师应该多组织一些语言实践活动，让学生有更多的时间跟中国人接触。

第六，学生常常不喜欢很多的作业，所以，老师对暑期班学生可以不采取传统的作业方式，可以多留一些开放式的作业给他们，让他们结合课堂上所学的话题去实践。比如，学完怎样买水果的对话之后给他们留作业让其真正去体验一下。

第七，学生们比较喜欢学校组织的活动，但是希望学校组织的活动能更有序一些，更人性化一点，更为他们多考虑一点。

第八，学生喜欢漂亮、舒服、交通方便的校园环境，有中国学生做学友更好。因此，我们在条件允许下应该适当改善环境设施，加强中、外学生之间的交流和联系，这样他们在中国的学习会更愉快、更有成效。

三、依据调查问卷的分析结果所得出的教学对策

（一）改进教学方法，使之更适合假期班学生

对于假期班留学生来说，教学方法很重要。老师应该从“以教为主”转变为“以学为主”，采取灵活多样的教学模式，充分调动学生的积极性；注重在教学过程中营造教师与学生互动的氛围，增强学生学习汉语的兴趣。笔者认为，在教学内容上，可以优先选择话题类内容教学，让学生熟悉话题所需的词语、句法，然后在课堂上进行操练。但是，不能仅限于此，应该鼓励学生在课后进行更有意义的实践。然后，下一节课再进行汇报表演。这样，学生能把学到的东西很快用到实践生活中去，从而更能在学习中寻找到乐趣。

另外，分课型的教学方法也不适用于假期留学生。因为分课型容易分散学生的精力，而且各课型之间也没有紧密的联系，学生学习压力大，因此可以参考美国汉语暑期班教学的经验，课堂教学采取大小班结合的方法：第 1、2 节是精读课，主讲老师讲解教学内容，解释语法点；第 3、4 节是小班课，只操练 1、2 节所学语法点。这样所学内容集中并得到练习，更益于学生尽快地掌握。

（二）教材要针对学生日常所需

假期语言进修是一种速成式教学，应该选用学生最常用、最急需的话题作为教学的主要内容。课文的编写要注重真情实感，语言自然、得体、富于情趣，让学生能够学以致用。他们学习汉语的动机常常是源于对中国文化的青睐，所以编写教材时还应考虑哪些能激发外国留学生努力学习汉语的兴奋点。

（三）开设汉字选修课

对于外国留学生来说，尽管汉语很难，但是，汉字是汉语的代表，汉字蕴含着丰

富的中国文化。因此，在下午，可以给学生安排汉字选修课。以故事的形式给学生讲授汉字，使他们形象地了解汉字。但是可以不布置作业，只是将其作为兴趣课。

（四）开设文化讲座

假期班学生对中国的文化、历史很感兴趣，他们希望老师能给他们讲授文化知识，指导他们了解北京。所以，可以请一些老师给他们讲授一些文化方面的讲座。

（五）丰富第二课堂教学，把语言实践活动办好

语言实践活动是语言教学的第二课堂，是提高课堂教学效率的重要组成部分，应该重视其作用，把课堂延伸出去。语言的学习离不开实践。重视第二语言学习课堂，加强语言实践环节，是提高假期班教学质量的重要举措。为了给学生提供更多的语言运用实践活动，应该多带领他们参观名胜古迹、博物馆等，增强其对中国的历史、文化、风俗的了解；鼓励他们去中国人常去的饭馆和商店，创造一些和中国人交流的机会，满足他们了解中国的愿望。同时，应当鼓励他们与中国人、中国家庭交朋友，扩大他们学习和生活的圈子，融入中国人的生活。这样既能锻炼他们的汉语能力，也能激发其学习汉语的积极性。

（六）组织活动要更人性化

学校组织的参观活动是语言实践的一部分，是学校让留学生了解中国文化的具体内容，主要活动有参观长城、颐和园等，这些活动更能集中地使他们了解北京，了解中国，也更能体现出学校对留学生的重视。因此，更应该考虑留学生的需求。比如，为他们安排导游，在活动前先在文化讲座上介绍相关内容使其参观之前就有所准备。

参考文献

[1]风笑天.社会学研究方法（第三版）[M].北京：中国人民大学出版社，2010.

[2]张美云、刘开南.关于加强来华留学生教学与管理的几点思考[J].中国高教研究，2007(5).

[3]王忠.关于来华留学生汉语短期班教学管理的几点思考[J].科教文汇，2009(2).

课堂教学质量

“经济学原理”教学中的几点体会

经济学院　封岩

【摘要】“经济学原理”课程是中国高等院校经济和管理专业基础理论课，如何进一步加快课程教学改革和提高课堂教学效果一直是经济学教学工作探索的问题。结合多年的教学实践，笔者重点针对案例教学、关键知识点的比较分析以及通过模拟计算强化对理论内涵的理解等方面的体会进行了总结。

【关键词】案例教学　知识点对比　模拟计算

经济学是研究在市场经济制度下，稀缺资源配置与利用的科学。随着社会主义市场经济的发展，作为研究现实市场经济问题的基础性理论学科的“经济学原理”，是中国高等院校经济管理类专业的核心课程之一，是经济和管理类学生的专业基础理论课，也是中国本科生攻读硕士、博士学位的必修课程。

近年来，随着中国经济市场化的不断深入，高校本科生对“经济学”课程学习的兴趣越来越强烈，这也对课程内容的现实性提出了更高的要求。而中国现行的“经济学(微观经济学、宏观经济学)”本科教学在一定程度上存在着内容与现实脱节、教学手段和方法单调陈旧等问题。经济学的教学工作一直在探索如何进一步加快课程教学改革措施和提高课堂教学效果的方法。

笔者基于多年从事经济学教学的经验积累，针对经济学理论的知识特点与学生学习的难点问题，对经济学教学工作谈几点体会。

一、在经济学的教学中要特别重视案例教学

所谓案例教学就是利用典型的实例进行教学，使学生能够通过对特殊的典型的现实案例进行分析，进一步理解和掌握理论教学中的概念和原理，在此基础上培养学生独立分析问题和解决问题能力的教学方法。这一方法是1870年在美国哈佛大学法学院兴起并逐渐发展起来的。

经济学是一门理论性很强的学科，同时又与现实经济息息相关。片面强调纯粹的理论讲解，脱离对现实经济问题的应用性分析，会使课程缺乏应有的现实意义，也不利于那些将其作为专业基础课学习的低年级学生产生对经济学课程学习

的兴趣,使其不能够进一步扎实深入地学习。在理论讲解中运用案例教学,通常能够对上述问题的解决提供有效的帮助。

著名经济学家凯恩斯说:"经济学理论并没有提供一套立即可用的完整结论。它不是一种教条,只是一种方法、一种心灵的器官、一种思维的技巧,帮助拥有它的人得出正确的结论。"这告诉我们,经济学的理论不是一种教条,而是一种思考问题、分析问题和解决问题的方法,更是一种分析问题和解决问题的思想方法和思维过程。通过案例教学,可以有效地提高学生理论联系实际的能力,帮助学生学会像经济学家那样去思考、分析、解决现实的经济问题。

例如,笔者在讲授供求价格论和需求价格弹性问题时,引用石油输出国组织(OPEC)限产的实例。题目是:为什么在20世纪70年代OPEC要限制石油的生产? 为什么OPEC无法长期保持高油价?

通常,笔者在讲授供求价格论和需求价格弹性理论之前,会先向学生提供有关OPEC限产问题的背景资料,其主要内容为:20世纪70年代,石油输出国组织(OPEC)这一卡特尔组织决定通过提高油价来增加收入。为了达到这一目的,OPEC成员国联合起来减少向市场提供的石油产量。从1973—1974年,石油价格(扣除通货膨胀因素)上涨了50%。之后,OPEC成员国采取同样措施,使油价在1979年和1980年分别上涨了14%和34%。可是,OPEC发现很难长期保持高油价。从1982~1985年,油价每年稳步下跌10%左右。这使得OPEC各国十分沮丧,并于1986年彻底解体,当年油价下跌45%。1990年油价重新回落到了1970年的水平,并几乎在整个90年代都维持在该低价位。然后提出以下问题,要求学生进行预先的思考。

1. OPEC成员国为何减少石油产量,其目的是什么?

2. 运用需求价格弹性的原理,分析本案例中石油价格变动的原因:

(1)从1973~1981年石油价格保持高价;

(2)自1982年后的几年石油价格直线下跌。

同时,也要求学生关注最近国际石油价格的变化和OPEC发布的有关产量政策。

分析:限制石油的供给,在石油的需求没有变化的情况下,石油的价格将会上涨。短期内,由于石油为各国的重要能源,其需求价格弹性较小(缺乏弹性),从而其需求量的下降幅度会小于价格的上涨幅度,石油输出国组织的总收益将增加;若不限制石油供给,供给量增加将导致石油价格下降,各石油生产国将蒙受收入上的损失。

结论:短期内石油输出国组织成功地保持了高油价。

在长期,石油的需求价格弹性较大(富有弹性),供给价格也是富有弹性的。对于其他生产厂商可以去寻找和开发新能源,消费者可以改变消费习惯,

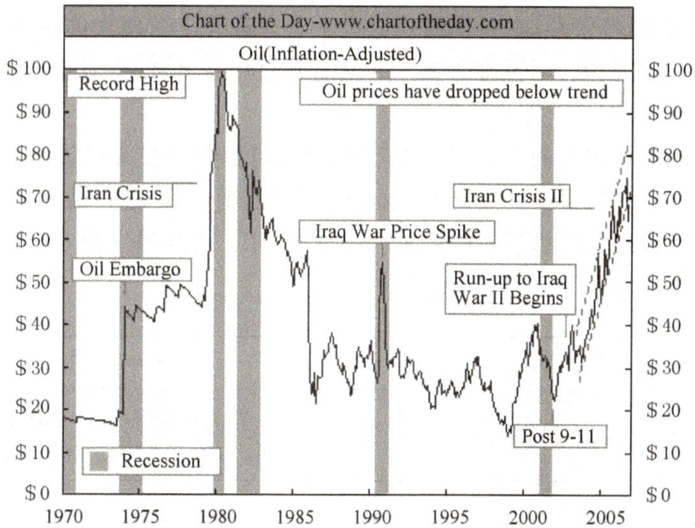

上图是笔者提供给的 1970—2005 年世界石油市场上石油价格的波动情况。

变得节约能源，石油输出国组织再限产，就不能增加收益，提高油价。

在学生对上述有关石油市场价格和供给波动的经济学分析有了比较充分的理解后，笔者再用直观的几何图形法描述相关的经济学理论并分析问题（见下图）。运用图形分析经济学问题也是非常重要的一种教学方法，因为掌握图形是学好经济学原理的重要途径。

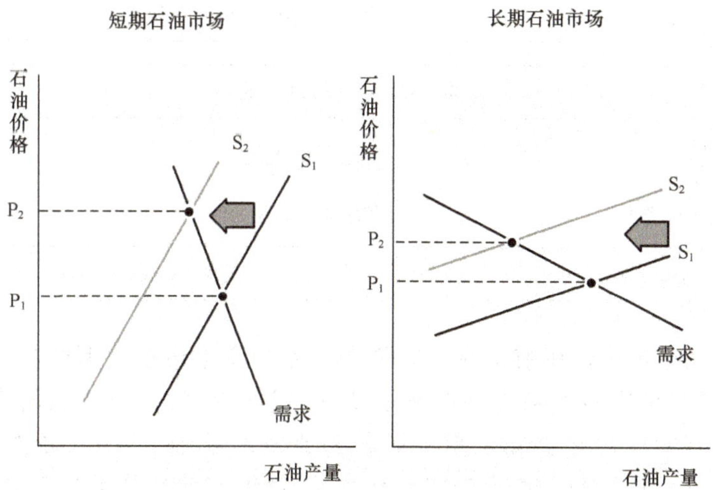

二、基本理论的讲解要注重相关知识点的对比分析

经济学课程内容繁杂，融会了微观经济学和宏观经济学两大体系，学生学习时会感到该课程难度较大，不容易掌握。这就需要教师融会贯通，对于相关内容进行对比讲解。

例如，用无差异曲线的方法来分析消费者均衡和生产要素最优组合即生产者均衡(规模经济)，同时讲解厂商产品的最优组合(范围经济)进行对比地分析，既能够使学生清楚地掌握了无差异曲线的方法，又学习了消费理论和生产理论的相关内容。具体见下表：

消费者均衡分析	生产者均衡分析
(消费)无差异曲线【等效用曲线】	(生产)无差异曲线【等产量曲线】 特殊性：生产要素有效替代区～脊线
MRS_{xy}两种商品x、y的替代； $MRS_{xy}=-\frac{\triangle y}{\triangle x}=\frac{MU_x}{MU_y}$ 均衡点：$MRS_{xy}=\frac{P_x}{P_y}$	$MRTS_{LK}$两种生产要素L、K的替代； $MRTS_{LK}=-\frac{\triangle K}{\triangle L}=\frac{MP_L}{MP_K}$ 均衡点：$MRTS_{LK}=\frac{P_L}{P_K}$
家庭预算线 $P_x \cdot X+P_y \cdot Y=I$ 斜率：P_x/P_y	工商预算线【等成本线】 $P_L \cdot L+P_K \cdot K=C$ 斜率：P_L/P_K
均衡条件： $\frac{MU_x}{Px}=\frac{MU_y}{Py}$　$MRS=\frac{P_s}{P_y}$	均衡条件： $\frac{MP_L}{P_L}=\frac{MP_K}{P_K}$　$MRTS=\frac{P_L}{P_K}$
从非均衡到均衡的过程分析	
若，$\frac{MU_x}{P_x}\neq\frac{MU_y}{P_y}$ 则应调整x、y的消费量	若，$\frac{MU_L}{P_L}\neq\frac{MP_K}{P_K}$ 则应调整L、K的消费量
反映边际效用递减规律	反映边际收益递减规律

再如，在市场理论中有关完全竞争和不完全竞争市场类型的教学中，笔者归纳总结了几种典型市场类型的特征及其经济效率的比较要点的表格，并以此为线索，在对以往相关知识点的回顾和比较的基础上，引入新的概念和理论。实践证明，这种教学内容的组织和方法，能够有效地帮助学生较完整地掌握市场理论的框架。

各种市场类型的特征及其经济效率的比较

比较项目 \ 市场类型			完全竞争	垄断竞争	寡头垄断	完全垄断
市场特征	厂商数目		无数个	较多	少数	一个
	产品品质		同质	异质	同质或异质	同质（没有任何相近替代品）
	进出产业		非常容易	较易	不易	非常困难
	对价格的控制程度		没有影响	有一些控制	相当程度控制	很大程度上控制，但经常受到管制（通过控制产销量来控制价格）
	市场价格		执行者（接受者）	影响者	寻求者	制定者
	典型产业		农产品、小商品市场	轻工业品市场、纺织、家电	航空、石油、水泥、重型机械	基础设施行业、煤、水、电
	超额利润	短期	有	有	有	有
		长期	无	无	有	有
	均衡条件	短期均衡	$MR=MC=\overline{P}=AR$	$\overline{Q}$：$MR=MC$ $\overline{P}$：$\overline{P}=P(\overline{Q})$	—	$\overline{Q}$：$MR=MC$ $\overline{P}$：$\overline{P}=P(\overline{Q})$
		长期均衡	$MR=AR=\overline{P}=LMC=LAC$	$MR=LMC$ $AR=LAC$		$\overline{Q}$：$MR=LMC$ $\overline{P}$：$\overline{P}=P(\overline{Q})$
市场效率	长期均衡价格		最低 $P=LAC=LMC$	较低 $P=LAC>LMC$	高于完全竞争低于完全垄断	最高 $P>LMC>LAC$
	长期均衡产量		最多	较多	高于完全垄断低于完全竞争	最少
	规模经济		缺乏	存在	存在	存在
	技术进步		较快	最快		较慢
	经济效率		最高	较高		最低

三、注重经济学原理的模拟计算练习，提高学生对原理内涵的数理逻辑的理解和实际运用的意识

在经济学原理的教学中，模拟计算等数学方法十分有助于抽象原理和概念的

分析讲解。应用好这一方法，能够使学生更为清晰地掌握经济学原理特别是相关概念与理论内在的数理关系，而且能够在一定程度上引导学生实际运用所学经济学理论分析理解现实经济问题和现象。在教学中，特别是对于初学经济学的学生，课后的模拟计算练习能收到很好的教学效果。当然，在选择设计模拟计算题目时，要注意条件和问题的针对性。起初的练习题应尽可能与原理的表述接近，避免初学者对题意的理解产生歧义，从而降低对原理运用的训练效果。随着学生逐步建立了运用经济学原理的思路，教师可以相应地在题目上增加综合性的难度和结果分析的内容。笔者曾在完全竞争市场理论模型的教学中采用了如下的计算题。

1. 假定某服装市场是完全竞争的。市场需求如表 1 所示。该行业中每个厂商都是价格接受者，而且都有表 2 同样的成本结构。该行业现有 100 家厂商。

问题：市场价格是多少？每家厂商的产量是多少？行业的交易量是多少？每家厂商的经济利润是多少？收支相抵点在哪里？停止营业点在哪里？

2. 分析该服装市场的长期行为。需求表如表 1。假定表 2 的成本结构与长期平均成本最低点的工厂规模相一致。

问题：长期均衡时的市场价格是多少？长期均衡时的每个厂商的产量是多少？长期均衡时行业的交易量是多少？长期均衡时厂商数量是多少？

表 1

价格(件/元)	需求量(件/周)
74	40 000
66	50 000
58	60 000
50	70 000
45	80 000
40	90 000
35	100 000

表 2

Q(件/周)	ATC(元)	AVC(元)	MC(元)
100	101	36	24
200	58	28	12
300	43	21	10
400	36	20	20
500	35	22	35
600	37	26	58
700	41	32	82

笔者在以往有关完全竞争市场的短期均衡和长期均衡问题的教学实践中经常发现，有很多学生对于所讲解的理论内容比较容易理解，而在上题的练习中却往往出现不少错误，甚至有的学生不知如何入手解题。究其原因，有的学生是对概念的理解似是而非不够准确，更多的问题是由于学生缺乏对经济学相关概念和理论内在数理逻辑和关系的理解。通过这类设计巧妙的模拟计算题的练习，可以检验学生对经济学原理准确掌握的程度以及运用原理的能力。

许多经济学界的顶尖学者，都热衷于将精深的理论变得更加通俗和普及，这在很大程度上说明，经济学原理根植于对实际问题的思考，并且在理论运用的实践中得到了不断的发展与完善。因此经济学原理的课堂教学，需要关注将理论知识点的讲授，更多地结合接近于实际的场景，引导学生从原理运用的角度理解知识点的内涵和现实意义。注重案例引导、强调比较分析和模拟计算运用，正是笔者基于上述认识在经济学原理课堂教学中的实践总结。

参考文献

[1] 高鸿业. 西方经济学[M]. 北京：中国人民大学出版社，2010.

[2] [美] 曼昆，高鸿业. 经济学原理（微观经济学分册）[M]. 梁小民，梁砺，译. 北京：北京大学出版社，2012.

[3] 梁小民. 经济学习题集[M]. 北京：中国社会科学出版社，1996.

[4] 张连城. 经济学教程[M]. 北京：经济日报出版社，2010.

应用项目教学法提升外贸函电课程课堂教学效果的研究*

经济学院　于晓云

【摘要】中国作为世界第一货物出口大国，其对外贸易的迅速发展使得包括外贸函电写作在内的对外经贸技能对广大外贸工作者而言显得尤为重要。外贸函电的教学也随之快速发展，通过实施一个项目来完成教学目标的项目教学法也开始被应用到外贸函电的教学当中。本文论述了如何将项目教学法有效地运用到外贸函电课程的课堂教学中以提升该课程的课堂教学效果。

【关键词】外贸函电　项目教学　教学效果

外贸函电课程是我校国际经济与贸易、贸易经济、经济学专业的一门专业选修课，其目的是培养具有一定的商务运作能力，特别是书面交际、沟通能力和单证制作能力，能有效地进行业务联络、沟通、磋商、交易的高素质技能型人才。作为国际商务往来中通用的一种联系方式和专业语言，外贸函电是开展对外贸易和国际经济合作等业务活动的重要工具。

在国际经济局势日趋多极化的时代，只有具备较强实践能力的人才才能适应时代发展的要求，才能解决经济生活中可能遇到的问题。掌握并熟练地运用外贸函电的基本知识，是从事对外经贸的业务人员必须具备的一个重要条件。外贸函电作为一门实践性、应用性很强的课程，如何提高其课堂教学效果，是教师们当前考虑的主要问题。

项目教学法是一种建立在建构主义学习理论基础上的教学方法，是通过实施一个完整的项目而进行的教学活动。作为一种新型的、可行的教学模式，在不断的探索和实践中逐渐完善，项目教学法产生了比较好的教学效果。本文拟探讨如何应用项目教学法提升外贸函电课程的教学效果。

一、外贸函电课堂教学的现状

随着全球经济一体化进程的不断加快，外贸函电作为一门将外贸实务与英语相结合的综合课程变得越来越重要。但当前的外贸函电课堂教学存在一些问题，主要表现为教学方法缺乏针对性。

事实上，当前外贸函电教学中存在着两种主要倾向：一种是精通外贸专业的教师大讲外贸知识，把外贸函电课程当作国际贸易实务课讲解；二是长于语言的教师又沿袭(英语) 精读课的套路，对教材信函逐词逐句地释义分析。在某种程度上后者真实地反映了中国外贸函电课堂教学的现状。这种传统的英语精读教学方法，过分地强调语言形式，而忽略了专业知识的传授。在对作业的讲评上也不外乎修改拼写与语法上的错误，却很少考虑学生在领会外贸业务方面的情况。外贸函电与大学英语相比，由于其中自身具备的特殊性，加之学生无外贸实践经验，导致学生在课堂上缺乏学习主动性，极大地影响了他们学习外贸函电课程的热情。为改变外贸函电的这种教学现状，提升课堂教学效果，我们可以实施项目教学法，以改进课堂教学方法，提升课堂教学效果。

二、项目教学法概述

(一)项目教学法内涵

项目教学法是通过实施一个项目来完成教学目标的教学活动，其特点是在课堂教学中把理论知识应用于实践活动中，充分夯实学生的知识基础，并通过一系列连贯的实践活动发掘学生的潜在能力和技能，提高学生解决实际问题的综合能力。

项目教学法改变了原有教学过程中“以教师为中心”“以课本为中心”的教学方式，更加注重学生项目实践能力的养成，将传统的知识灌输式教学改变成了知识与技能并重的实践式教学。

(二)项目教学法的特点

在项目教学法中，教师将需要解决的问题或需要完成的任务以项目的形式交给学生；学生在教师指导下，以个人或小组的工作方式，按照实际工作的完整程序，共同制订计划、共同或分工完成整个项目。在项目教学中，学习过程成为一个人人参与的创造实践活动。学生在项目实践过程中，理解和把握了课程要求的知识和技能，体验了创新的艰辛与乐趣，培养了分析问题和解决问题的能力及团队精神和合作能力等。它的特点表现为：

1. 实践性。教师布置的每个项目的主题与真实的职场工作环境密切联系，让学生在模拟仿真的环境中进行实践锻炼，熟悉未来专业职业岗位的工作情境与工作步骤，使学习更加具有针对性和实用性。

2. 自主性。项目的实施以学生为中心，教师承担主导作用，充分考虑学生的未来需要和个性特点，激励学生积极参与和主动探究；而学生可根据自己的兴趣选择活动内容和展示形式，因而他们的学习更为自主、自由，从而可有效地促进学生创造能力的发展。

3. 发展性。项目教学围绕学生的认知和专业技能展开，将长期项目与阶段项目相结合，构成实现教育目标的认知过程。

4.综合性。项目教学法不仅让学生的学习更具有针对性、实用性，在小组合作中也能培养他们为人处世的能力，提升他们分析问题、解决问题的能力及综合职业素质，因而具有学科交叉性和综合能力运用的特点。

5.开放性。项目教学法通过学生的积极参与，在探究、体验、解决项目时可采用多样化的方式，结论也不是唯一的，因而项目教学法体现了一定的开放性。

（三）项目教学法的实施过程

项目教学法一般按照以下5个阶段进行。

1.确定任务。教师可用文字、图表等多种形式表达任务内容，并以任务书的形式送达。初期的任务设想可以是开放的，由教师提出一个主题，经同学讨论后确定最终任务及目标。

2.制定计划。学生制订执行此任务的实施计划，确定工作步骤和完成时限，并据此展开工作。教师可根据学生情况分别进行指导，以确保工作完成的有效性。

3.实施计划。根据小组成员的组合形式，明确各自的任务分工，按照计划有步骤地实施计划。

4.检查评估。先由学生自己对工作的完成情况进行自我评估，然后各组间互评，相互探讨存在的问题，找出结果存在差异的原因，相互学习。

5.评价总结。在学生检查评估的基础上，教师根据各组完成情况进行系统评定、总结。

三、外贸函电课堂应用项目教学法的可行性研究

外贸函电教学不是纯粹的语言教学，某种程度上它关注的是交际能力的获得。明确语言知识与交际能力的关系，强调语言知识与语言使用知识的传授对外贸函电教学有着十分重要的意义。外贸工作人员所处的环境千变万化，所交往的人层次各异，因而对语言使用的要求很高，也对外贸业务的实际运用能力要求很高。

贸易摩擦的日益增多与外贸实践的不断变化对其教学提出了与时俱进的要求，教学内容与方式必须适应新形势发展的需要，必须加强与现实的联系。在外贸函电课程的课堂教学中引入项目教学法正是为了适应对外贸易发展复杂环境的需要。

外贸函电的课程体系是和国际贸易实务紧密相关的，其实践性、应用性及商务技能的专业性都使项目教学法大有用武之地。针对国际贸易专业高年级学生的实际情况，教师可以选用那些形象、直观、实施简便、感染力强、适用范围广、与实际紧密结合的任务。采用项目教学法，可以引导和激发学生把语言学习和外贸业务结合起来，帮助学生了解一些专业术语所代表和蕴含的意义，充分理解外贸术语和进出口业务流程，培养他们对外贸业务的兴趣，提升课堂教学效果。

具体而言，在外贸函电课堂教学中，教师根据学生的实际水平，设计项目课程的框架结构，拟定项目和模块的能力培养目标以及以工作任务为内容的单元教学内容。以项目任务为教学单元，打破书本上原有章节的界限，将一个个抽象的知识点，变成形象生动的项目任务的“部件”。在教师的引导下，为了完成项目工作任务，学生主动学习各“部件”内容。这样变被动学习为主动学习，大大地提高了学生学习的积极性，增加了其自身是教学主体的意识，从而提高了教学效果，培养了学生的职业能力和综合素质。

以“开拓市场，开发客户”环节为例，以真实或模拟的职业活动为载体，基于函电教学的设计框架即“呈现新知、理解应用、模拟与评估”式教学，项目教学法实施过程的五阶段具体可表现为：

（一）确定基于工作情境的项目任务

项目的设置是项目教学法成功的关键。项目的选择要以教学内容为依据，既要与书本的知识紧密结合，又要能够充分体现当前国际贸易的实际情况，将学生带入特定的商务活动现场或场景，引导学生参与分析和思考；同时还要有一定的创新空间，让学生既能运用学过的知识，又可以创造发挥，最后还必须现实可行，并有条件完成任务。因此，在“开拓市场，开发客户”环节，教师可以将“如何开发新客户”“如何建立业务关系”“如何草拟建立业务关系函”确定为项目任务，要求学生集思广益，深入挖掘可以获得国外客户信息的多种渠道，并注意信息收集的重点。教师布置完任务后，可根据提供的情景，选择一封合适的建立业务关系的信函，向学生讲解其中的知识点和写作要点；同时可将学生分为若干组，每组 8 人，包括 5 个卖方和 3 个买方，买卖双方自行决定交易商品、交易对象。

（二）制定计划

买卖各方在不知道对方信息的情况下为开发新客户，可以发布商业信息，寻找国外客户，掌握对外贸易中如何利用商务信函建立业务关系，使贸易得以顺利进行。为此他们制定完成该任务的计划，包括：(1)选择目标市场；(2)选择目标产品，了解目标产品的基本特点，如产品性能、当前市场价格、销售趋势等，进行成本核算，分析该产品的利润空间是否符合既定目标；(3)选择交易对象，借助于商会、银行、贸易代表团的互访、媒介广告、出口商品交易会、互联网等渠道，选择合适的交易对象为信函联系做准备；(4)以信函方式建立业务关系。其中学生的计划应侧重于如何以信函方式建立业务关系，因此应注意建立业务关系环节中书信应包含的要素：如告知对方有关对方信息的来源，如商会、银行等；有关写信人简单的自我介绍，如公司性质、行业、产品系列、声誉等；写此信的目的，如笼统地希望建立业务关系的愿望、希望对方进行询盘、希望对方发送商品目录、价目单或样品等；有关本公司资信情况的证明人；希望对方能对此信函做出积极反应的期待。

（三）实施计划

学生在制订计划的基础上开始项目的实施，包括选择合适的目标市场、选择合适的目标产品、选择合适的交易对象，并开始模拟信函写作以建立业务关系。

（四）检查评估

让学生在建立业务关系的信件写完之后，以小组为单位，成员之间互相讨论买方选择特定卖方的原因，是因为业务范围的互补性，还是询问的条件让买方动心。这种具有竞争性的小组活动能充分调动学生的积极性、激发学生的潜能，从而有效地提高课堂教学效果。

（五）评价总结

成绩评定具有激励、反馈、导向作用。在项目实施最后，教师就情景模拟环节中学生们的表现等情况进行总结评估，主要是对专业术语的运用、建立业务关系技能、对学生解决实际问题的能力、创新能力、实践和动手能力、团队合作精神等方面的优点及不足之处进行评价，并及时讨论并改正，以提高课堂讲授效果，达到理论与实践相结合的最佳效果。

这种以“项目任务—实施—反馈”为核心的教学方法，一方面可以加深学生对进出口业务及其流程的充分理解，提高学生的书面交际能力；另一方面，这种教学模式也容易激发学生的学习积极性，增加课堂的趣味性。因而，此种教学方法活跃了课堂气氛，提高了学生的学习兴趣，提升了课堂讲授效果，并增强了学生学好这门课程的信心。

四、项目教学法对提升外贸函电课程课堂教学效果的影响

与传统的语法翻译教学法、句型替换教学法相比，项目教学法在课堂上的应用改变了外贸函电教学长期以来惯用的老师讲、学生听的“填鸭式”教学方式。它要求授课教师需根据教学目标和内容的需要，制定合适的任务，引导学生通过思考、分析、讨论和交流等活动来解决问题，使学生在掌握系统知识的基础上，进一步增强他们分析与解决实际问题的能力。

项目教学法是借助于计算机和国际贸易教学软件，以模拟实战的方式传授知识，帮助学生在深入理解的基础上学习，注重培养学生将知识转化为应用的综合能力。通过任务的布置执行及评估效果等环节，让学生置身其中，亲自参与，独立地完成某些业务环节，可以使学生对外贸业务产生更加直观的印象。这样，学生学习起来兴趣盎然，全然不觉枯燥，反而能体会到商务活动的灵活和变换无穷，感觉到思路和思维方式均得到了拓展。教师在运用上述方法组织教学时，一定要把握住项目任务的知识性与实用性，尽可能地激发学生主动参与、探索、思考和实践的积极性，有效地提高其商务实践的交际能力。

从效果上看，项目教学法要强于纯粹的案例教学，并能提升课堂讲授效果。

五、外贸函电课程实施项目教学法应注意的问题

项目教学理论为现代教育教学提供了“在做中学”的重视实践教学的教学方法。在外贸函电课程教学中应用该教学模式，坚持“在做中学”，让学生成为课堂的主体，以学生为中心进行情景模拟，有利于学生尽快适应以后的工作岗位，培养其在工作实际中解决问题的能力，做到真正将书上的理论知识转换为自己的技能。

在外贸函电课程的课堂教学中实施项目教学法在我院是一种较新的尝试，在任务的确定、学生的参与性、对学生能力的培养、对师资的要求、评价体系的构建等方面，项目教学法都有其显著特征。因此，在具体实施过程中应注意如下问题：

（一）树立以项目引导学生的教学思想

一定要由传统的以教师为中心的教学方式转变为以学生为中心，由以课程为中心转变为以项目为中心，由以知识输入为中心转变为以能力输出为中心。在教学方法上，应更多地采用启发式教学、讨论式教学、仿真教学与传统教学方法相结合的模式，逐步从以教师为主体的知识灌输型，转变为以学生为中心开展研究性、体验性和实践性学习，提高学生的实际操作应用能力、自学能力、思维能力、文字及口头表达能力。

（二）教师的新定位

在项目教学中，教师被赋予了新的角色，即项目教学材料的供应者，精选项目的引导者，项目实施的管理者，项目成果的评审者。同时对授课教师也提出了更高的要求，教师不但需要具备扎实的英语语言基本功、丰富的知识面、广博精深的商务知识，还要对新的教学方法大胆尝试创新，提高理论与实践修养。

（三）教学计划的侧重点变更

在教学计划上，应加大实践性教学环节的比重，让学生成为课堂活动的主体。可以让学生在创设的情景中扮演不同的角色，模拟买方与卖方、买方与银行、托运人与船运公司等进行贸易实践活动。学生通过具体的贸易操作，可以综合而灵活地运用所学知识，独立完成贸易活动，发挥其主动性、创造性，激发其学习兴趣，改变以往学生以旁观者的身份接受、汲取知识的状况，增强课堂教学的活跃度与学生的参与性。

（四）考评方式的改革

在考评方式上，应实施考评改革，呈现出多样性的评价体系。对任务完成的过程和实施效果，学生会提出不同的见解，并不存在标准答案。在解决问题的过程中，学生可能通过自己的分析言之成理，达到解决问题的目的。最后大家可以讨论哪种方法为最优方法，而最优方法也是不确定的。因此，答案的多元化与最优化开

拓了学生的思路，与传统的以标准答案为导向的学习有巨大区别。

因此考核过程应突出过程考核与综合能力考核，并建立专业技能和专业能力评价体系。考试内容既有理论知识，又有操作技能。考核形式可机动多样，采取课堂考试与现场考试相结合的方式，采取笔试、口试、实践操作、调查等相互交叉的形式，注重过程考核与能力测评。

“外贸函电”作为一门重要的语言技能课，运用项目教学法可以刻意营造出一种仿真情境，让学生通过反复的训练和实践，在“情景”中增长才干和积累经验，快速地了解外贸函电的特点并对其有一些感性认识，提高了他们解决、处理实际问题的综合能力，使其在今后接触实际工作时也会变得得心应手，这也是学习外贸函电课程的最终目标。

参考文献

[1]王秋英.外贸函电教学存在的问题与改革措施[J].教学科研，2011(1).

[2]康增奎.国际经济与贸易专业实践教材[M].北京：首都经济贸易大学经济与管理实验中心，2007.

[3]谭秋月.案例教学法与外贸函电教学研究[J].教学研究，2006(11).

[4]吕树宽.外贸函电课程教学改革探索[J].辽宁教育行政学院学报，2006(12).

[5]李园园，张旭霞.项目驱动教学模式在外贸函电教学中的应用[J].考试周刊，2012(19).

[6]王玮韦.外贸函电实训教学模式研究[J].长江大学学报(社会科学版)，2011(10).

*基金项目：首都经济贸易大学2014年教改立项项目“应用项目教学法提升外贸函电课程课堂教学效果、完善实践性教学体系的探索”

双语教学问卷调查分析与思考*

——以“劳动力市场概论”为例

劳动经济学院　黎煦　郑梅

【摘要】随着国际化人才培养理念的深入，教育行政主管部门和各高校都积极鼓励双语教学模式并进行了探索。本文通过对一个本科班级的双语调查问卷分析发现，学生的英语水平及用于课程学习的时间、教师的授课方式、教材的难易程度、考核方式等都对学生的学习效果有重要影响；提高双语教学质量需要教师、学生和教学主管部门的共同努力。

【关键词】双语教学　问卷调查　劳动力市场概论

一、前言

2001年教育部提出各高校要积极推动使用英语等外语进行公共课和专业课教学的要求。2004年初，教育部印发的《关于进一步加强高等学校本科教学工作的若干意见》指出：要提高双语教学课程的质量，继续扩大双语教学课程的数量。2007年，教育部决定在2007—2010年期间，在全国范围内确定500门双语教学示范课程，每门课程资助经费10万元进行重点建设。自2007年8月全面启动申报评审工作以来，仅2007年就有100门课程被评为2007年度双语教学示范课程。

“双语教学”中的“双语”是指将母语和外语尤其是英语相结合来完成教学任务，其方式主要有三种：(1)母语教材、英文讲授；(2)英文教材、母语讲授；(3)教材、讲授全部用英文。三种方式中的师生互动多用母语交流。第一种方式用得很少；第三种方式对于教师和学生的英语水平有很高的要求；目前中国高校中应用最广的是第二种方式，本课题双语教学使用的也是该方式。

二、研究背景

课题负责人曾于2012—2013学年第2学期对我院2011级劳动与社会保障专业班的“劳动经济学”和“就业管理”两门课程试用英文原版教材。通过一个学期的学习，大部分同学表示在英语和专业上都有了比较大的收获，在期末结合中文教材复习的时候，感觉英文教材的解释更加清晰、易懂。但是，也有部分同学觉得外文教材太难，跟不上进度，影响了学习的积极性。此外，同学们也反映由于其他课程太多，没有很多时间来预习和复习；教师上课和学生互动不够，过分强调课堂讲授，忽略了同学的讨论等，影响了对这门课程的掌握。

在总结经验的基础之上，课题负责人在2013—2014年第1学期对该班进行“劳动力市场概论”双语教学时，对教材内容进行了取舍，删除了比较艰深、与中国实际联系不是非常紧密的内容；把教学课件提前发给同学，要求大家提前做好预习；布置适当数量的课后思考题；组织一些课堂测验等，以多种方式来提高教学效果。

根据2011级劳动与社会保障专业班一年学习效果的反馈情况，三门课程（劳动经济学、就业管理、劳动力市场概论）的双语课程教学，使学生们在专业知识、英语阅读和写作等多方面有了显著的提高，在“劳动力市场概论”期末闭卷考试中取得了比较优异的成绩。当然，在教学中还存在很大的改进空间。

从教学的基本规律来看，教学过程可以视为信息在教师和学生中传递、转化的过程，而双语教学作为一种新型的教学类型，格外需要注重教学过程中的信息反馈，增强信息传递及接受过程中的师生协调合作，从而实现教学过程组织调控的最优化，使教与学更加和谐地发展。为了进一步提高双语教学质量，重要的一个环节是了解学生对双语教学的基本看法。本课题力图通过对学生问卷反馈信息的分析，为以后的教学改进提供依据。

三、调查问卷结果分析

（一）基本情况

本次调查问卷的调查对象是2011级劳动与社会保障专业班的学生，采用非实名制调查方式，目的是希望获取学生的真实信息。共发放问卷30份，其中有效问卷28份。问卷内容共分为6大类，第1类是对学生基本情况的调查，问题涉及学生的英语水平、学习时间、预习/复习情况和对课堂内容的掌握程度；第2类是学生对老师授课方式的调查，包括老师的授课方式、学生对授课方式的接受程度和需要改进之处等3个方面；第3类是对学生所使用英文原版教材的看法调查，涉及的问题有学生对教材难易程度的评价、使用时的主要困难、外文教材的特色以及外文教材所需的改进之处等；第4类是对学生总体感受程度的调查，包括适应度、帮助度、满意度及学习兴趣的变化等；第5类是对双语教学优劣势的比较及双语教学的目标；最后一类的开放性题目考查的是学生对课程改进的建议。问卷从教学过程的主要方面对学生反馈的意见进行了调查分析，以下就是调查分析的主要结果。

（二）具体内容分析

1.学生的英语水平和学习时间

双语教学要求学生具备基本的英文阅读能力。由于在课堂上主要讲授专业知识，不可能抽出很多时间来讲解生词，因此学生课前预习和课后复习十分重要。为此，问卷设置了以下3个问题，以了解学生这两方面的情况：(1) 你的英语程度；(2) 你每周用于这门课程的学习时间；(3) 你是否有课前预习或课后复习。统计结果显示，64％的学生通过了大学英语四级考试，有29％的学生通过了大学英语六级考试，考过托福或雅思的学生所占的比例大约为4％。具体情况参见图1。总的来看，这个班学生的英语基础比较好，但成绩分化比较严重，有近40％的同学没有达到四级水平。从花费的时间来看，高达71％的学生用于学习这门课程的时间仅仅是课堂上的时间，21％的学生在课外拿出不到1小时的时间，在课外花费1～2小时的同学只有7％。可以看出，70％左右的同学仅仅只是上课听讲，课后没有花费任何时间学习。18％的学生只有课前的预习，14％的学生只有课后的复习，加在一起有过预习或复习的学生比例仅为32％，有近70％的同学既无预习也无复习。具体情况参见表1。

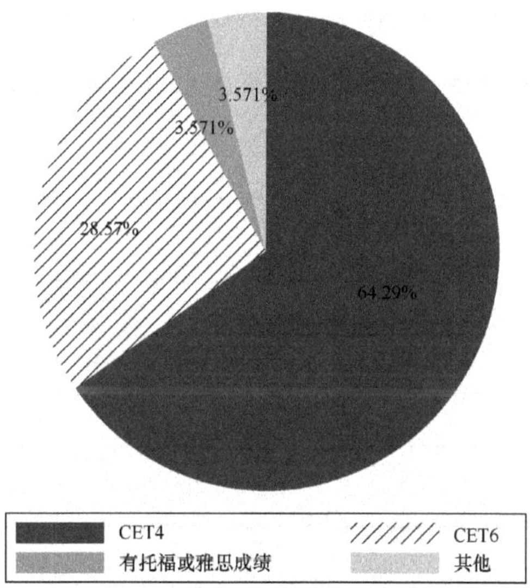

图1　2011级社保专业学生英语水平(N＝28)

表1　学生的学习时间及复习/预习情况(N＝28)

		人　数	所占比例(％)
学习时间	仅是课堂时间	20	71
	课外1小时以下	6	21
	课外1～2小时	2	7
是否预习和复习	只有课前预习	5	18
	只有课后复习	4	14
	既有课前预习又有课后复习	2	7
	既无课前预习也无课后复习	17	61

2. 对教师授课方式的评价

问卷设计了 3 个题目询问学生对教师授课方式的评价。(1)将教师的授课方式设定为传统方式讲授、老师讲授和学生提问相结合及其他三种;(2)将学生对讲课方式的喜欢程度分为 5 个维度,分别是完全不喜欢、不太喜欢、一般、喜欢、非常喜欢。对这两项定类变量进行交叉分析后就得出了下面的二维表。数据显示,学生认为授课方式分别是上述 3 种方式的人数依次为 12 人、7 人、9 人,人数差别不大。进一步了解学生对各种讲课方式喜欢的程度,有 14 名同学觉得老师的授课方式一般,10 名同学喜欢老师的讲课方式,而只有 4 名同学不太喜欢,说明了教师的授课方式基本被大家所认可,但还有很大的提升空间。再看每个单元格的行百分比数值,若将一般及以上维度定义为学生对授课方式的认可,则可以看到,无论采用的是哪种授课方式,学生对这种授课方式的认可比例都超过了 80%。具体参见表 2。

表 2 教师授课方式与学生喜欢程度的交叉表(N=28)(人数:所占%)

授课方式	是否喜欢老师的讲课方式			合 计
	不太喜欢	一般	喜欢	
传统的理论讲授	2 16.67	7 58.33	3 25.00	12 100.00(%)
老师讲授和学生提问相结合	1 14.29	3 42.86	3 42.86	7 100.00(%)
其 他	1 11.11	4 44.44	4 44.44	9 100.00(%)
合 计	4 14.29	14 50.00	10 35.71	28 100.00(%)

问卷中对教师讲课需要改进的地方分为 4 个方面:(1)突出重点和难点;(2)讲义或课件更加清晰有条理;(3)理论联系实际、增加案例;(4)增加小组讨论、活跃课堂气氛。对这 4 个选项学生可以多选。从表 3 可以看出,有 50%的同学认为突出重点和难点、讲义更加有条理、活跃课堂气氛十分重要。

表 3 讲授方式需要改进方面的百分比(N=28)

需要改进的方面	人 数	所占比例(%)
突出重点和难点	14	50
讲义或课件更加清晰有条理	12	43
理论联系实际,增加案例	6	21
增加小组讨论,活跃课堂气氛	12	43
其 他	4	14

3. 对使用教材的评价

双语教学的一个关键是教材的选取和讲授内容的取舍。第一个学期选用的教材是 WoodBury 的"*Labor Market and Public Policy*"，是作者从美国密歇根州立大学做访问学者时带回的一本课程讲义。第二个学期选用的是东北财经大学出版社出版的鲍哈斯的"劳动经济学"英文版。问卷询问了学生对教材难易程度的看法和学生觉得教材有难度的原因。数据分析表明，有 57％的学生认为教材比较难，有 36％的学生认为难度适中；一半以上的同学认为教材偏难，其中有学生英文基础的原因，也有教材本身的原因(鲍哈斯的这本教材在国外也是面向本科生和研究生两个层次)，具体情况参见图 2。进一步，学生认为教材偏难的原因有 3 个方面：(1)词汇量不够，专业词汇不理解；(2)专业基础知识不扎实，无法理解更深一层的内容；(3)因英文教材的编写思维与中文教材不同而导致无法透彻理解及其他方面的问题。从表 4 可以看出，61％的学生认为是单词量不够、专业词汇不能理解；46％的学生认为是因为自身专业知识的缺陷；认为是国内外教材编写体例不同而导致理解困难的只有 7％。这说明学生基本上认可英文教材的科学性，并不强调客观原因，都从自己主观差距来找原因。

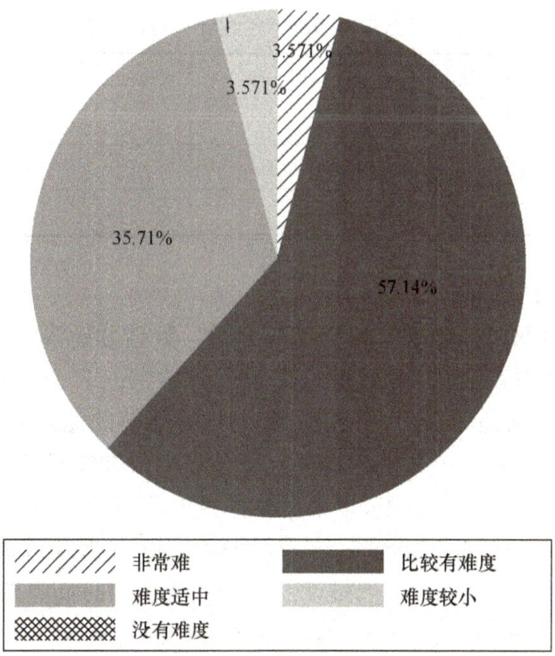

图 2　教材难易程度比例图(N＝28)

表 4　教材理解困难的原因(N=28)

觉得有困难的原因	所占百分比(%)
单词量不够,专业词汇不理解	61
专业基础知识不扎实,无法理解更深一层的知识内容	46
因英文教材的编写思维与中文教材不同而无法理解	7

4. 学生总体满意度分析

为了综合考查学生对双语教学的适应度、帮助度和满意度,在问卷中对这 3 个方面的提问选项设置了由低到高 5 个维度。统计数据显示,在适应度方面"比较不适应"的学生人数最多,占 54%;"一般适应"的占 29%;"非常不适应"和"完全适应"的占比都很小,分别为 3%和 7%,有近一半的同学还不太适应英文教材教学。在帮助度方面,认为有"一般帮助"和"比较有帮助"的比例分别是 39%、21%,二者相加认为有帮助的学生的比例为 61%,说明绝大部分学生认可双语教学方式。在满意度方面,觉得"一般"的为 57%,不太满意的占 21%,比较满意和非常满意的合计占 18%。可见大部分学生的满意度只是一般;进一步的分析表明,有近一半的学生认为受自身英语水平的限制、专业知识的难度大是满意度不太高的主要原因。

表 5　对满意度的描述性统计分析(N=28)

	非常不适应(%)	比较不适应(%)	一般适应(%)	比较适应(%)	完全适应(%)	合计(%)
适应度	4	54	29	7	7	100
帮助度	4	32	39	21	4	100
满意度	4	21	57	14	4	100

5. 双语教学的优劣势分析

这一部分是对双语教学模式的优劣势分析。数据分析表明,学生认为双语教学最大的优势是能提高英语水平,持这种观点的学生占 75%。除此之外,英文教材对专业知识具有"原汁原味"解释的优势、与国际接轨的优势的支持声音也很高,分别为 61%和 68%;对于英文教材具有更符合学生认知需求的优势,只有 25%的学生认可该看法。在劣势分析中,与中文教材相比,认为英文教材使得课程的难度加大的学生占比为 71%。同样与学习汉语课程相比,认为双语学习将会耗费更多时间的学生比例为 57.14%。虽然难度加大和花费更多时间是双语教学不可避免的问题,但在教学改革开始这两点确实对学生形成较大压力,一半的同学认为双语教学的一个劣势是影响了对专业知识有更透彻的理解,有 1/3 的学生认为双语教学降低了学习兴趣。大部分学生并不认为双语教学使得课堂信息的传递量减少,具体情况参见表 6。

表 6　双语教学的优劣势比较(N=28)

		比例(%)
优势	提高外语水平	75
	内容组织更适合认知需求	25
	有助于理解专业知识内涵	61
	与国际接轨	68
劣势	使课程难度加大(与汉语教学相比)	71
	耗费更多的时间(与汉语教学相比)	57
	影响自己对知识的透彻理解	50
	降低自己的学习兴趣	32
	使课堂传递的信息量减少	18
	老师教学水平有限	25

6. 开放式问题的答案汇总

问卷中最后一个题目为开放性问题,要求学生对课程加以评价并提出改进的建议,具体汇总结果参见表 7。

表 7　开放式问题汇总

需改进方面	改进建议
教材、讲义、课件	上课所使用的教材应更有条理
	教材的目录部分应更完善
授课方式	讲课应更突出重点、难点
	思路应更清晰、易懂
	适当提高音量
	对每部分内容进行总结以便学生加深记忆
课堂气氛	增加课堂讨论和学生发言机会,活跃课堂气氛
考核方式	适当安排课后作业以鞭策学生课后的学习
	适当进行课堂测验以便及时了解学生的掌握情况
	最后的期末考试应与其他汉语教学班相区别
课程设置	安排在学生精力充沛时,而不是下午或晚上

四、对双语教学改革中存在的主要问题的思考

问卷调查的分析使我们能够比较完整真实地了解学生对双语教学的看法,从

中也发现了一些问题，主要有以下几方面。

（一）英语基础和学习时间的制约

2011 级劳动与社会保障班整体来说，学习氛围比较浓厚，基础较好。在大二第二学期给该班采用双语教学时，全班就有 2/3 的同学已经通过了英语四级，接近 1/3 的同学过了六级。即便该班英语基础较好，英语词汇、特别是专业词汇仍然是学生理解英文教材的主要障碍之一。相对常规教学方式，双语教学对教师的备课和授课提出了更高的要求，一般来说教师的备课时间至少是中文教学的 2 倍以上。同样，学生对双语教学课程必须要花费比其他课程更多的时间才能有所收获。遗憾的是，调查发现，70%左右的同学课前和课后都没有预习和复习，仅依靠教师在课堂的讲授。通过和一些学生课后交流得知，这主要有两个原因：一是有畏难情绪，不想再花时间；二是想学但没有时间学。据了解，他们大二上学期和大三上学期是课程最为集中的时间，一个学期平均有 6 门以上的课程，大大制约了他们花在英文课程上的时间。

（二）教师授课方式需要改进的地方

（1）英文教材普遍视野开阔，涉及的主题很多，并且教材内容有较大的弹性。一本好的教材在国外至少适应本科生和研究生两个层次（有的甚至还可以做博士生的教材，比如伍德里奇的“计量经济学”等），教师如何根据课程大纲，从国外教材中选取合适的内容就显得非常重要。（2）国外教材基本上依据发达国家的经济社会现实编写，而中国学生对美国等国的一些基本背景和制度缺乏了解（这些背景的了解并不是学生理解基本知识点所必须的），但由于背景的不了解影响了学生学习的积极性。如何结合中国国情和国外教材中的知识点来授课，是对教师的一个挑战。（3）在调查中发现，学生普遍反映教师教学手段比较传统和单一，基本上采取的还是老师讲、学生听这样一种形式。枯燥的专业知识，英文阅读的困难，再加上教师乏味的讲解势必会让教学的效果大打折扣。因此教师要积极运用小组讨论、课堂提问等多种方式来调动学生的积极性。（4）突出教学的重点和难点。要把教学和学生最为关心的考试结合起来，把考试的重点和难点集中放在课堂讲授，不能让学生时刻担心考试的结果。

（三）扬长避短、变劣势为优势

“使课堂传递的信息量减少”是双语教学的主要劣势之一。在相同课时内，由于英语非母语的限制，英语授课中教师输出的信息和学生摄入的信息两个方面都达不到中文授课时的程度及规模。授课信息量的不足将会影响学生对这门课程的系统掌握，这也是学生认为这种教学模式对其学习的帮助有限的原因之一。为了弥补这一缺陷，可以把教学内容适当分散，比如，对英文单词和句子本身的理解放在课前预习阶段，不占用课堂教学时间；相关主题的延伸阅读、理论和中国问题的结合和思考等可以放在课后复习阶段。在课堂教学过程中，采取提问式教学引导学生完成预习和复习；采取案例式教学等方式变单向信息传递为双向信息交流，把学生从被动接受转为主动思考和学习等。

（四）完善考试考核方式

同一门课程，如果既有双语教学，又有中文授课，则前者花费的时间和精力将大大多于后者。因此，有学生认为，单纯依据考试结果考核全体学生，将会使英语授课班的学生面临不利，从而影响学生参与英语授课的积极性。可以考虑提高英语授课班级的平时成绩所占的比重，采取多种方式考核的手段来克服这个问题。

五、总结

随着国际化人才培养理念的深入，教育行政主管部门和各高校都积极鼓励双语教学模式的探索。笔者在美国密歇根州立大学做完一年的访问学者后，开始在我院 2011 级劳动与社会保障班使用英文教材进行双语教学。通过两个学期、3 门课程的教学，笔者给该班发放了问卷，希望通过调查学生对这一教学模式的看法和体会，为以后提高教学质量提供参考。本课题的主要发现和分析都是基于该班的问卷调查，由于这并不是一个统计意义上的随机样本调查，因此课题的结论不具有普遍推广的意义，只能为本学院完善双语教学提供一定的参考。

参考文献

[1]仲伟合. 中国高校双语教学改革的探索与实践[M]. 北京：高等教育出版社，2010.

[2]汪泳. 对高校基层教学组织形式改革的思考[J]. 长春工业大学学报(高教研究版)，2010(6).

[3]郭捷，王若梅. 教育团队建设若干问题的思考[J]. 当代教育论坛，2010(2).

[4]刘艳娥. 和谐视野下高校双语教学团队建设的现状及对策分析[J]. 当代教育论坛，2009(6).

[5]何云辉，肖爱. 对专业双语教学的理性反思[J]. 沧桑，2010(4).

* 基金项目：首都经济贸易大学劳动经济学院教改项目资助

“媒介策划”教学与考核方式、方法的创新与探索*

文化与传播学院　郭媛媛

【摘要】传播学综合实践课程“媒介策划”以“提供综合掌握传媒专业技能的实践平台，培育学生传媒经管能力，实现专业实践能力全方位提高”为教学目的和追求，采用“环境拟真、业务模真、项目实战”的教学模式，创新、探索、形成了一整套的教育教学与考核考评办法。

【关键词】实践教学　传播学专业　人才培养　教育教学方法　考核考评办法

作为传播学专业人才培养的实务课程之一，“媒介策划”是一门针对传播系三年级学生开设的专业必修课，现在已经开课7年。

作为在专业基础理论与实践技能课程的基础上开设的综合实践课程，该课程在具体教学过程中，始终根据社会对专业人才培养的需要，随时调整和创新教学方法。其中，遵循“提供综合掌握传媒专业技能的实践平台，培育学生传媒经管能力，实现专业实践能力全方位提高”的教学目的、原则和追求，逐步形成“环境拟真、业务模真、项目实战”的新型教学模式，在“促进学生对专业技能的综合掌握”“提升学生媒体运营与管理能力”和“实现学生专业素质与水平的系统提升”三个方面上，取得了一定成绩。

一、根据社会需要及时调整教学内容与形式

从开始由多学科交叉而成、很少有人关注，到现在影响力不断提升，新闻传播学是一门正处于不断更新与变革的新兴学科。因此，对于传播学专业人才的培养，及其所要求人才的能力和素质，在新闻传播学科的不同发展阶段，是有不同的框范和规约的。为了与时代发展同步，培养适合社会需要的传播学专业人才，首都经济贸易大学传播学系结合学校人才培养的应用型定位和财经管理学科的优势资源，确定了“传媒经管人才”为专业人才培养的方向。

截至目前，对于传播学专业人才的培养注重于下面几个方面。

1. 市场调研分析能力；

2. 信息整合、采编能力；

3. 媒介产品策划、生产能力；

4. 整合传播、营销能力;数字媒体环境下媒体策划、营销策划、品牌策划、公关策划等能力;

5. 媒体组织、管理、运作能力;

6. 语言表达、社会协调及人际沟通能力;

7. 运用现代传播技术从事传播活动综合技能。

笔者在7年的教学过程中,围绕上面的7个培养目标,将理论课时和实践课时从开始2:2的配比,调整到现在的1:2,不断地重新教学内容和形式,加强实践教学和实践能力的培养,并将其贯彻在该门课程教学的始终。目前在数字媒体的环境下,更加注重学生媒体策划等方面能力的培养,并将其作为教学实践的重心与取向。

为了综合培养学生多方面的传播学专业能力,"媒介策划"当前主要开展的实践教学环节和项目如表1所示。

表1 "媒介策划"实验教学项目一览

实验项目名称	计划学时	实验目的、要求	每组人数	实验要求
思维训练	2	引入头脑风暴的思维训练方法:围绕主题词进行思维发散练习和主题创意活动	3~4	必开
思维练习	2	围绕媒介发展进行思维想象训练	3~4	必开
运用不同思维走向构建不同类型的媒介产品	2	学会用横向、纵向、发散性思维进行媒介产品的策划和呈现	4~5	必开
项目招、投标	2	要求学生整合好信息资源,并能够写出完善的招标、投标文件,运用PPT格式进行Presentation	4~5	选开
项目策划	2	进行头脑风暴实践,要求学生能够运用相关软件,制作项目策划书	4~5	必开
媒介产品生产	6	媒介产品生产、制作过程的实践,其中运用摄像机进行采访,运用相关编辑软件进行非线编辑,制作出视音频产品	4~5	必开
产品宣传	2	制作宣传海报、视频片花、音频广告等	4~5	必开
产品营销与推广	6	举行首映礼、综合实践展示活动	4~5	必开

近几年学生完成的实践成果如表2所示。

表2 “媒介策划”学生完成的部分实践成果

<table>
<tr><th>时间</th><th>活动名称</th><th>参与学生人数</th></tr>
<tr><td rowspan="7">2010.4</td><td>电视新闻调查节目“食堂调查”</td><td>35</td></tr>
<tr><td>电视新闻调查节目“谁动了我的饮用水”</td><td>35</td></tr>
<tr><td>电视新闻调查节目“悬崖边的花”</td><td>35</td></tr>
<tr><td>真人秀:“食堂调查”首映礼、宣传与推广</td><td>90</td></tr>
<tr><td>真人秀:“谁动了我的饮用水”首映礼、宣传与推广</td><td>90</td></tr>
<tr><td>真人秀:“悬崖边的花”首映礼、宣传与推广</td><td>90</td></tr>
<tr><td>第二届“金驼杯”传媒实践技能展示(双语、大型演播厅直播活动)</td><td>150</td></tr>
<tr><td rowspan="3">2011.5</td><td>微电影作品广告、现场活动营销</td><td>90</td></tr>
<tr><td>微电影作品首映仪式</td><td>90</td></tr>
<tr><td>第三届“金驼杯”传媒实践技能展示(双语、大型演播厅直播活动)</td><td>150</td></tr>
<tr><td rowspan="2">2012.5</td><td>传播学系原创微电影首映活动</td><td>150</td></tr>
<tr><td>第四届”金驼杯”传媒实践技能展示(双语、大型演播厅直播活动)</td><td>150</td></tr>
<tr><td rowspan="2">2013.5</td><td>传播学系原创系列情景剧“我的大学同班”首映活动</td><td>150</td></tr>
<tr><td>第五届”金驼杯”传媒实践技能展示(双语、大型演播厅直播活动)</td><td>150</td></tr>
<tr><td>2013—2014</td><td>“金驼网”管理、运营活动</td><td>150</td></tr>
</table>

二、根据教学实际改进教学和学习方式

由于该专业具有较强的实践性,“媒介策划”没有拘泥于格式化的教学要求,而是以学生的能力培养和提升为核心,改进原有以“教师教授为主”的教学模式,采用“以学生为中心”的教学方法。根据课程特点,在教师的引导和推动下,形成了自主式、合作式和研究式3种学习模式和6种具有传媒经管人才培养特色的实践教学方法。

(一)三种学习模式

1. 自主式学习模式。在“媒介策划”具体的学习过程中,教师特别强调学生要根据实验教学内容,自己规划并延展相关内容,在学生自行设计、主动参与实践活动、确定学习重点、掌握目标能力的过程中,显著提高了其自主创新能力。“媒介策划”课程通常设有专门的任务指标,在目标和规则的相关规定下,鼓励并放手让学生进行项目的策划、设计和运作规划,强调对于学生创意能力的激发。另外项目需要按照规定的时间和规则完成,以此实现学生对相关专业知识与实践的学习和掌握。

2. 合作式的学习模式。教学中,教师强调学习内容的应用性和实践性,要求

学生进行小组合作、学生和合作单位合作，培养学生的团队精神、社会沟通、协调与合作能力。在实践环节，根据实验项目的具体设置，让组与组、班级与班级形成互动合作的关系，在不同层面和方向的合作和协调中，鼓励和促进学生养成团队合作的能力。

3. 研究式的学习模式。除了专业实践操作，教师们还注重对于学生的科研创新能力的培育。在进行教学活动的具体设置时，围绕不同层次、不同难度的实践课题，教师通过问题的设置，一步步引导学生就问题渐进性地开展研究。同时，通过目标的设定，让学生在项目的设计、操作、运行中，面对问题、解决问题，并及时进行总结、归纳。在项目进行过程中，让学生和学生、组与组、学生和教师，结成面对问题、研究问题、解决问题的伙伴，以此提高学生提出、面对、研究、解决问题的意识和能力，从而提高学生的专业能力。

（二）六种实践教学模式

1.“场境设置”教学法。具体的理论和实践教学活动中，教师除了利用大量案例进行媒体实践的分析之外，还让学生自行选择最新的媒体案例进行分组提案，形成课堂教学中的专业学习“场”，使学生置身于传播实践的行业场境里，培养其专业感觉，掌握行业实践的最新动态。

2.“项目带动”教学法。即规定并要求学生完成具体的实践任务。在教师对教学实践目标予以具体规定的前提下，学生被要求在规定的时间内，按照既定的规则完成规定的任务。其中，“策划项目—操作项目—完成项目—汇报”是工作流程，学生由此进入到一个“半真”的实践环境，通过策划、操作、完成整个项目，开展专业技能操作，完成实践任务，最终实现自己专业技能的培养与提高。

3.“虚拟公司”教学法。在“媒介策划”课程的开始，各教学班成立了以教师为“董事长”，以班级学习委员为“总经理”，以 4～5 个同学为“部门”的媒体公司。“公司”围绕具体媒体产品的生产、制作、宣传、营销，开展拟真性的专业实践活动和媒体操作实务。虚拟公司成立的目的，是要让学生在拟真环境中，置身于行业实践的“真实”环境，找到专业意识与感觉，开展专业操作与实践。

4.“引入比赛”教学法。在课堂实践中，经常要求分组的学生在规定时间内完成一定量的作业，然后进行记分、评比，用竞争手段激发学生的创意能力。

5.“头脑风暴”教学法。从事传播学专业实践的学生，需要具备一定的创意思维能力。具体的实验教学，就需要对学生的创意能力进行有意识的培养。在“媒介策划”课堂上，教师通过思维导图和对媒介未来发展加以想象，让学生学会运用不同思维进行创新；通过头脑风暴，让学生进行创新思维的训练和创意的激发；进一步地，在围绕具体策划目标开展发散思维的训练中，帮助学生熟悉媒体项目的策划过程，训练他们的创意能力。

6."分享"教学法。实践教学应该鼓励学生的互动参与,引导学生从被动转为主动学习。"媒介策划"这门课中,在"项目"招、投标,产品策划,活动营销等阶段结束时,都要求学生以小组的形式进行提案汇报。项目完成后,要让学生围绕项目的策划、运作,进行期末的总结、汇报。这样做的目的是在学生在分享各自的经验中,获取更多的相关知识,学会更多的实践方法。

三、采用符合专业人才培养规律的多种教学手段

(一)全面采用多媒体教学辅助手段。在"媒介策划"教学工作中,教师重视现代教育技术在教学和人才培养方面的普及与运用,更多地注意使用多媒体设备来辅助教学,并将实践教学活动结合到新媒体平台上。一方面教师认真备课,精心准备多媒体课件,另一方面在教学内容与环节中,设计、策划了学生新媒体网站"金驼网",规定学生在"媒介策划"课上,充分运用这个属于学生自己的网站,开展媒介产品的生产、宣传、营销等活动。2012—2013 年,要求学生以"金驼月""金驼杯"为内容,进行了"金驼网"新闻专题部分的策划、组织和制作。对新媒体实践平台的有效利用,使得学生的实践活动与新媒体环境、平台与实际操作,实现了有效的连接。

(二)组织策划专业实践竞赛活动。"媒介策划"专门组织策划了"金驼杯"传媒实践技能综合展示活动。以竞赛的形式,以学生独立管理运营活动的方式,以一个年级为单位,融专业综合实践能力培养于实践活动运作、开展过程,在学生专业实践成果的公开展示中,促进学生专业实践能力的提高。"金驼杯"作为传播学系学生专业实践品牌活动,现已举办 6 届,它既是学生专业实践成果的展示平台,也构成传播学系学生的集体记忆。如第五届"金驼杯"的主题是"原来时光有真意",在学生专业实践综合展示的竞赛场上,在老师强调团队精神和专业素质全面提升的具体要求下,在追求"资源最佳整合、最好发挥"和"共赢"的目标下,学生们在开展媒介产品的策划、生产、制作和营销的过程中,将自己对大学生活的记忆、对未来的憧憬、对同学们的友爱等内容,融在其中。这使得专业技能竞赛项目,不但是专业能力的亮相和比拼、实践操作的现场展示和培训,而且是同学们共同营造的记忆与历史。

(三)建立课外专业实训体系与平台。探索并建立新的实验教学方法和教学模式,利用学院传媒实验教学中心的软硬件配备,"媒介策划"得到了如"摄影摄像工作室""平面设计工作室"这些专业实训辅助体系和平台的支持。这些课外专业实训平台有机地支持了对学生专业实践能力的培养,保证了学生实践能力与行业要求尽可能地无缝对接。"工作室"成立三年的时间内,以最新技能的课外培训和实际操作的方式,达成了对学生专业能力提升的促进,是课堂实验教学课的有机补充。

(四)和院内、校内和校外学生实践基地有效衔接。学院建立了由学生专业实践平台"金驼网",校内"学通社"和 14 个校外人才培养基地组成的专业学习、实习、

实践的三级平台。“媒介策划”课程结合这些实践基地的内容建设，培育该专业学生所需具备的行业实践能力，在尽量保持与传媒业实际工作环境一样的情境下，完善体系化建设和工作机制，采取各种有效手段，力争实现对学生专业能力和素养的模真性培养。

（五）引进名师讲学和行业从业人员讲座。专业能力的培养不可能通过一两门课程的教学就能实现。氛围和环境很重要，聆听学界和业界精英的专业分享同样重要。在课程允许的情况下，“媒介策划”有时会邀请部分学界的导师和业界的经营管理人员，就媒介产品的策划、生产、制作或营销，媒体的运营和管理等专题，和学生们进行面对面的交流、对话，以弥补课堂教学过程中学生对于行业实践实际环节的感知缺失。

四、采用与课程特性相匹配的教学考核方法

建立科学、合理的考评方法体系是检验教学质量的重要手段。通过多年来的教学研究和实践，“媒介策划”课程形成了一套切实可行的考评方法。按照专业综合实践课程的定位与特性，该课程着重考核学生的学习态度、专业能力的提高、绩效的实现，以及团队合作能力等，采用的是“方案策划＋项目执行＋成果呈现“的考核方式。

其中，重点考核学生在资料收集整理、专业实践方案策划与设计、项目执行过程和实践结果展示等方面的策划、合作、实现能力。同时，采取学生、任课教师和专家评价三个层次的考核，由学生对自己团队成员在项目整体运行中的参与度、能力、素质等打分，由任课教师对课堂内学生的表现以及策划、运作项目的创新性、主动性等进行考核，由所邀请的校外专家在专业实践活动现场就学生专业实践技能的总体表现和团队精神面貌给予评价。结合这三者，将阶段性的实验成果、实训报告和期末考核相结合，融提案汇报、成果展示为一炉的实践教学考评体系已经成型。

（一）考评依据

根据实践课程不同阶段的实训要求，按照“教学与实验相结合、实践与创新素质培养相结合、创新素质培养与人才市场需求相结合”的理念，文化与传播学院将学生的实训和成果衡量主要为以下三个层次。

层次一：理论与实验相结合→基础性实训→具备基本技能

层次二：实验与创新素质相结合→综合性实训→具备专业能力

层次三：创新素质与人才市场需求相结合→创新性实训→具备创新能力

“媒介策划”主要兼顾了层次二、层次三的考评考核标准。

（二）考核形式

教学方式不应该传统单一，课程考核形式也应根据不同专业教学体系的特殊

性和人才培养的要求，根据具体课程的教学定位与目的，建立多元考核机制与标准。“媒介策划”以对实践项目的操作考核为主，主要考核学生的管理、协调、操作、宣传、运营的综合能力。当然，需要同时考虑虚拟公司方案招投标会的形式，并对项目成果的汇报进行展示和评比，加上专家评审、参考受众/观众反馈等因素，并根据任课老师的意见最终得到对学生的最终考核结果如表3所示。

表3 “媒介策划”考核项目及内容

考核项目	考核内容	权重比例(%)
提案形式	提案的规范性、合理性、可行性、创新性	10
项目运作过程考评	项目管理、技术操作、团队合作、分工合理、自主学习、实践能力	40
项目成果考评	最终成果的表达效果、制作精良程度、创新程度	20
汇报现场考评	结课时汇报提案演讲，考核投标/演讲效果，表达能力，现场气氛的控制/模拟公映	30
信息反馈考评	专家意见，受众/观众的反应	10

（三）考评形式

传播专业人才培养有自己独特的教育特点，经过多年实践教学体系和方法的摸索、创新，“媒介策划”已经形成自己的考评体系。这些考评体系促进了课堂的互动氛围，促进了学生的专业学习从被动转为主动，并符合现代教育新的理念如表4所示。

表4 “媒介策划”考评形式

学生互评	在课程最后，组织各组学生进行项目成果展示，让学生汇报演讲，并在一个班级展开同学之间的心得交流；然后组织年级间的项目评比，评出最佳年级，给予适当奖励。
专家评审	结课汇报时根据情况邀请专家或者专业教授，根据考核标准和规则，现场给予学生评价、打分。
观众反馈	在实践成果综合展示会上，全年级同学一起参加观看，要求同学对项目成果给予反馈。

五、总结

信息社会到来，媒体技术不断进步，高校传播学专业人才的培养处在风口浪尖上，如果不及时转变人才培养理念，跟随社会对专业人才的需要及时调整自己的教学内容，采用新的教学方法培育新的能力，就会形成教学和业界实践的严重脱节。当前的高等教育不应该还用传统的“满堂灌”的教学方法，在移动互联网已经进入教室、课堂的时候，如何避开学生容易获取的知识点等资源，注重对于不可能一蹴而就的思维培养和能力培养，这可能是未来教育教学改革中需要重点进行研讨的内容。“媒介策划”正是秉持以学生为中心的教育教学理念，不断打破既有窠臼，探索出了一些能让学生既有所有、就有所得的教育教学新法。是得是失，不过抛砖引玉尔！

参考文献

[1]伍顺比，董小玉. 多元与特色：新闻传播学实践人才培养的审思——基于传媒类国家级实验教学示范中心的分析[J]. 现代传播，2011(9).

[2]陶喜红，高伟华. 论新闻传播学实践教学的改革路径[J]. 新闻爱好者，2011(13).

[3]殷新红，谭杰，黄小琴. 就业导向下高校新闻传播学实践教学的思考[J]. 江西科技师范学报，2009(1).

* 本文受首都经济贸易大学 2014 年教改立项重大项目“卓越人才培养体系与模式研究——以传播学专业威力”资助

提升"音乐欣赏"课程教学效果的思考

文化与传播学院　韩丽

【摘要】音乐美学与其他学科有着不同的含义与特征。在音乐教学中，树立以音乐审美为核心，以学生为主体的音乐教学理念，通过精心选择音乐视听教材，培养学生的学习兴趣，有利于提升"音乐欣赏"课程的教学效果，达到提高学生的音乐欣赏水平和审美能力、激发学生创造性思维的目的。

【关键词】音乐教学　音乐作品　音乐审美

美好的音乐，抚慰人的心灵，陶冶人的情操。对于音乐的教育作用，人们有了明确的认识，也越来越加以重视。音乐教育家更致力于研究音乐对于培养人的创意思维、创造性思维的特殊意义。在国外早已有音乐治疗，即用音乐协助药物、心理等参与患者的治疗。李岚清在"音乐艺术人生"的讲座中讲到：音乐的魅力在于它能使学习更有成效，思维更有创意，工作更有效率，领导更有艺术，生活更有情趣，人生更加丰厚。音乐美学与其他学科有着不同的含义和特征，音乐是抽象的表现艺术，它通过声音来抒发人的内心感受，表达着人们对美的追求和感悟。音乐艺术需要翅膀，需要理解和沟通，谁来为音乐艺术插上天使的翅膀，笔者认为学校音乐教育应该起到重要作用。

"音乐欣赏"课程主要通过赏析中外经典音乐，使学生感受音乐优美的旋律和丰富的艺术语言，了解精湛的作曲技法，品味较高的文化内涵和纯正的艺术品质，激发学生的联想和想象，培养学生的创意和创造性思维能力。我校学生不是专业音乐学生，在普通高校开设音乐课，音乐教师必须在音乐教学中建立以音乐审美为核心，以学生为主体的音乐教学理念，通过精心选择音乐视听教材，培养学生的学习兴趣，诱发学生学习的自主性和主动性，提升"音乐欣赏"课程的教学效果，从而达到提高学生的音乐欣赏水平和审美能力、激发学生创造性思维之目的。

一、精心选择音乐欣赏曲目，培养学生的学习兴趣

西方音乐的发展可以追溯至遥远的古希腊、古罗马时期；经过漫长的以宗教音乐为垄断的中世纪时期；文艺复兴时期世俗音乐得到发展；巴洛克时期复调音乐达到很高的水平，确立了主调音乐和声织体；古典主义时期的音乐特征，交响音乐的创作发展达到极致，以海顿、莫扎特、贝多芬为代表的维也纳古典乐派，致力于交响

音乐的创作，为交响音乐的确立、巩固和发展做出了贡献；十九世纪浪漫主义思想风行欧洲，造就了一批浪漫乐派的作曲家，他们对交响音乐从内容、形式、乐队编制、乐曲标题都进行了改革与创新，这时期的交响音乐情感更丰富，内容更多样，色彩更绚丽；20 世纪随着人类科学技术水平的进步，音乐流派种类繁多，交响音乐的发展也更加日新月异。面对西方音乐保留下来的大量音乐作品，在教学中精心选择聆听的经典音乐曲目尤为重要。

（一）选择音乐形象性较强的音乐作品，培养学习兴趣

在音乐欣赏教学中，选择音乐形象特征较强的音乐作品，可以由浅入深、以美引真，很容易吸引学生的注意，激发联想，产生共鸣，培养学生的学习兴趣。

贝多芬创作的《第六交响曲》（田园），5 个乐章，就是在大自然中获得的灵感。他说，“没有人比我更热爱田野了”，他还在原谱上写出：感情表现多于音画。

乐曲第 1 乐章，初到乡村时愉快的感受；

音乐清新质朴，和谐明朗，充满着民间的因素。流畅的旋律，欢快的节奏，表现了初到乡村，感受到大自然的美景；灿烂的阳光，清新的空气，鸟语花香，一切都是那么新鲜，生机勃勃。乐曲的发展部，节奏很有特点，使用典型的进行性的节奏，不间断地连续重复 36 小节，加入音乐调式、配器色彩的不断变化，好像坐在马车上，欣赏乡村小路周边的自然风光，五光十色，和谐美妙。在教学中，让学生体验感受经典音乐的魅力，激发学生的生活想象，对田园、乡村生活的美好回忆。

第 2 乐章，慢板，在溪边；

由弦乐器奏出 4 小节连续的三连音，好像慢慢流动的溪水；在这背景上，高音断断续续的 16 分音符，像徐徐的微风。主部主题，柔美甜蜜；副部主题，优美的旋律，悠然自得，先由大管奏出，中提琴和大提琴的加入，温暖美丽。听到这种音响，

使人产生联想，夏日的午后，躺在小溪边的草地上，榆树下，仰望蓝天，徐徐的微风，潺潺溪水的流动，伴随着不时的虫鸣鸟语，凝神思索大自然的奥秘，陶醉在大自然中，太美了！在这乐章的结尾，作曲家还逼真地模仿杜鹃、夜莺、鹌鹑 3 种鸟叫声，让听众身临其境，感受到大自然的宁静与和谐。

第 3 乐章，暴风雨；音乐形象性更强。贝多芬运用不协和和弦，频繁转调，配器色彩不断变化。天空乌云密布，狂风夹杂着雨点倾泻而下，闪电雷鸣，大雨倾盆。短笛尖锐刺耳的高音，使音乐充满着紧张、恐怖的气氛，惊心动魄，使人们感受到大自然的无比威力。

第 4 乐章，牧歌，暴风雨过后愉快感恩的心情；

暴风雨过后，雨过天晴，天空中架着彩虹，树枝上挂着水珠，草地上散发着泥土的芳香，呈现出一片清新的景象。牧人们吹起悠扬的牧笛，人们牵着牛羊回到田野，耕作劳动，鸟儿在枝头跳跃歌唱；这是人类与大自然和谐相处的美好画面，表现了人们愉快乐观的心态和对大自然的感恩心情。贝多芬的音乐温柔恬静，给学生带来美好的画面和无尽的遐想。

捷克民族乐派的代表斯美塔那，晚年双耳失聪，但凭借他高超的音乐创作技法和对祖国的真挚情感，写出了交响诗《沃尔塔瓦河》。

沃尔塔瓦河是捷克境内纵贯南北的河流，首都布拉格横跨在它的两岸。作曲家饱含深情地用音乐描绘了一幅幅动人的图画。沃尔塔瓦河的发源地是两条小溪，一条清凉，一条温和，两条小溪流过寒风呼啸的森林，汇合成一道洪流。河水映着阳光闪耀光芒，冲击着卵石哗哗作响。它流过茂密的森林，聆听猎人打猎的号角；它流过田野，饱览丰收的喜悦；它流过乡村，传来乡村婚礼波尔卡的舞蹈音乐，感受乡村生活的和谐喜悦。月光下的沃尔塔瓦河充满着浪漫迷人的色彩，平稳流淌的河水，好似仙女在它的浪尖上歌唱嬉戏；黎明时分的沃尔塔瓦河滚滚向前，顺着圣约翰峡谷，奔泻而下，冲击着岩石峭壁，发出轰然巨响。之后，沃尔塔瓦河映着初升的太阳，变得更加波澜壮阔，奔向首都布拉格，流经捷克古老的城市维谢格拉德，现出它的全部瑰丽和庄严。沃尔塔瓦河继续向前，同易北河的巨流汇合消失在远方……”这是斯美塔那为这首乐曲写下的文字，形象地展示了乐曲的内容，饱含深情、热情洋溢地歌颂了祖国的美丽河山。

法国作曲家圣桑创作了《动物狂欢节》，它是由 14 首相对独立的短小乐曲组成的管弦乐套曲，用两架钢琴和小型乐队演奏了形象逼真、活泼、可爱的动物形象：狮王，母鸡与公鸡，骡群(一群急驰的动物)，乌龟，大象，袋鼠，水族馆，长耳朵的角色，杜鹃，大鸟笼，钢琴家，化石，天鹅。在这些动物音乐里，大提琴曲《天鹅》是学生最为熟悉和喜欢的，它表现了天鹅在湖面上悠然自得游动的神态，它洁白高雅，使人印象深刻。

(二)选择情感表现丰富的乐曲，以情感人

音乐是情感的艺术，它通过优美的旋律，鲜明的节奏，悦耳的和声，绚丽的音色，直接、有力地作用于人的心灵，感染人打动人。柏拉图说：节奏和乐调有强烈的力量浸入心灵最深处。贝多芬说：音乐使人的心灵爆发出火花。选择情感丰富的经典音乐作品，以情动人，以情感人。

德国浪漫主义时期的作曲家舒曼，创作了钢琴套曲《童年情景》回忆童年往事，写作了《奇怪的传说》《捉迷藏》《孩子的请求》《梦幻曲》《火炉边》《竹马游戏》《诗人的话》等钢琴小品。《梦幻曲》是其中的代表作品，乐曲使用的音乐素材简洁，旋律优美，表现出梦幻的意境，朦胧、恬静，富于色彩的变化，使人产生联想，感到熟悉而亲切，学生听后很喜欢。

贝多芬的第十四钢琴奏鸣曲(月光)，♯c 小调，幻想曲式奏鸣曲，全曲共 3 个乐章。

第 1 乐章，富于诗意的主题，充满柔情，沉思。

三连音的节奏音型连绵起伏，平静的和声背景，好像水波荡漾，也好像倾诉着内心的忧伤。德国诗人路德维希·赖尔斯塔勃把它比作瑞士卢塞恩湖上的月光。但真正触动贝多芬创作的并不是皎洁如水的月光，而是他与朱丽叶·琪察尔迪恋爱失败后痛苦的心情。欣赏乐曲，体会乐曲表达的情绪，学生好似在沉思，意犹未尽。

德国作曲家门德尔松创作的《e小调小提琴协奏曲》，表现了作曲家最典型的创作特征——对大自然的浪漫主义态度。如歌的旋律，幻想的形象，细腻的表现，乐队配器纯熟精细，具有非凡的美。

第1乐章，热情的快板，高昂激越，充满活力；

主部主题由独奏小提琴演奏，像奔泻的春潮，无拘无束地流入人们的心田。独奏小提琴运用技巧性的表现，使音乐华美连贯。这部作品艺术构思古典严谨，音乐风格抒情华丽，体现了古典主义精神与浪漫主义相结合的特点。

肖邦，波兰钢琴诗人，他的音乐创作几乎是各种类型的钢琴作品，如马祖卡舞曲、波兰舞曲、练习曲、叙事曲、协奏曲、谐谑曲、圆舞曲、夜曲等，学生最喜欢的是肖邦的夜曲和圆舞曲。肖邦由于祖国被外强侵占，被迫长期流亡海外，自称是远离母亲的孤儿。他的作品有的庄严肃穆，有的英雄刚毅，有的光辉灿烂，有的华丽多彩，有的奋发昂扬，有的恬静甘醇，抒发着作曲家的爱国主义情怀。德国音乐家舒曼评价他的作品是“隐藏在花丛中的大炮”。

匈牙利音乐家李斯特，对钢琴演奏和创作有着特殊贡献。他演奏、创作和改编了大量技巧艰深、效果辉煌具有深刻内容的钢琴曲，开创了诗的管弦乐、单乐章有标题的交响音乐体裁——交响诗。李斯特创作了19首《匈牙利狂想曲》，这些作品运用匈牙利的民间音乐和吉卜赛舞曲为音乐主题，具有浓厚的民族色彩。其中第2首、第6首最富有代表性，绚丽灿烂、光彩夺目，辉煌热烈，表现了李斯特对祖国的深厚感情。

（三）选择思想性、哲理性强的音乐，寓教于乐

经典音乐作品，蕴含着深刻的思想内容，这来源于音乐创作的本质特征，也是音乐艺术的魅力。在欣赏教学中，要让学生了解作曲家，了解作品创作的时代背景、表达的思想和审美追求。

中国著名小提琴协奏曲《梁山伯与祝英台》，由陈钢、何占豪作曲，创作于1959

年。当时作曲家还是上海音乐学院的青年学生，为促进交响音乐民族化，选择了这一家喻户晓的民间传说为题材，并吸取了越剧中的曲调为素材，创作出这部单乐章带标题的小提琴协奏曲。

此曲采用西方作曲技法中的奏鸣曲式，从梁祝爱情故事中择取“草桥结拜”“英台抗婚”“坟前化蝶”3个主要情节，分别作为乐曲的呈示部、发展部、再现部的内容，充分发挥交响音乐的特点，又具有民族特色，旋律优美，色彩绚丽，通俗易懂，在中国被誉为“民族的交响音乐”，深受大学生的喜爱。

中国作曲家吕其明，在1965年创作的《红旗颂》，同年5月作为“上海之春”开幕曲首演。

乐曲开始，由小号奏出以国歌音调为素材的引子，经圆号重复，歌颂红旗的主题澎湃激荡，人们被乐曲带到回忆里——1949年10月1日，天安门广场升起第一面五星红旗，中国人民在红旗的指引下英勇战斗、奋勇向前，奔向美好的明天。这部作品激励着几代中国人为实现祖国的强大而努力奋斗。

俄国作曲家柴可夫斯基的《1812序曲》，创作于1880年，是为1882年在莫斯科举行的庆祝1812年在战火中被毁的莫斯科救主基督大教堂的重新建成而作。1882年适逢俄法战争70年，作者就以这个历史事件为题材，创作了这部音乐会序曲。战争之前，俄国人民在和平安宁的环境中生活；战争来临，出现恐慌、骚动，俄国军队集结，准备抗敌。音乐的主题是俄法两军的战斗场面，紧张、激烈、残酷，最终俄国人民赶走了侵略者。尾声在人们的欢呼、军队的凯旋、教堂的钟声和礼炮声中变成胜利的凯歌。高尔基高度评价这部作品：“它用一种新的东西捉住了你，把你高举于时代之上，是一部具有深刻的人民性的音乐。”

二、加强音乐主题的赏析，培养音乐审美体验

音乐主题的刻画，是任何一部经典音乐的核心。它表现一个完整的或相对完整的乐思，是乐曲中最具有特征的、处于显著位置的旋律，也是乐曲结构发展的基本要素。音乐的主题，有较强的独立性、鲜明的性格，富于歌唱性，容易记忆。经典音乐的主题，往往蕴藏着丰富的内涵。

贝多芬《第五交响曲》(命运)，包括 4 个乐章。

第 1 乐章的音乐主题，作为整部交响曲的核心动机贯穿全曲，这个动机只用了几个音符，短小简单，贝多芬说：那是命运的敲门声。它以各种不同的形式在各个乐章中反复出现，有时阴暗，有时欢愉，有时紧张，有时低沉。第 1 乐章就是在这一主题的发展中，展示了一幅惊心动魄的斗争画面。

捷克音乐家德沃夏克创作的《第九交响曲》(新世界交响曲)，包括 4 个乐章。这部交响曲是作者最重要的、最有价值的作品，也是 19 世纪下半叶世界交响音乐的珍品。

第 2 乐章的音乐主题，由英国管独奏的旋律简单朴实，情深意浓，扣人心弦，表达了作曲家对祖国、对家乡的思念之情。首演时，一些听众感动得流下眼泪。实际上德沃夏克创作这一乐章，受到美国诗人朗费罗的叙事诗《海华沙之歌》的影响。海华沙的妻子在饥饿中死去，人们在阴森森的密林里为她下葬告别。乐章就是在这一情境气氛里奏出的，海华沙的痛苦与德沃夏克意识中对祖国深深的思念交织在一起，引发思念之情，写出了交响曲慢板乐章中最动人的旋律。

贝多芬一生向往着“自由、平等、博爱”，他真心拥护法国资产阶级大革命。当《第三交响曲》(英雄)创作完成，准备献给他所喜爱崇拜的拿破仑时，传来拿破仑称帝的消息，他勃然大怒，撕碎了题献给拿破仑的扉页，在出版时《英雄交响曲》谱面上写道：为纪念一位伟大的人物而写的英雄交响曲。

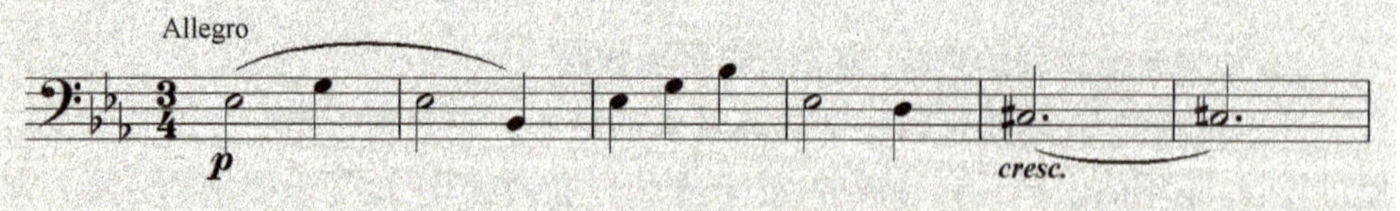

第 1 乐章音乐的主题，在两个刚毅果断的和弦强奏之后，以其不可遏制的力量冲击出来，当全乐队主奏时，它好像一股激流，强烈地冲击着每个人的心弦。第 1 乐章的规模宏伟壮观，斗争的热潮，坚定的毅力，同苦难、困惑、沉思交织在一起，呈现出紧张冲突，充满着音乐的戏剧性。作品篇幅庞大，情绪激愤，音响如同火山爆发，是一部划时代的经典作品。

三、学习音乐语汇，提高审美水平

音乐实践活动，包括音乐创作、音乐表演和音乐欣赏 3 个基本环节。音乐作曲是创作，音乐表演是创作，音乐欣赏也是一种创作。现在很多音乐教育家很重视音乐对发掘和培养人的创意思维、创造思维的特殊意义。德国音乐教育家卡尔·奥尔夫，一直都在倡导创作、表演和欣赏三位一体的教学，使学生从中获得更多共同创造、共同分享、共同交流的乐趣，提高审美体验和审美水平。在音乐教学中，要重视音乐创作技法和音乐语汇的学习，帮助学生更深刻地理解音乐，更投入地欣赏音乐。

贝多芬交响音乐的最高成就是《第九交响曲》(合唱)，共 4 个乐章，集中体现了他音乐创作的思想境界、革命热情和艺术理想。特别是第 4 乐章，把器乐和声乐非常完美地衔接起来。器乐部分使用歌剧中宣叙调的创作技巧，乐曲开始出现一个狂风暴雨般的乐句，同第 3 乐章结束时的情绪形成鲜明对比；接着好像在回忆，把前面 3 个乐章的基本主题依次再现，但每一次再现都被大提琴和低音提琴的宣叙调打断、拒绝。贝多芬经历过紧张的斗争，深沉的思考，在黑暗中盼望光明、在痛苦中期待欢乐，他在寻找、是追求一种更欢乐的旋律，是通向光明，欢乐的颂歌。

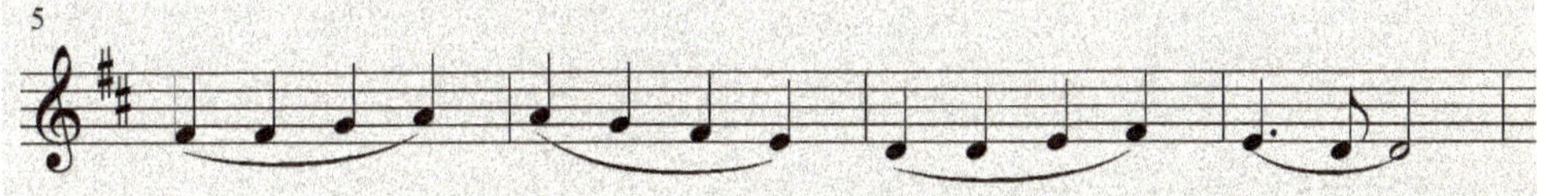

“ 欢乐啊，美丽的神的火花，极乐世界的仙女！天女啊，我们如醉如狂，踏进你神圣的天府，为时尚无情地分割一切，你的魔力又把它们重新连接；只要在你温柔的羽翼之下，那里的人们都结成兄弟。”这些诗句，从独唱、重唱到合唱，音乐主题每次变奏都有不同的色彩。后来，男高音的独唱使《欢乐颂》成为豪迈的进行曲的战歌。“弟兄们，请你们欢欢喜喜，在人生的旅程上前进，像行星在天空里运行，向英雄一样快乐地走向胜利。”音乐激情汹涌澎湃，更加坚定了人们从斗争到胜利的信念。结束部分音乐速度加快，爆发出更大的威力，合唱队与乐队怀着高昂的激情，赞颂欢乐，号召亿万人民拥抱在一起，歌颂全人类的团结友爱。这是全人类的颂歌，是全人类和平友好的赞歌。贝多芬把人类和平的理想、欢乐的理想带到美好的音乐中，《欢乐颂》是人类交响音乐中的精华。

美好的音乐像壮丽的史诗，表达着时代的精神，鼓舞着人们为美好的未来奋斗。法国作家罗曼·罗兰在希特勒占领法国期间，写下这样的文字：在遭遇考验的日子里，当络绎不绝的撤退人流在故乡高原纵横交错的道路上奔逃，敌人袭击的喧嚣声跟踪而来的时候，您可知道，谁是我的同伴？在敌人临近的当儿，在我的脑海中浮现出贝多芬《第五钢琴协奏曲》中第 2 乐章的主题，一首美丽的歌曲。在那 3 天 3 夜之间，我一直听到这美妙的歌声，它就像活在我心里一样。这首歌曲纯洁明净，它驾凌在这世界的废墟之上，它照亮了理智，正如在乌云的空隙中的蓝色天空一样。音乐，人类文化宝库中的精华，感召和鼓舞着人们，伴随着我们的生活。笔者是学习音乐的受益者，笔者也希望学生们是音乐爱好者。让音乐插上天使的翅膀，伴随我们的生活！

参考文献

[1]瓦尔勒. 贝多芬钢琴奏鸣曲集[M]. 北京：人民音乐出版社，2011.

[2]曹理，等. 音乐学科教育学[M]. 北京：首都师范大学出版社，2000 年.

[3]上海文艺出版社. 音乐欣赏手册[M]. 上海：上海文艺出版社，1981.

[4]孙继南. 中外名曲欣赏[M]. 济南：山东教育出版社，1987.

[5]杨民望. 世界名曲赏析 [M]. 上海：上海音乐出版社，1991.

[6]钱仁康. 欧洲音乐简史 [M]. 北京：高等教育出版社，1991.

[7]李岚清. 音乐笔谈 [M]. 北京：高等教育出版社，2004.

[8]李近朱. 交响乐名曲欣赏 [M]. 宁夏：宁夏人民出版社 ，1998.

激兴趣、开心智、促能力，全面提升学生基本素质*

——兼议幕课在“中国金融史”课程教学中的探索

金融学院　祁敬宇

【摘要】本文从作者讲授“中国金融史”课程的教学实践出发，通过自己的教学体会以“课堂教学效果提升”为主题思想，就金融史课程如何激发学生的学习兴趣，开启智商、情商和财商，提升课堂教学质量，对于培养适合现代教学理念、教学内容以及学生成长成才需要的知识体系、教学模式、考试模式等问题进行了探索。论文秉承“以学生为本”的教学理念，倡导“以教为主”向“以学为主”教学模式的转变，通过幕课在中国金融史教学中的体会，就如何优化教学设计、改进教学方法和手段、完善课程考核评价方式、提升课堂教学效果等问题进行了思考。

【关键词】中国金融史　教学效果　幕课

众所周知，文化对于国民的素质而言是非常重要的。文化的内涵非常丰富，而历史在其中必不可缺。作为财经类高校，人文素质的培养具有举足轻重的地位。由于历史是对人的研究，包括金融史在内的财经人文范畴，也一样离不开对人的研究，即对人的思想、品格、情怀等方面的研究和而这些课程对于培养大学生的智商、情商和财商（以下简称“三商”），提高他们的思维和洞察力，培养必要的解决问题的方法和能力，提升各方面的素质均有着积极的意义。而要做到这一点，就需要更多的知识和专业相结合。在教学中笔者积极探索和融入了与幕课（massive open online courses，MOOC，大规模在线开放课程）相类似的教学方法（虽然当时并不知道这样一个非常时尚的词汇），这点同高校人才培养目标、当代大学生的成长需求相吻合。这正是我们改进中国金融史课程的教学效果，提升学生素质和能力的出发点与切入点。

本文将结合笔者十年来从事中国金融史教学的体会，谈谈金融史课程课堂教学的一些问题，重点是激发学生兴趣，开启学生心智，进而提升学生的各项基本素质，以及在中国金融史课程教学中培养大学生“三商”方面的一些粗略经验，以期于各位同仁交流探讨。

一、中国金融史课程教学的基本情况回顾

通过 10 来年的教学实践，笔者有很多想法，借此利用教学征文的机会加以回

顾总结。在开设全校选修课“中国金融史”的十来年间，该课程一直受到学生的喜爱和好评，这给笔者增添了很多力量，也是笔者持之以恒不懈提高教学质量的动力。

笔者于2003年博士毕业后进入首都经济贸易大学金融学院（当时为金融系），是从机关环境进入了高校环境。高校对我而言，既熟悉又陌生。当时的首都经济贸易大学尚未开设金融史的相关课程，笔者大约在2004年以选修课的方式在全校首次开设了中国金融史课程。抚今追昔，这个课程开设至今已近10年了，期间除了因出国有个别学期未开课外，几乎每学期都要开设，开一个班人数超标，就又开设了两个班，时间上已经坚持近20个学期了。这期间先后约有一千多名学生选修了这门课程。回想10年前，自己开设中国金融史课程的初衷有很多，但是顾虑担心也不少。回顾开设中国金融史课程的心路历程，如今能够走到这一步，确实一路感慨。

当时，自己刚刚博士毕业从事高等教育工作，教学科研任务很重，不但要熟悉高校的各项工作，而且存在着晋升职称的压力。在这样的环境和压力下，又要开设一门全校性的专业史类选修课，确实感到有些压力。特别是开设这样一个“老师不愿意教，学生也不愿意学”的人文类课程，效果究竟如何呢？会不会半途而废呢？坦率地说，自己内心确实没有把握。这10年间，为了讲好“中国金融史”课程，笔者投入了大量的时间和精力。由于金融史学科的特殊性，其出成果很难，在当今科研评价体系面前，从事金融史教学或许有点得不偿失。但十来年间，笔者走过了风风雨雨，从“山穷水复疑无路”逐步走向了“柳暗花明又一村”。

与此同时，笔者个人对历史情有独钟，加之有多年收藏钱币、票证等金融文物的喜好，开设中国金融史的这10年间，虽然累但内心却很愿意做。

中国古人在数千年的经济金融实践中，积累了无数的宝贵经验和教训，无疑这是大学生应当珍视的宝贵财富，也是提升其基本素质和能力的重要学习途径之一。于是，笔者试图通过整合之前的一些教学经验、教学资源作为基本教学素材和教学内容，先以选修课的方式开设了中国金融史课程。在开课过程中，逐步积累摸索提高，宗旨在于通过轻松的教学，激发学生的学习兴趣，在潜移默化中提升学生的思想品德和综合素质能力。

为了准备好这门课，笔者做了充分准备，涉及文学、历史、政治、经济、文化、收藏、旅游、文字、书法、音乐等领域。观看和下载的视频很多，并从中提炼出与金融史或经济史有关的素材，为以后需要时进行加工做好准备。这其中包括很多国外的双语幕课资料，这些视频资料，经过加工、整理、剪切后，成为幕课的很好素材。中国金融史幕课的探索，为笔者今后开设相关课程积累了经验。虽然世界金融史开设的时间较晚，但准备的时间并不短（几乎在积累中国金融史资料的同时，已经留心准备世界金融史的资料和有关音视频素材）。在这些视频中侧重于金融人物、金融演进、钱币、金融文化等方面的内容。

还有一点也是很重要的，为了上好金融史课程，笔者走访了全国各地的博物馆，特别是金融博物馆，参观了各地的名人故居，特别是同金融商业有关的故居。人类的历史也许是一部金融史，历史上的每一次金融创新都无不深刻地影响了世界的发展。古今中外，金融发展所带来的影响已不仅仅局限于其产业内部，而是涉及社会经济政治生活的各个层面，因此，金融业的发展以及由此带来的影响是巨大的。

其实，“中国金融史”是一门十分重要和有趣的课程，对金融学专业学生知识结构的完善起着重要的支撑作用。要使学生们能系统地掌握中国有史以来整个金融思想发展的脉络，掌握金融发展演变的轨迹，加深对中国历代政府制定金融政策思想基础的了解，更好地把握改革开放以来中国金融发展的进程，加深理解中国现行金融发展的历史继承性与实用性，从而为学生全面系统地掌握和灵活运用金融学知识打下坚实基础。

二、幕课在中国金融史课程教学模式、方法与教学效果中的探讨

在“中国金融史”课程教学中，由于课程比较枯燥，因此，如何通过教学模式和方法的革新吸引学生就成为笔者开设“中国金融史”课程后首先要思考和探索的问题。笔者在开设“中国金融史”之初，就较早地尝试运用视频影像资料进行教学，经过 10 来年的实践，感觉效果还是不错的。笔者当时主要是在“中国金融史”课程教学中运用视频教学，尽管很多情况是出于提升教学效果和课堂气氛而无意进行的，虽然并不知道“幕课”这样一个时髦的词汇，但这些实践颇与近年红红火火的“幕课”“翻转课堂”等新型教学方式不谋而合。

笔者在开设“中国金融史”课程的前期，很多吸引学生的视频就是通过自己家中的网络下载、选择、剪切和修改来完成的。当下，幕课（massive open online courses，MOOC，大规模在线开放课程）已经如火如荼地发展起来。笔者早期开设“中国金融史”课程时，限于网络视频的数量、质量，特别是学校教室多媒体、网络等设备的制约，以及教室电脑的配置、存储介质等局限，其不易和困难至今历历在目。

结合“中国金融史”的课程教学，笔者感觉到幕课教学方式确确实实是一种值得大家探索的教学方式。幕课具备大规模、开放性的教学包容性，特别是对于教学内容而言，具有多维度、个性化的教学导向；加之，它教学成本低，能够把教师从繁杂的教学中解脱出来，而专注于其他教学问题，这不仅对于教育技术手段，而且对教育观念、教学体制、教学方式和人才培养过程等多方面都具有强烈的挑战性和深刻影响。多年来，灵活运用一些先进的教学方法，恰当、充分地使用现代教育技术

手段，在有效调动学生的学习积极性、激发学生的学习兴趣和提高教学效果方面确实体会到了一些效果。

下表是笔者结合讲授中国金融史课程前后运用两种教学方式的对比情况，从中可发现很多问题，值得大家思考。

表1 “中国金融史”课程运用两种教学方式的对比表

比较项目	传统的教学方法	幕课等新式教学法	借鉴指数
教师专注	传授知识，认真备课，协调课堂	指导学习，讲解重点，解惑答疑	★★★
教师角色	更像演员，表演能力要好	教师像导演（视频中的“教师”才是演员）	★★★
学生关注	被动接受，全面开花	课前学习、重点研究，能力提高	★★★
教学关键	课堂教学、课后习题，复习迎考	课前学习，课上教师答疑	★★
课堂内容	知识的讲解传播，无深度	有深度，思考，能力提升	★★★★
技术运用	教室的黑板、PPT 等多媒体	网络、信息、多媒体	★★
评价方式	考试成绩	学生潜移默化地获得能力与素质的提高	★★★★
课堂效果	教师魅力，效果不定	幕课内容，效果普遍提高	★★★
考试方式	教师从讲授中划重点，学生复习备考	学生围绕相关内容，重在能力	★★

运用幕课教学法，能够变“教师为中心”的教学格局为“学生为中心”的学习格局，它重实践、重互动、重发挥、重能力。教师不再是单向的“传道、授业、解惑”，学生也从“听讲者”转变为“参与者”，从“理论的接受者”转变为“实践的创造者”，从而激发学生的创新精神和参与意识，培养了学生的创新能力。与此同时，教师的重点也从日常繁杂的教学中解脱出来，关注课程的重点难点，把精力放在了提高学生的能力上，重点在解答学生的困惑。

“以学生为中心”是现代教育的基本理念。美国实用主义教育家约翰·杜威说过，最好的教学方法就是牢牢记住学校教材和实际经验两者相互联系的必要性，使学生养成一种态度，习惯于寻找两方面的接触点和相互的联系。要充分发挥学生的主体作用，需要运用自主学习、合作学习、研究性学习和探索性学习等开放式教学方式。

古人云：“授之以鱼不如授之以渔。”德国哲学家笛卡尔也曾说过：“最有价值的知识是关于方法的知识。”教师的讲授，不仅仅是提供问题的答案，而是告诉学生一个观察问题的视角，提供一个分析问题的方法，也是启发学生思维、挖掘学生智慧、营造课堂情境、激发学生创造力、鼓励学生创新的一个过程。

因此，从这个角度看，幕课等新型教学方式确实值得我们大家思考和探索。

三、"中国金融史"课程教学与大学生素质能力的探讨

笔者认为,大学生综合素质和能力中,"智商""情商"和"财商"三位一体,它们是一个综合体。这些能力的高下直接决定和影响着一个人的追求、处事、趣味、修养甚至道德素质。当前,大学生面临着就业和创业的严峻形势,面对市场经济,在智商、情商和财商三者中,财商的重要性越来越显现出来。智商多由先天因素决定,情商和财商以后天培养为主,但作用也不完全一样,即决策者更依赖于财商和智商,执行者却需要更高的智商和情商,管理者则需要情商和财商。

因此,在讲授中国金融史课程中,笔者积极探讨如何进一步提高大学生的"三商"问题。具体有以下几点体会:

首先,要突出以人为本的理念,提高"情商"。金融史知识的传授,目的不在于仅仅向学生传播和灌输某些金融知识,而在于实现人的全面发展与综合素质的提高。在高等教育领域,实现人的全面发展直接体现在学生的学习能力、工作能力、道德素质、社会关系与个体素质的全面提高。为此,必须真正树立以人为本的理念。在这方面,提升学生的情商就显得很必要。美国心理学家认为,情商包括以下几个方面的内容:一是认识自身的情绪,因为只有认识自己,才能成为自己生活的主宰;二是能妥善管理自己的情绪,即能调控自己;三是自我激励,它能够使人走出生命中的低潮,重新出发;四是认知他人的情绪,这是与他人正常交往,实现顺利沟通的基础;五是人际关系的管理,即领导和管理能力。情商的水平不像智力水平那样可用测验分数较准确地表示出来,它只能根据个人的综合表现进行判断。

其次,确立明确的价值观导向和道德标准,树立正确的"财商"。正确的财商对于金融人才而言非常重要,比如遵纪守法、践行契约、诚信经商、科学的"义利"观等等。学习中国金融史不能不研究金融理论、思想与方法,不能不研究人类的金融实践以及在这一过程中体现出来的思想品德,比如对金钱的认识等。然而,君子爱财,取之有道,这是一种境界,"钱"在生活中只是需要而不是重要。事实上,金融理论与思想的发展既与社会金融运行过程相共生,也体现着金融从业者对诚信、义利乃至"经世济民"等方面的认识。这有助于我们从思想理论发展的历史长河的源流或纵断面中来把握金融史教育的真谛,把学生的思想品德建设寓于一种客观的、历史的层面上加以传授,这要比空洞地说教更有说服力和示范性。古代先贤在经商做人方面的示范感召作用对今天大学生人格和品德的塑造能起到一种潜移默化的提升作用,这种提升在日后工作中能够对其一生的完善起到积极的促进作用,对打造诚信良好的市场经济环境也有积极的意义。

最后,通过专业知识的传授,提升大学生的智商。从一个人的成长来看,其智商是由一系列的知识和能力构成的,应包括很多内容,比如哲理判断、价值判断、审

美判断、历史判断及科学判断，每一范畴需要的知识是不同的，而金融史知识的传授则能够为学生的成长提供这样一个广阔的平台和知识集。在金融史课程教学中，会涉及如下一些课程和内容，它们对于学生能力和素质的培养起到了潜移默化的作用，对他们一生的成长具有积极的促进作用。下表中，笔者罗列了自己在这些方面的粗略之想。

表2　金融史课程所涉及的知识及其对"三商"的提升分析简表

涉及的学科范畴	对应的学生素质与能力	对应的人格品德	对应的"三商"
历史学	历史修养、历史感悟能力	爱国爱民的情怀	智商、情商
经济学	经济学的感性能力	经世济民的责任	智商、财商
文字语言	古汉语、中国文学鉴赏	对母语的热爱	智商、情商
金融藏品的鉴赏(美学)	形象思维、审美能力及其感受	中华文化的认同和自豪感	情商、财商
心理学	人文知识、心理承受能力	良好人格的形成、人际交往	情商、智商
哲学	价值判断能力	世界观和人生观	智商、情商
社会学	社会认知和人际交往能力	处世与修生	智商、情商
法学	社会价值判断能力、契约遵守	诚信守法	智商、财商
金融学	信用、金融素质能力的提升	利义观	财商、智商

通过金融史课程的教学，提升了大学生的"三商"，进而提升了大学生的综合能力和素质，而这些会潜移默化地影响到他们更多、更高的能力，比如能够为大学生提供如下一些品质的提升：

1. 现代社会人才的良好意识，如法制观念、现代契约意识和权利意识；

2. 自我管理(包括自制、适应性、雄心壮志、主动以及乐观向上等品质)；

3. 社会责任感和使命感；

4. 管理与协作能力(包括灵感、创造力、感召力、应变能力、化解矛盾冲突和团队协作能力)。

总之，通过科学的教学方式来传授、引导学生学习金融史，进一步提升大学生的智商、情商和财商，这对学生健全的社会人格的培养非常重要。健全的社会人格是一个人立足社会、健康生活和工作能力不断提升的基础。在这个基础上，提高学生的素质和能力，有助于分析、把握和预测未来整个社会的发展方向和创新趋势，这对于今后教学领域中的思想认识、方法论、素质教育和能力培养都具有重要的意义。

参考文献

[1]祁敬宇. 金融学教学研究论文集[M]. 北京：首都经济贸易大学出版社,2009.

[2]祁敬宇. 中国金融史[M]. 西安：西安交通大学出版社,2014.

*本文为首都经济贸易大学学科建设规划课题“我校金融学科发展战略研究”、金融学院教改课题“金融国际化人才培养模式”课题的部分研究成果。

“统计学”课堂效果提升的技巧

统计学院　郭洪伟

【摘要】作为财经类院校的公共基础课，“统计学”教育受到很大的重视。但是很多同学对“统计学”望而生畏，这既与“统计学”教学内容有关，也与其傲视的教学方法有关。因为学生们并不适应现有的“统计学”教学模式，学生对于统计学中的一些案例和术语感觉生疏，不易接受。本文探讨“统计学”教师如何运用同学们熟知的数据和“家常话”来授课，并结合学生的专业背景，通过专业互动以提升教学效果。

【关键词】“统计学”教育　教学案例　课堂效果

有一次笔者去一个高僧的住处拜访，见墙上有一幅字：“真佛只讲家常话。”通过与高僧聊天发现，他真不简单，能用简单朴实的话语把高深莫测的人生哲理说得明了、透彻。笔者似有顿悟：如果在“统计学”课堂上，能用简单的语句把统计规律直观地解释给同学们，学生们学习“统计学”应该就很轻松了。

一、现有“统计学”授课方法的不足

作为一名高校老师，笔者也给学生上课。讲了十几年的课，什么样的人讲课好什么样的人讲课不好，笔者几分钟之内就能分辨出来。怎么样算讲得好？怎么样算讲得不好？他们的区别在哪里？就此问题，笔者也和很多老师沟通过，努力想找出“好”的原因。笔者发现讲课好的老师都能把深奥的理论知识很直观地用日常话语解释清楚，正应验了“真佛只讲家常话”。这句话对于大学老师来说很重要，为什么很多老师讲课学生不爱听？因为老师讲的这些都是一些空洞的道理，不能联系实际，不能解决实际问题，特别是不能解决学生身边的问题，于是学生们认为学的东西没用，当然不喜欢上课，所以逃课成为了“必然”选择。当然，这里笔者不要求也不可能要求大学的各门课程都能面对并解决学生身边的问题，但至少老师应该能“接地气”，把理论讲完后，要用很好的案例来说明、解释，而不是照搬教材上的十几年或几十年前的案例来糊弄了事。

笔者在经济类院校讲授“统计学”课程，认为“统计学”的讲授过程必须坚持“真佛只讲家常话”。因为“统计学”是作为工具使用的，作为公共基础课面向财经类各专业本科生开设的。不同的专业面临的问题不一样，需要统计学解决的问题也不一样，能否结合各专业特点使用带有专业"基因"的案例来讲授"统计学"，决定了一个统计学老师讲课的成败。所以有的老师讲课很生动，学生评价很高，选课的时候学生们都争相选择这样的老师开设的课程。在我们学校就很明显，有些老师开设的"统计学"课选课的人数就很少，甚至小于规定人数而被取消开课。笔者很了解我们学校的这些所谓"不好"的老师，他们不是不负责、糊弄去上课，而是他们的课很空洞，不"接地气"，与学生的生活实际相差太远。

除了上述问题外，现存的"统计学"教学方法还有一个很大的问题是：授课内容针对性不强。无论什么专业背景的学生，都使用同样的教材，分析同样的案例，运用同样的考题。很多学生花了很多工夫学了，但不知如何运用到自己的专业研究中去。这样导致很多人学了"统计学"还是不会用。因为没有结合自己的专业背景去学习，不能把统计思维融入专业的数据分析中去而导致课堂效果不好。

二、"家常话"提升课堂效果

国际上在"统计学"授课方面比较著名的哈佛大学，并不是以统计研究而闻名，而是以"统计学"的教学获得好评。他们的"统计学"取名为"幸福统计学"，把"统计学"与学生的生活实际结合起来，探讨如何分析数据寻找幸福，所以同学们都爱上这样的统计学课程。笔者觉得哈佛大学的"统计学"真正领会并运用了"真佛只讲家常话"的道理。

不仅是讲课的方法上，而且在教材的案例编排上同样需要坚持"真佛只讲家常话"。笔者比较分析了国外的和国内的几部"统计学"教材后发现，好的"统计学"教材使用的案例很多都是生活中的数据，都与我们的日常生活息息相关，是我们能看得见摸得着的一些应用案例；而那些较差的"统计学"教材使用的案例都是很久以前的很空洞的数据。下面我们来比较分析国内和国外的"统计学"教材的差异，从中可见一斑。

笔者最近翻阅了几本国外的"统计学"教材，比较中外教材的案例后发现，国内的教材案例的选择与国外教材的差别很大，我们的案例太正式、太习题化，而国外的案例完全介绍了一个实际问题的解决过程，最后还会给出实际运用统计结论时遇到的问题，有时甚至在笔者看来最后这些论述都是"多余的"，因为它们与"统计学"无关。我们的老师通过案例"卖"给学生的是"半成品"，而国外教材通过案例"卖"给学生的是整体解决方案，所以最后的结果是可想而知的。我们的毕业生学完后不会用，而没用的东西自然没兴趣去学，从而造成我们"统计学"教学的尴尬现状。

下面我们就从具体案例入手来看中外教材的不同之处。以最近笔者阅读的几本国外统计学教材为例,来看一下他们的案例是如何选择和论述的。《Mind on Statistics》中介绍什么是统计学时,开篇的案例是某大学的一次调查"你过去开车最快时速多少",然后给出了相应的统计数据。这些数据都是同学们自己亲身体会的数据。然后基于此数据找规律,这些数据能看出什么问题呢?能看出是男性还是女性爱开快车?到底开多快呢?若没学过统计学直接从上百个原始数据中是看不出规律的,只有通过图表把数据展示出来,其规律才能一目了然。这就是如何介绍统计学的一个例子。这个例子该书以后的分析中还会用到,而且作者还指出,开车快慢还受其他因素影响,如在乡下或郊区的大学生可能开快车,因为那里道路不拥挤,我们还得考虑这些因素等。作者把整个案例前因后果都交代得很清楚。通过这个例子就成功地引导了学生用统计思想去解决问题,同时又不令人生厌。

再看我们国内统计学教材的开篇例子。笔者翻阅了不下5种教材,在第1章介绍基本概念时都提到了那个古老的"掷硬币"案例。有些教材如"统计学:从数据到结论",在开篇提到了一些生活中的例子,但只是提及,没有深入的分析和翔实的数据,给人印象不深刻。该教材第1章也给过一组数据:广告投入和销售之间的关系,但感觉离学生的实际生活太远。像刚才用车速调查的案例那样开始介绍"统计学"的教材,在国内还不多见。我们的教材开篇就充满概念和说教,很少用案例介绍让学生自己体会其中的奥秘,所以从一开始学生对"统计学"就会提不起兴趣。

很多同学反感"统计学"是因为它和数学一样充满各种符号、公式,特别是对于一些文科的学生更是如此。怎么让学生不害怕那些烦人的符号呢?"行为统计学基础"给出了很好的教学方法。作者写到"数学表达其实就是一种特殊的语言表达,像任何一个由单词组成的句子一样。数学等式也可以表达信息,并且有统一的规则和语法,数学也有名词、动词、形容词和副词。"数学中的名词一般是量化的用X、Y表示,说明观察值或数据。另一个常用的"名词"是N,它代表所研究全部个体的总数。数学中的形容词用来描述或修饰名词如字母的下标,当有一系列数值或变量时可将他们表示成:x_1,x_2,x_3等,或者表达为x_{i},下标i代表其中的一个变量。数学中的动词表示与名词有关的动作,最重要的动词符号就是Σ,表示对所有变量值求和。如X有5个值x_1,x_2,x_3,x_4,x_5,Σx就表示对x_1到x_5加总。此外,还有其他一些动词,如Π表示相乘等。数学中的副词被用来描述或修饰动词,如通常会找到一些副词符号来修饰求和符号Σ。如下面的公式:

$$\bar{x}=\frac{1}{n}\sum_{i=1}^{n}x_i=\frac{xi+\cdots+x_n}{n}$$

就是由副词描述对Σ修饰,表示求和是对x_1,x_2,... 直到x_{n}进行的($1/n$单独看)。这不就是"真佛只讲家常话"的翻版吗?如果我们都能像这样把那些枯燥的符号和公式很好地进行解读,学生应该很容易接受。

在许多统计概念的描述和运用上,案例更能说明问题。"平均值"是最常用的统计概念，我们都知道它有很好的数学性质便于运算，但它的缺点是易受极端值的影响，而这种影响可能导致严重的后果。在“行为统计学基础”一书中给了个小例子。笔者把那个案例进行了改动，描述如下：一个士兵报告射击结果时说：“长官，我有一个好消息和一个坏消息。坏消息是，第 1 发炮弹超过目标 150 米，第 2 发炮弹差 150 米不到目标。好消息就是，平均来讲我们正好击中目标。”知道这个例子后，我想同学对平均数的理解会更深一步。

对于统计方法的讲述和运用，案例更显得重要。枯燥的方法如果能结合一个生动的案例会使学生的学习变得轻松。国内的教材往往都用一些政府数据或其他领域的甚至是国外的数据做案例分析，案例背景不介绍，案例的实际意义不明确，导致学生最后得出“学无用处的结论”。甚至有些教材还用很多年以前的统计案例，而那些“经典”的案例只能增加学生的反感情绪，别无益处。如某国内教材介绍世界卫生组织的数据和美国商学院的数据等，我们相信这些数据都很能说明问题，但同学们听起来总感觉那么遥远并不具有实用性。“行为统计学基础”介绍此内容用了一个很好的例子：杰西卡临近期末已完成所有的统计作业，只是还没参加考试，她想估计一下她能在期末考多少分。笔者通过分析她如何估分引导学生发现期中和期末考试成绩之间有没有关系，如何发现这种关系，最后给出如何预测她的成绩：“我们预测她的成绩会高于均值，但高多少不能确定。也许预测与实际有出入，我们只是预测，等到实际分数出来后我们才知道预测误差到底多大”。这个例子向学生介绍了“相关和回归”的内容，同时教会大家如何预测成绩，这是很多学生关心的问题，同时他们也学会了相应的统计分析方法。

三、专业互动提升课堂效果

除了运用“家常话”提升教学效果外，我们还要从教学内容、手段及教与学双方的准备等方面，探讨如何开展基于专业互动型的“统计学”教学实践，以提升课堂教学效果。

（一）在做教学计划时，就要考虑到学习基础的问题，有针对性地安排教学计划，以提升教学效果。把非统计专业的“统计学”安排在二年级或三年级，在这之前安排学习一学期的“概率论和数理统计”。这样再安排“统计学”的学习就顺理成章，学生学习起来也较轻松，而且老师能专注于应用，开展基于专业互动的“统计学”教学实践。

除了常规的一学期教学安排外，也可以针对有些统计知识需求比较多的专业，延长课程开设时间，如学习两个学期或更长。如金融、保险、人力资源等专业对统计知识要求高，可以针对这些专业开设延期课程，增加“统计学’知识的深度和运用广度，改进现阶段各专业一刀切的课程设计方法。这样不仅让非统计专业的学生学到统计知识，用好统计知识，而且这样安排具有针对性，教学效果好。

（二）教学内容上的调整。要根据不同专业选择使用有针对性的教材。教师在选择不同教材的同时，要考虑到学生的就业问题，让学生在日后的工作过程中确实能体会到“统计学”带给他的益处。要让学生们学得到，用得到。譬如一些很有用的统计分析方法如前述内容提到的方差分析方法，在学生们了解之后，一定要结合具体现实的例子。例如用电脑把方差分析的结果实现，并让学生自己找到相应软件，自己把生活工作中的问题提炼出来，用统计思维去考虑解决现实问题。所以“统计学”的内容可以基本不变，但教师用基于专业互动的教学方法讲授该课程时就要考虑到对其内容进行微小的适应性调整，以满足不同专业应用的特殊要求。

（三）从教学手段上看，要充分运用多媒体教学手段，把统计软件融入其中，提升教学效果。过去的统计教材完全与软件脱离，基本不考虑使用统计软件。可以简单地说，若不用统计软件，统计分析就无从谈起。“统计学”就是与数据打交道的，大量的数据处理根本离不开电脑，离不开统计软件。但现在很多教材不涉及软件，有些涉及的很少。从国外的经验看，统计应用最多的地方都要使用统计软件SPSS、SAS等统计软件。美国的学生学统计就是学软件的使用，会使用统计分析软件就能找到好的工作。当然这都是国外统计专业的学生找工作的情况。其实，对于非统计专业的学生来说，统计软件同样重要，很多人日后工作都要分析大量数据，这都离不开统计软件。所以，重视统计软件的教学刻不容缓。就笔者了解的情况，很多学校非统计专业的“统计学”教学还脱离统计软件而存在，这是很可惜的。

对于统计软件的使用，笔者建议运用多种软件混合使用教学。专业统计软件SPSS和SAS功能非常强大，是专业统计人员最喜爱的工具。但对于非统计专业的学生来说，他们以后工作中接触SPSS和SAS的可能性不大，他们更多地使用EXCEL分析工具。所以在“统计学”授课时，应结合专业统计软件和EXCEL分析工具，分别讲述其使用方法和工作步骤，特别注意不能完全依赖专业统计软件。实际上，一般的统计功能在EXCEL上都能实现。非统计专业“统计学”的教学目标应该是学生在有没有专业统计软件的条件下，利用其他软件也能完成基本的统计分析工作。

（四）从教师的角度做些教学方法的改进以提升教学效果。作为授课老师，首先从思想上改变过去的观念，坚持以使用为目标，不要贪多，那种企图把统计各方面内容都介绍给学生的做法是不可取的。一定要让学生动手，多让学生接触统计软件，“统计学”的教学最好结合上机实验，让同学们自己操作统计软件。好像目前除了统计专业的学生有专门上机实验外，非统计专业的学生学“统计学”上机时间并不多。这可能是很多方面的原因造成的，但无论如何上机实验都是最好的教学手段。同时老师在教学过程中要引导启发学生进行统计思维，能把现实的问题转化成统计问题加以处理和分析，这个统计素养不是短期内可以养成的，需要长期专门的训练。只要这种素养一旦养成，学生们就会受用终生。

对于非统计专业的学生，最大的难点是统计思想的学习。统计思想的训练要贯穿“统计学”授课的始终。如果一个同学不能把一个要解决的现实问题，按照统计分析方法转化为统计问题，他的统计知识就一无用处。老师在教学过程中，必须通过大量实际的案例，让同学能把将来工作中遇到的问题转化成统计问题，然后用统计方法去解决它，这是最关键的，也是最难的。没有哪本教材有这部分内容，现有的教材都是教你如何解决统计问题，谁能把其他的问题帮你转化成统计问题呢？记得国外有本杂志中的一篇文章“狗会不会微积分？”，刚看到这个题目我没想到它讲的是统计知识，实际上作者就是用假设检验知识把这个看似荒唐的命题论述得很好。这种能力是我们应着力培养的。

（五）注意从学生的角度考虑他们怎么适应新的教学实践，以提升教学效果。作为非统计专业的学生，他们都没有意识到“统计学”会在他们今后工作中的作用有多大，很多人甚至厌烦“统计学”的学习。所以学生首先要端正学习态度，另外“统计学”的学习需要很多知识铺垫，在此之前要学好“高等数学”“概率论”及“数理统计“等课程。”统计学”与“计量经济学”也有交叉。把相关学科学好也有助于“统计学”的学习。但最关键的还是应用，一定要在学习过程中联系实际，多找实际问题作为学习示例，这样才会有收获。

现在很多大学生学习的目的主要是为了出国和考研，所以他们学习的主要是英语和其他考研要考的科目，“统计学”往往不在他们重视之列。但他们没有意识到出国以后还要重学英文版的“统计学”。很多财经类学生留学读硕士、博士，他们写论文需要数据分析，这些属于统计学知识，他们只有到了国外才发现国内“统计学”学得太少了。记得一个美国的商科博士亲口对笔者说，他在美国花了1年学“统计学”的方差分析方法，就是为了最后的博士论文。考研的学生同样要写硕士论文，同样需要统计分析技能，这些都是他们几年后将会遇到的，到时候再学就有走回头路之嫌了。

四、总结与启示

通过对教材案例的编排使用及“统计学”教学过程的讨论，笔者发现“真佛只讲家常话”对大学教学有很好的启迪作用，且专业互动更能提升课堂效果。特别是对于那些文科的学生，他们的思维方式与理科学生差别很大，有很多理科的术语和公式他们很难理解，所以这就要求授课老师要针对不同的受众来改进“统计学”的教学方法，尽量用学生们熟知的语言来授课，对于不同专业的学生们用不同的案例来讲解“统计学”方法的应用，同时还要尽量结合不同学生的专业特点，结合具体的专业问题和对应数据，把统计方法和专业问题结合起来，这样才能达到事半功倍的教学效果。否则，很多学生学完之后，不能把所学的统计知识与专业问题结合起来，不会具体运用，等于没有学会，这会导致一种恶性循环：同学们觉得统计知识没用所以不学，因为不学就不会运用，反过来感觉到统计知识更没有用处。

笔者在此希望大学老师都能从本文中得到感悟，并用之于“统计学”的教学，这样才能使教学内容生动、有趣，提高学生的学习积极性，从而才会有更多的人加入到“统计学”的学习中来，这样有助于“统计学”的推广应用，促进“统计学”的发展。

参考文献

[1] 张林泉. 基于动态技术支持的统计学教学研究[J]. 宁波大学学报（教育科学版），2014(1).

[2]陆晓燕. 关于统计学教学改革若干问题的探讨[J]. 教育教学论坛，2013(5).

[3]朱建安，谭岚，周自明. 基于课程群视角的应用型高效经济学教学改革[J]. 中国高教研究，2012(12).

[4]黄秀海，滕清秀. 教学改革效果的实证研究[J]. 当代教育理论与实践，2012(1).

[5]黄莉芳. 对财经院校非统计专业统计学课程实践教学的探讨[J]. 高教论坛，2012(12).

[6] 彭君. 概率统计教学改革探讨[J]. 数学理论与应用，2011(3).

[7] 余文森. 教学理论与教学实践的层级和关系[J]. 中国教育学刊，2010(9).

[8] 杨天平，等. 美国高等教育的“未来规划”及其启示[J]. 高校教育管理，2009(4).

[9]高中萍. 生态性的学习理论对现代教育的启示[J]. 现代教育论丛，2009(8).

健全教学质量管理机制　提高课堂教学质量*

教务处　韩泽民　李萍

【摘要】要提高课堂教学质量，建立科学可行的教学管理系统尤为重要，而教学质量管理运行机制的构建又是教学管理的重要环节。本文从我校课堂教学现状入手，提出目前课堂教学存在的问题并分析其原因，结合目前我校的教学质量管理现状，提出健全我校教学管理机制，提高课堂教学质量的几点建议。

【关键词】课堂教学　质量管理　运行机制

教学的载体是课堂，基点在课堂，教育教学最终发生在课堂上。从某种程度上说，课堂是教育改革成败的关键所在。教育部和北京市教委一直重视教学质量工作，近年来相继出台了《教育部关于全面提高高等教育质量的若干意见》(教高〔2012〕4号)等多个文件。按照教育部和市教委的要求，我校同样一直高度重视教学质量管理工作，相继制定了一些相关的管理制度和管理办法。但是整个学校的教学质量管理还不够系统和完善，尚未形成行之有效的质量管理运行机制，在一定程度上影响了我校课堂教学质量的进一步提升。因此，研究和探索我校教学质量管理的运行机制和实施策略，在研究、实践过程中逐步形成有价值、有实效、操作性强的教学质量管理工作模式，促使我校课堂教学质量管理模式走向成熟和规范，是保障我校课堂教学质量和人才培养质量不断提高的客观要求。

一、我校课堂教学质量现状分析

教学质量是学校的生命线，课堂教学质量是学校生存和发展的基础，保证和提高教学质量一直是我校教学工作永恒的主题。我校将学生“网上评教”作为对教师教学的主要评价手段，学评教成绩直接反映了学生对课堂教学的满意程度。下面就由近年来的学评教成绩入手，来分析我校课堂教学的质量现状。

(一)课堂教学质量有所提升，学生对课堂教学满意度不断增加

我校从2006—2007学年正式开始实施学生网上评教工作，截止到2012～2013学年第2学期已进行了7个学年14个学期。期间，在征询师生和专家意见的基础上，对评价指标和评教时间均进行过调整，从2011～2012第1学期开始使用现行“学评教”指标体系。

近年来学校越来越重视“学评教”在促进教学上的作用以及评教结果的应用，课堂教学效果稳步提升。我校历年“学评教”结果统计如表1和图1所示。

表1　历年全校“学评教”结果统计表

学期	教师参评人数	评估结果										
		优(≥90)		良(≥80,<90)		中(≥70,<80)		及格		不及格		平均分
		人数	%	人数	%	人数	%	人数	%	人数	%	
06—07—1	521	112	21.5	341	65.45	63	12.09	5	0.96			85.92
06—07—2	541	119	22	349	64.51	66	12.2	7	1.29			86.05
07—08—1	597	154	25.80	360	60.30	78	13.07	5	0.84			86.23
07—08—2	509	174	34.18	286	56.19	44	8.84	4	0.79			87.27
08—09—1	548	168	30.66	334	60.95	43	7.85	3	0.55			87.36
08—09—2	542	225	41.51	278	51.29	38	7.01	1	0.18			88.51
09—10—1	545	240	44.04	265	48.62	37	6.79	3	0.55			88.73
09—10—2	527	268	50.85	237	44.97	21	3.98	1	0.19			89.33
10—11—1	533	310	58.16	197	36.96	21	3.94	5	0.94			90.14
10—11—2	540	325	60.19	202	37.41	12	2.22	1	0.19			90.38
11—12—1	547	276	50.46	240	43.88	30	5.48	1	0.18			88.88
11—12—2	562	307	54.63	234	41.64	17	3.02	4	0.71			89.41
12—13—1	581	344	59.21	220	37.87	15	2.58	2	0.34			89.90
12—13—2	592	393	66.39	190	32.09	8	1.35	1	0.17			90.70

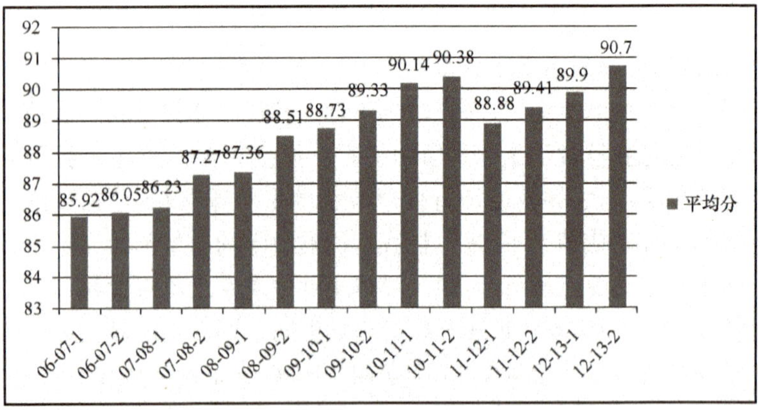

图1　历年各学期“学评教”结果统计

(二)课堂教学存在的问题

虽然从学评教的成绩来看,我校课堂教学质量在稳步提升,但是在人才培养模式改革以及课堂教学模式改革的大背景下,我校的课堂教学质量以及教风学风还是存在这样那样的问题,很大程度上限制了课堂教学发展和模式改革,阻碍了课堂教学质量的提升。

1. 教师教学积极性不高,教学水平有待继续提升

(1)有的教师受"重科研,轻教学"思想的影响,教学不负责任,备课不认真,教学态度显得不够热情,更缺乏激情,满堂课只站在黑板一角的操作台旁,照课件宣科,而且只会用口头语言平铺直叙,没有肢体语言和形体语言,严重影响了学生听课的积极性。

(2)年轻老师的教学水平需进一步提高。近年来,我校采取了一些措施,加强师资队伍建设,特别是实施优惠政策,调入了一批博士生。这批新生力量的到来,大大提高了高学历教师在教师队伍中的比例,增加了教师队伍知识积累的厚度,改进了教师队伍的知识结构,增强了教学第一线的力量,这对我校的未来发展无疑是件大好事。但是,由于他们大多是刚刚走出母校校门又走进首都经济贸易大学校门,刚刚从学生的座椅上站起,就迈步走上教师的讲台,虽然满怀热情想努力搞好教书育人工作,但是由于缺乏教学经验,不熟悉教育教学规律,对所讲授的课程体系、内容、难点、重点等尚未完全融会贯通,因此往往事与愿违,教学效果不够理想。

(3)教学方法比较单一,案例教学、互动教学比较少。大部分教师教学方法还比较单一,在表达方面只是把自己知道的、研究过的讲给学生听,虽然做到了传授知识这一点,但是怎样启发学生自己动脑子想问题还不够。教师缺乏与学生呼应,只是自己在讲台上讲。没能引导和鼓励学生应用理论知识解决现实问题。课堂讲授主要采用演绎推理法,基本上是灌入式教学方法,教学逻辑思路为:是什么(主要讲定义)、为什么(定义的原因)、怎么办(如何利用该定义推理)。有的教师像在念书,逐字讲解书中的内容应该如何理解。在课堂上与学生沟通的方法单一,多数采用教师提问和学生回答问题。如果学生不积极回答问题,课堂气氛比较尴尬,多数教师就只能自问自答。在现代技术手段发达的情况下,学生完全可以不用听课就能得到这些知识,不愿来上课是可以理解的,考勤只能培养他们遵守纪律的素质,但对掌握知识效果不大。因此,教师教学水平的提高是关键。教师的作用是启发学生自己动脑筋思考所学的内容,要讲出怎样分析问题和解决问题的思路,帮助学生进行理论认识的升华。

2. 学生的学习风气需要进一步改进

学风问题是长期以来学校都存在的一个问题,主要表现在迟到、早退、旷课现象比较严重;课堂秩序不好,存在随便出入教室、看课外书、上网玩游戏的现象;存

在一定数量的抄袭行为，平时抄作业，考试时作弊，从网上抄袭毕业论文等。学风如果得不到改善，势必会影响课堂教学效果，影响我校人才培养的质量。

(三)课堂教学问题产生的原因分析

1. 学生学习目的不明确，动力不足

学生对培养目标不明确，不知道学校要把他们培养成什么样的人才，不知道现在所学的知识将来是否用得上，于是采取了“当一天和尚撞一天钟”的做法。有的学生对教学计划有意见，觉得有些课程不该设，这些课程学了也没用，浪费了他们的时间。学生浮躁心理比较严重，兴趣和重点没有完全放在学习上，如本科毕业生就业压力大，大四第1学期就开始求职、兼职或参加考研辅导班，为此宁可逃课。有些家长在学生毕业之前早就把他们的工作安排好了，这些学生觉得学不学毕业以后都会有份好工作，也就不去认真学了。

2. 原有的课堂教学模式不适应新形势下的教学要求

传统的教学模式以教师为中心，采用讲授为主的教学方法，以及考试为主的考试手段，不利于培养学生的质疑精神和批判性思维，限制了学生的创造潜能以及自主创新能力的发展。原有的课堂教学模式，包括教学内容、教学方法、教学手段、教学组织形式和课程考核方法，已经不适应我校人才培养目标的要求，直接影响了课堂教学质量，需要进行课堂教学模式改革和创新教学内容，探索以启发式为主的教学方法，改革课程考核方法，侧重对学生能力的评价，全面施行课堂教学模式改革。

3. 教学质量管理运行机制还不够完善

我校虽然一直高度重视教学质量管理工作，并已经制定了一些相关的管理制度和管理办法，但是整个学校的教学质量管理还不够系统和完善，尚未形成行之有效的质量管理运行机制，对课堂教学质量的监控和保障作用还需进一步发挥。

二、我校教学质量管理现状及其对课堂教学质量的影响

(一)我校教学质量管理现状

我校一直把教学质量放在全校教学工作的中心地位，把人才培养作为学校的首要任务。教学质量的管理监控对教学质量的高低存在直接的影响，近年来我校相继出台了一系列管理制度和运行机制，初步构建了教学质量监控和保障体系，形成了学生评教和学校教学督导为主的课堂教学质量监控机制，对我校课堂教学质量起到了相应的监控和保障作用。

1. 制订教学质量与监控的文件

目前我校关于教学质量与监控的文件主要有《首都经济贸易大学优秀教学人员奖励办法》《首都经济贸易大学本科教育教学奖励办法》《优秀教学管理人员评选办法》《首都经济贸易大学督导工作规定》《首都经济贸易大学教学事故的认定及处

理办法》，这些文件在一定程度上保障和促进了课堂教学质量的提升。

2. 开展“网上评教”工作

我校从2006—2007学年就开展了学生“网上评教”工作，由学生对教师的教学进行评价，并将课堂教学的各方面纳入评价指标体系。

表2　首都经济贸易大学现行“学评教”指标体系

评价号	指 标 内 容	权值
1	教学态度——关爱学生，认真负责，为人师表	0.10
2	教学内容——充实新颖，重点突出，联系实际	0.25
3	教学方法——启发引导，循序渐进，因材施教	0.20
4	教学手段——灵活多样，恰当适用，合理有效	0.15
5	教学效果——增长知识，提高能力，激发兴趣	0.20
6	你对该课程的总体评价	0.10

从全校整体上看，全校教师平均得分呈稳定上升趋势，2013—2014学年第一学期全校教师平均分达到90.82，68.24％的教师评教分数在90分以上，说明我校学生对教师课堂教学效果的满意度越来越高，学评教对课堂教学有效发挥了诊断、改进和激励作用，有效促进了我校教风学风的改善，保障了教育教学质量的提升。

3. 建立教学督于工作制度

从1999年开始我校就建立了教学督导工作制度，现有校督导专家8名，成为我校以课堂教学为主的各教学环节的主要质量监控力量。督导专家们深入课堂教学第一线听课，了解课堂教学的教学内容、教学效果，并如实填写听课记录，并且通过选调教案、试卷、毕业论文（设计）、实习（社会调查）报告，召开学生和教师座谈会、参加教研室会议等形式，检查教学各个环节的运行情况，掌握我校教风学风实际情况，了解学生思想状况，指导青年教师的教学工作，促进了教学水平的整体提升。

（二）我校教学质量管理运行存在的不足

1. 缺少部分教学质量管理规章制度和文件

虽然近年来我校陆续出台了一些教学质量相关文件，但是还未形成完善的教学质量管理体系，还有部分文件需要制定补充，如：学校教学质量责任人制度、本科教学各主要环节质量标准、教学质量保障运行管理规定、教师教学工作规范、学校听课管理办法等。由于这些质量管理文件还未正式出台，一定程度上限制了课堂教学质量的监控保障作用的发挥。

2. 教学评价的手段还比较单一，缺乏二级教学质量监控与评估制度

我校的教学质量评估仍然采取的是学生评教、专家评教的主要形式，主要通过

学生“网上评教”和督导专家听课的手段，对课堂教学质量进行评价。这种评价形式单纯从教的角度去评教，而缺少从学的角度考虑切入，通常会忽略了教学的双重属性，而且存在一定的片面性，忽略了教学的其他众多教育性因素，容易使教学质量评估工作产生偏差，不能保证课堂教学评价的有效性和公正性。

另外，我校只有学校层面的教学督导组，现有的教学质量监控与评估是指每个学期学校层面有专人进行本科教学质量的监控与评估。但是缺乏院系二级教学质量的监控与评估制度，二级部门没有专门的教学质量监控与评估组，只是主管教学的副院长或副主任兼管教学监控和教学检查，他们对掌握学院教学第一线的情况有些心有余而力不足；而在学生座谈会等检查手段中听到的多是正面意见乃至赞歌，很难听到学生对教学的真实意见，达不到教学检查的目的，以至于有些情况反映不上来，只是在走过场。

3. 缺少高素质的教学管理队伍

高校内部教学质量监控体系能否发挥其应有的作用，很大程度上取决于是否建立健全了组织机制。教学质量监控是一项复杂而严肃的工作，需要设立权威组织机构承担学校的教学质量监控职能，统筹全校的教学质量管理工作，理清教学与监控的关系，建立教学质量监控长效机制，以确保监控有效运行。所以建立一支高质量高水平的管理队伍是高等学校加强质量管理的关键。管理水平的高低，直接制约着学校的发展，管理人员的知识素养和管理能力，对于学校全面质量管理起着决定性的作用。

4. 没有完善畅通的教学信息反馈渠道

教学信息反馈机制是建立学校内部教学质量监控长效机制的基础，课堂教学信息是进行教学管理和质量监控的必需，是决策机构实施调控的重要依据。全面课堂教学质量管理要求以事实为依据，定期收集有关教学过程和效果方面的信息，并根据提供的信息发现可能存在的问题，对教学进行调节，促使教学沿着计划的方向进行，以达到管理和控制的目的。目前我校还未形成全面系统的信息反馈系统，应该通过建立学生信息反馈制度等畅通教学信息反馈渠道，完善课堂质量保障机制。

三、完善课堂教学质量管理运行机制的几点建议

（一）加强教学质量管理队伍建设，健全管理组织机构，明确职责，形成以校院两级为主的教学质量管理体系。

建立以“校长—分管副校长—教务处”为校级管理和以“院长—分管副院长—系主任—教学秘书”为院级管理的两级教学管理体系，分别承担管理教学的工作，明确学校、学院各自的工作范围、职责、权利和义务。校级工作的重心是突出目标

管理，重在决策监督；教学管理重心移到学院一级，学院管理工作重点突出过程管理和组织落实。校院两级教学质量管理体系的建立是解决学校规模增大、组织结构复杂给教学管理带来难题的有效手段，对完善高校内部管理体制，激发学校教学管理工作的活力具有显著的作用。

（二）完善课堂教学质量评价体系

课堂教学评价体系对教学改革起着重要的监督、引导和推动作用，评价机制是建立高校内部教学质量监控长效机制的手段。教学评价机制由教学质量评价标准体系、教学质量评价指标体系和教学质量评价方法体系三个方面构成，主要对课堂教学的教学态度、教学内容、教学方法、教学手段、教学目标及教学效果等方面作准确评价。结合我校目前的实际情况，主要有下面两项工作需要加强。

1. 进行课堂教学质量标准建设，修订教师教学工作规范等相关文件

即出台《首都经济贸易大学本科教学主要环节质量标准》《首都经济贸易大学教师教学工作规范》，以加强我校教学过程管理和教学质量监控，保证和提高教育教学质量，进一步推进本科教学的规范化和高效化。

2. 完善现有教学评价手段

为了对课堂教学质量进行全方位评价，增加教学评价的有效性和公正性，可结合我校网上评教现状，基于教务管理系统现有模块，采取如下措施：开展期中学生评教，加强教学过程监控，及时反馈学生意见，改进教学；在针对性听课和座谈的基础上，开展专家（督导专家、教学专家、领导）网上评教；开展同行（院系）网上评教。对收集到的各方评价信息进行科学处理，然后将结果及时反馈给教师本人，以敦促其不断改进工作，切实提高课堂教学质量。

（三）加强教学质量管理制度建设

1. 教育教学质量年报报告制度

按照北京市教委的有关高校教育教学质量调研通知的要求，建立我校的教学质量年报报告制度，通过对各教学单位的教育教学质量状况进行全面调研，掌握教学质量状态核心数据，了解教学质量实际情况以及教学质量保障体系的建设情况，从而对我校教育教学质量的整体状况做出科学、客观的描述和分析，形成我校教育教学质量报告，并总结出在深化教学改革、提高教育教学质量方面的新思路和新举措，分析现阶段对教育教学质量发展最具影响的问题，并研究应对措施，以促进我校教育教学质量的不断提升。

2. 课堂教学检查制度

完善现有的期中教学检查机制，提高学校和各院系对教学检查的重视程度。

3. 听课制度

为加强教学管理，了解课堂教学情况，及时发现和解决教学工作中存在的问

题，建立我校包括校领导在内的多级听课制度。

4. 教学督导制度

进一步完善教学督导制度，建立校院两级教学督导制，制定督导工作的各项流程，明确督导专家的权利和义务。

5. 学生信息员制度

通过学生信息员和学生调查问卷等形式及时了解学生对实践教学的意见和建议，建立教学管理、教师和学生之间畅通的沟通渠道，从而促使课堂教学质量的不断提升。

总之，课堂教学质量管理运行机制的建立必然随着教学改革的不断发展和人才素质的高要求而日趋完善。在教学管理过程中要坚持“以人为本”的科学发展观，依靠人、尊重人、培养人、充分发掘人的潜能，维护师生利益，同时要坚持科学、有效、可持续发展的理念，稳步推进课堂教学质量的提高。

参考文献

[1] 田彩萍. 高校教学质量监控体系与长效运行机制构建[J]. 陕西教育，2012(5).

[2]房海. 高校本科教学全面质量管理体系的构建与实践[J]. 中国高教研究，2007(5).

* 基金项目：2013 年校级教改立项“我校教学质量管理运行机制的研究与实践”资助

协同育人机制下的高校经管类课堂教学质量提升策略分析*

科研处　张嘉艳

【摘要】本文以当前中国高校实施协同创新政策、建立协同育人机制为背景，分析协同育人机制对高校经管类课堂教学活动提出的新任务，并结合课堂教学的本质属性，提出了提高高校经管类课堂教学质量的若干对策。本文认为经营专业教师应将协同育人理念融入课堂教学，进行教学方法的改革，推动学生创新能力的提升；同时，经管类课堂教学质量的提升应作为一项系统工程来抓，需要上级教育部门和高校领导的高度重视，并提供相关的保障措施。

【关键词】经济管理　课堂教学　协同育人　教学质量

当前，中国高等教育领域的发展面临着一系列新形势、新任务、新挑战。基于“协同创新”重要思想的“高等学校创新能力提升计划”（简称“2011 计划”）已经正式实施；中国特色新型智库正在加快建设；党的十八届三中全会又通过了“深化教育领域综合改革”的战略部署，这些改革措施为持续推动高等教育科学发展、全面提升人才培养质量进一步指明了方向。贯彻落实党的十八届三中全会精神，必须加大力度推进教育教学改革，创新高校人才培养机制，全面提升高校育人质量。各地各高校和广大的一线教师，正以此为新起点，掀起一轮教学方法改革的高潮。本文从分析当前协同育人政策对高校课堂教学的新要求入手，探讨提高高校经管类课堂教学质量的途径和方法，以期对财经类高校的课堂教学模式改革有所助益。

一、当前中国高校科教协同育人机制建设的形势与任务

近年来，中国高等教育领域正在发生深刻变化，以全面推进协同创新、培养大批创新人才、建设高水平特色大学为特征的新一轮改革风起云涌。

2011 年 4 月，胡锦涛同志在庆祝清华大学建校 100 周年的讲话中提出了“协同创新”的重要思想，此后，教育部开始实施“高等学校创新能力提升计划”（简称“2011 计划”）。该计划作为中国高等教育领域继 211、985 之后第 3 个体现国家意志的战略性计划，以人才、学科、科研三位一体创新能力提升为核心任务，通过构建协同创新模式，深化高校的机制体制改革，转变高校创新方式。

“2011 计划”旨在建立一批 2011 协同创新中心，大力推进高校与高校、科研院

所、行业企业、地方政府以及国外科研机构的深度合作，探索适应于不同需求的协同创新模式，营造有利于协同创新的环境和氛围。此后，习近平总书记做出关于加强中国特色新型智库建设的重要批示；刘延东副总理在“繁荣发展高校哲学社会科学推动中国特色新型智库建设座谈会”上，着力强调高校要聚焦重大问题，服务国家战略，深入开展应用对策研究，积极建言献策，为全面推进小康社会建设，增强国家软实力，提高党和国家决策的科学化水平，实现中华民族伟大复兴的中国梦贡献智慧和力量。刚刚闭幕的党的十八届三中全会又通过了有关“深化教育领域综合改革”的战略部署。这一系列的中央有关文件精神和中央领导同志的重要讲话、重要批示，为高校推进教育教学改革、创新高校人才培养机制、全面提升高校育人质量指明了方向。

当前，科教结合、建立协同育人机制是高校创新人才培养机制的重要方式，也是提高人才培养质量的有效途径。所谓科教协同育人，就是深化人才培养模式改革，大力推进科研与教育协同育人，促进科研与教学互动、科研与人才培养结合，努力培养造就高素质人才和拔尖创新人才。

2012 年 8 月，教育部、中科院在京联合启动实施“科教结合协同育人行动计划”，中共中央政治局委员、国务委员刘延东出席启动仪式并讲话。刘延东同志指出，实施“科教结合协同育人行动计划”，使高校的育人传统和门类齐全的学科与科研院所丰富的科研资源和高水平的科研队伍形成优势互补，这是对改革人才培养体制、创新人才培养模式的积极探索，有利于搭建高校与科研院所深度合作的战略平台和沟通桥梁，培育跨学科、跨领域、跨系统的教学科研团队，实现强强联合、资源共享，推动人才培养水平和创新能力的提升。

建立并完善协同育人机制，利用更多的社会资源来进行人才培养，要求高校要选择重点领域攻坚克难、有所突破，在学科专业领域进行系统性整体性协同性的人才培养机制改革，实现高校与有关部门、科研院所、行业企业联合培养人才的制度化，形成可持续可推广的改革经验和有效做法，在国家、地方、高校三个层面发挥示范引领辐射作用，有力促进人才培养质量的显著提升。

二、协同育人机制背景下对高校经管类课堂教学活动提出的新任务

财经类高校是面向行业产业以及区域发展的特色大学，在推进协同育人、提高创新型人才培养质量方面应进行积极探索。协同育人本质上是一种重要的管理创新，它为高校的教学活动开辟了一个新的视角，同时也指明了一个新的方向和模式。其中，课堂教学是高校人才培养的关键环节。长期以来，财经类高校的经管专业教师都对提高课堂教学的质量问题极为重视。

课堂教学，是现代教育教学中普遍使用的一种手段，它是教师给学生传授知识

和技能的全过程，主要包括教师讲解、学生问答、教学活动以及教学过程中使用的所有教具。课堂教学与“个别教学”相对，也称为“班级上课制”，它把年龄和知识程度相同或相近的学生，编成固定人数的班级集体，按各门学科教学大纲规定的内容，组织教材并选择适当的教学方法，向全班学生进行授课。以下结合课堂教学的本质属性来探讨协同育人机制对高校经管类课堂教学提出的新要求。

（一）高校经管类课堂教学的本质属性

课堂教学有两个方面：教师的“教”和学生的“学”。从本质上说，课堂教学是以教师为主导的组织学生开展学习活动的过程。以学生为中心，以教师为主导，去设计提高经管类课堂教学质量的方法，是广大高校经管专业教育工作者应有之义务。

在高校经管类课堂教学中，学生的“学”居于中心地位。首先，课堂教学是为了学生更好地学习经管知识而开设的，经管类课堂教学的目的是为了让学生掌握本专业的专业知识和技能。其次，课堂教学过程是围绕学生的求知过程展开的，教师的教学方法选择和教学手段的运用都要服务于学生的“学”。最后，学生的学习效果是课堂教学评估中最重要的指标，学生的学习成效为提高高校经管类课堂教学质量指明了方向。由感知初通到融会贯通再到触类旁通，可谓学习的三个境界，它是高校经管类课堂教学的目标，也是内容；是过程，也是层次；是方法，也是能力。这三个境界需要学生自己去努力追求和实现，更需要教师给予引导和帮助。

另一方面，教师在课堂教学中发挥着主导作用。教师是学生学习活动的组织者、引导者，应鼓励学生大胆创新与探索，培养学生交流与合作和终身学习的观念，使每个学生都得到充分的发展。因此，提高课堂教学质量的关键在于教师。广大经管专业的教师要结合学生的接受能力、学习习惯和思维定式，并结合课程内容，选择恰当的教学方法和教学手段，组织好课堂教学活动，从而帮助学生完成知识构建和人格塑造，使自己成为一名合格的经管类专门人才。

（二）协同育人政策对高校经管类课堂教学提出的要求

1. 建立正确的课堂教学价值观，多管齐下鼓励学生开展科研活动

教师的教学价值观决定了其课堂教学行为。协同育人的观念要求教师不能把课堂教学仅仅作为传递知识的一种过程，而要更多地扩展学科教学的育人价值。要从学生创新能力发展需要的高度出发，将教师自身的科研成果融入教学过程，将科研探索的全过程融入教学设计，更多地调动社会、科研机构、高校和教师自身的资源，采取多种措施鼓励学生开展科研创新活动。

2. 改进教学方法，提高课堂教学质量

经管类专业的运用实践性强，教师既要培养学生的专业理论素养，又要铸造学生的专业实践能力，因此，教师要不断探索和改进课堂教学方法。经管类课堂教学不是传统的“灌输式”“注入式”，而是要充分发挥学生理论学习的主动性，激发学生

内在的学习动力，引导学生主动参与课堂讨论，在交流中实现教学相长、共同进步。

3. 改革课程体系，加强实践教学

从宏观的视角来谈协同育人政策对高校课堂教学提出的要求，需要高校改革课程体系、加强实践教学。高校要与有关部门、科研院所、行业部门联合制定相关标准，开展经管类人才的培养和教学质量评价。广大高校经管专业的教师要充分参与到这一过程中来，为学校的教学建设、实验教学示范中心建设贡献更多的智慧，多层递进驱动经管类综合性人才培养体系。

4. 促进深度合作，科教协同育人

协同育人机制强调通过建立校校、校所、校企、校地以及国际合作培养创新人才。在现阶段，要以扩大实施高校范围、促进深度合作为重点，通过校院所、校企、校地共建大学生校外科研实践基地等方式，促进产学研全方位合作、形成长效机制。高校可以与有关部门、科研院所、行业企业对应结成合作团队，在一个或几个优势专业实施联合培养学生，探索高水平创新创业人才培养的新模式。由对应高校和有关部门、科研院所、行业企业的教授专家，共同研讨制订学生培养方案和教学大纲。学生前期在高校学习基础课及专业基础课，科研院所和行业企业派专家学者参与教学活动；学生后期到有关部门、科研院所和行业企业学习部分专业课，并开展科研实践和毕业设计及论文撰写工作。

三、协同育人机制下提高高校经管类课堂教学质量的对策

协同育人机制的建立对国家和高校而言，是一种宏观制度的建设，具体到教师的微观领域，就是要改革教学方法。以下结合高校经管类课堂教学的本质属性，分析教师如何将协同育人理念融入课堂教学，提升课堂教学质量。

（一）经管专业教师应进行教学方法改革，推动学生创新能力的提升

在经管类课堂教学中，教师所要达到的教学目标是既要提升学生的专业理论素养，又要培养学生的专业实践能力，特别是在协同育人的理念下，非常强调人才的综合创新能力，所以，教师要特别注意探索和改进教学方法。俗话说，教学有法，教无定法，贵在得法。广大经济管理教育工作者所采用的教学方法各异，只要是符合教学的实际需要和自身的教学风格的方法就是好的方法。但是，我们认为，教学方法的选择是一门艺术，虽然教无定法，但也并非无章可循。经管专业教师选择课堂教学方法时有几个问题需要特别注意：

1. 理论教学与实践活动相结合

经济学和管理学都是与时代紧密联系的学科专业，其专业学习的内容要和实际经济状况紧密结合，所以，理论学习和实践活动是经管类课堂教学的两个重要方面。教师在引导学生理解专业知识、培养专业能力的活动中发挥着

关键作用，因此应该选择理论教学与实践活动相结合的教学方法。这种教学方法要求教师在传授经济管理理论知识的同时，充分挖掘专业课程的实践教学内容，加入案例分析、专业实践活动，让理论与实践融合，知识与能力叠加，使学生系统掌握专业理论知识，熟悉与经济管理相关的方针、政策和法规，从整体上把握经济管理专业的理论体系。

2. 学生自主探索与教师课堂引导相结合

高校经管类课程的教学内容多，课时却有限。在这种情况下，教师可以针对课程章节的重点、难点提出若干问题，督促学生利用课余时间自学教材和查找资料、寻求答案；课堂上，教师只需要概括性地介绍章节框架，而要把主要精力放到重点、难点的剖析上。这不仅能够缩减书本知识讲授的时间，有利于教师完成教学任务，而且有利于营造活跃、宽松的课堂气氛，激励学生发现问题、从而提出问题和解决问题，从而提高学生的创新思维能力。

3. 启发式讲授方法与现代教学手段相结合

启发式原则是中国教学的优秀传统，一直被提倡和应用。在很多情况下，启发式是和讲授方法联系在一起的。启发式讲授方法强调教师在传授知识的同时还要创造适当的情境，引起学生深度思考并产生困惑，进而需要教师适时启发，帮助学生举一反三，发展智能。高校经管类专业课程教学中学时少、进度快、跨度大，启发式讲授方法能够在单位时间内给学生传递大量的信息，所以非常适合教师来采用。

但是在协同育人的理念下，单一的启发式讲授方法已无法满足经管类课堂教学的需要。把启发式教学同现代教学手段相结合，通过运用教学软件、多媒体、网络等信息技术创设情景、探究问题、协同学习和观摩分析，可使教学内容立体、运动、图文并茂、声像合一，从而拓展课堂教学空间，增加教学信息，丰富教学内容和教学形式，提高教学的效率和效益。并且，现代教学手段的运用可以调动和共享更多的数据库和资料，可以突破课堂、专业和学校的限制，引用其他学科甚至其他高校、有关部门、科研院所、行业部门的信息和数据，经过拓展、变迁为经管专业课程的课堂教学所用。

4. 教学内容的选择既要精专又要广博

教学内容是经济管理类课堂教学过程中师生发生交互作用、服务于教学目的达成的动态生成的素材及信息。教学内容不仅包括教材中的知识，还凝聚着教师的学术见解，分析、解决问题的方法，道德观念与智慧风格。经管类课堂教学内容的选择应符合精专与广博辩证结合的原则。经管类专业中如财务金融、会计、人力资源等内容，都是博大精深的学问，加上各种学术研究与分析架构日新月异，因此，经管专业的学者必须聚焦议题才能有所突破。而高校经管类专业教育是希望毕业生能拥有广博的知识基础，将来可以成为能够博采众议、整合各方观点、解读多元数据、有效解决问题的管理者，因此，经管类课程特别是在大类招生的背景下，除了组织管理、营销管理、生产与作业管理、策略管理、财务、人力资源、信息等基本专业之外，还必须对经济、财务会计、管理会计、统计、法律环境、数量方法、组织行为、产业分析，甚至国际经营环境、谈判与协商、创新与文化等专业都有所涉猎。

通才与专才、广博与精专的矛盾，一直存在于经管类专业教育中。经管专业的教师要根据学生的心智发展水平和认知特点，合理地选择教学内容，由浅入深、由简到繁、由表及里地呈现教学内容，这是提高经济管理类课堂教学质量的关键。为此，高校经济管理专业教师一方面要熟练掌握专业理论知识，不断提升自身的专业理论修养，以满足教学发展的需要；另一方面要认真研究学生的心理特征和思想实际，从学生的实际需要出发去讲授教学内容，让学生学有所思、学有所感、学有所得。

（二）教育部门和高校要高度重视，提供政策和条件保障

虽说课堂教学质量提高的主导者是教师，但能恰当地运用教学方法和教学手段，不仅取决于课程内容、班级规模和教学手段，还取决于学生的接受能力、学习习惯和思维定式。所以，课堂教学质量的提高并不是一件孤立的事情，也不只是教师和学生的事情，而是要作为一项系统工程来抓，更需要上级教育部门和高校领导的高度重视，以提供相关的保障措施。

上级教育部门和高校领导要及时研究国家和教育部关于建立协同育人机制的最新政策精神，出台相应的政策措施，强化协调统筹。一方面，调研同类院校和特色高校的协同育人情况，了解并总结高校进行校校、校所、校企、校地以及国际合作培养创新人才的方式和途径，制定本校的创新性人才培养改革措施。另一方面，健全和完善教师评价体系，把经管专业教师在教学中的投入、教学研究成果纳入教师职务晋升、支撑评聘和教学名师的评选表彰中。由此可推动学校教学、学科建设、科研部门共同参与，形成全员协同育人的氛围。

总之，课堂教学方法改革可以作为加强高校经管类专业课程建设的切入点和突破口，成为提高经管专业教师教学水平和整体教学质量的重要途径。财经类高校要及时采取有效措施，增强经管专业教师的责任感，引导和鼓励教师改进教学方法，创新教学手段，提高教学质量。此外，高校还可以结合本地本校的实际，实施适应经管类课堂教学需要和学生特点的教学方法改革创新项目，通过一段时间的培育，培养出一批创新教学方法的优秀教师典型和教学团队。

参考文献

[1]叶澜. 重建课堂教学价值观[J]. 教育研究，2002(5).

[2]李卫红. 大力探索高校思想政治理论课教学方法改革[J]. 中国高等教育，

2014(1).

[3]林茂.加强高校课堂教学互动的探讨[J].高教论坛,2010.

[4]周新建.财经类院校本科人才培养模式创新的思考——基于内涵式的发展理念[J].中国现代教育装备,2012.

[5]左小平.提升高校经济管理类课堂教学质量的策略分析[J].产业与科技论坛,2013(12).

*基金项目:2013年首都经济贸易大学教育教学改革立项项目“协同创新政策下的财经类高校创新人才培养研究”资助

创新考核方式吸引学生重回课堂

——关于提升思想政治理论课教学效果的思考

马克思主义学院　王靖华

【摘要】信息环境的变化使高校思想政治课堂教学遇到一系列尖锐的问题，处于困境之中。要切实提升课堂教学效果，吸引学生重回课堂，一个可行的思路就是利用课堂教学师生"在场性"的比较优势，进行鼓励课堂参与的考核方式创新，从片面重视期末考试的"结果管理"转变为重视平时学习参与的"过程管理"。在实践中，要针对思想政治理论课的特点创新考核方式，对学生的课堂表现进行合理、规范的量化，同时还要加强教师主导作用的发挥。

【关键词】思想政治教学　改革　考核方式　互动

现阶段，随着基于数字技术的信息传播方式的巨大变化，大学生的学习方式、学习习惯在一定程度上也发生了相应的变化——去图书馆读书读报被上网浏览所取代、课堂笔记被拷贝课件所取代、在纸质文件中查找资料被"百度一下"等搜索引擎所取代等。信息时代的到来，既为学生的学习提供了多种多样的可能性，也向传统课堂教学提出了尖锐的挑战：课堂教学，应该怎样进行"识时务"的改革？

大学思想政治理论课是中国高校普遍开设的必修课。多年来，关于大学思想政治理论课改革的研究成果很多，许多有关内容设计、教学方法、教学手段等方面的探索对思想政治理论课改革的实践都有一定的推动作用。但是，当"教师 VS 学生的智能手机"成为教师们不得不面对的现实时，如何激发大学思想政治理论课课堂的活力成为了迫在眉睫的课题。面对新的挑战，课堂教学应该突出其自身优势——师生的"在场"性，将学生的课堂参与纳入到考核方式中，以创新考核方式激发学生的主体参与，使学生的"身"与"心"重回课堂。

一、高校思想政治理论教学面临的现实困境

高校思想政治理论课课堂教学一直是教学工作者和思想政治教育研究者的一个重点问题。很多教师看到了思想政治理论教学中存在的一些问题，比如教学内容与学生需求存在差距；有的教学内容老化，脱离社会实际；教学方式死板，很难引起学生的学习兴趣等。一些旨在提高教学效果的努力也在一定程度上起到了积极

作用，但是，正当这些老问题还没有完全解决，新的挑战又迎面而来。这一挑战就是，发达的信息传播技术使传统课堂教学处于前所未有的困境之中，而高校思想政治理论课教学面临的难度更大。

2013 年上半年，中国步入手机上网发展过程中的第 3 波增长周期，此轮增长得益于 3G 的普及、无线网络的发展（包括公共和私人 WiFi 的发展）和手机应用的创新。2013 年 7 月，中国互联网络信息中心（CNNIC）在京发布第 32 次《中国互联网络发展状况统计报告》（以下简称《报告》）。《报告》显示，截至 2013 年 6 月底，中国网民规模已达到 5.91 亿，较 2012 年底增加了 2 656 万人；互联网普及率为 44.1%，较 2012 年底提升 2%。其中手机网民规模达 4.64 亿，较 2012 年底增加了 4 379 万人，网民中使用手机上网的人群占比提升至 78.5%。而学生群体是网民中规模最大的职业群体，占比为 26.8%。

近年来，因为无线网络信号的覆盖范围越来越大，资费越来越低，大学生利用手机上网的比例迅速提高。2011 年，中国教育和科研计算机网网络中心的一项调查显示，重点高校、普通高校、高职高专三类学校部署的 WLAN 热点数超过 1 000 个的比例分别为 13.16%、4.44%和 1.15%，WLAN 平均覆盖区域达 41.34%。

用手机上网获取信息在大学生中非常普遍，而学生在上课期间上网已经严重影响到了课堂学习效果。由中国现场统计研究会教育统计与管理专业会联合 7 所高校进行的大学本科课堂教学状态调查表明，对"课堂通常做什么"这一问题，学生的选择趋向一致，第一是偶尔开小差，第二是集中注意力专心听讲，第三是玩手机或其他数码产品，第四是经常走神想别的事。

大学课堂上学生用手机上网一度被媒体所关注，下面是一些媒体相关报道的题目：手机上网盛行挑战大学课堂（中国青年报，2011－6－15）；大学视频曝光课堂陋习：睡觉听歌打游戏（中国广播网，2013－11－5）；超 7 成大学生上课玩手机听歌"打飞机"（荆楚网，2013－9－29）；移动互联网"入侵"课堂的隐忧（中国教育报，2013－3－30）等。这些报道将高校课堂教学中的尴尬局面展现了出来。而思想政治理论课的压力似乎更大，2007 年 4 月 23 日，《中国青年报》刊登了的一篇调查报道《学生不欢迎，老师很茫然——部分高校政治课现状调查》，引发了众多学者特别是思想政治教育工作者的思考。其中有一段这样的文字：

"坐满百余名学生的教室内，十几台笔记本电脑显得特别"扎眼"，有人在浏览网页，有人下载电影或网络聊天。认真听课的学生屈指可数，大多数不是睡觉就是在看英语书。这是 4 月中旬位于北京市海淀区一所高校思想政治课上的情景。"

虽然这些报道不能完全反映高校课堂的情况，但也为高校教育工作者敲响了警钟。任何一个教育工作者都要面对这一现实：与方便快捷、丰富多彩的网络传播渠道相比，课堂教学在很多方面显然已经不占优势。改革课堂教学，进行各个环节的创新，将学生的注意力留在课堂，不仅关系到高校人才培养目标和育人功能的实现，关系到高校教学资源的高效合理运用，也关系到教师和学生的课堂体验。

国家教育主管部门对于高校教育教学改革非常重视。2012 年教育部《关于全面提高高等教育质量的若干意见》(教高〔2012〕4 号)“创新人才培养模式”部分中明确指出，高等教育要“创新教育教学方法，倡导启发式、探究式、讨论式、参与式教学。”2013 年，党的十八届三中全会在“深化教育领域综合改革”部分中指出，要“创新高校人才培养机制，促进高校办出特色争创一流”。笔者所承担的课程是“形势与政策”，对于这门课，中宣部、教育部《关于进一步加强高等学校学生形势与政策教育的通知》(教社政〔2004〕13 号)指出，高校形势与政策教育是高等学校学生思想政治教育的重要内容，要积极探索新形势下开展形势与政策教育的新方式和新途径。本文的一些想法正是源于课堂教学实践中的一些尝试和探索。

二、加强互动是提升课堂教学效果的一个重要突破口

信息环境的变化给传统课堂教学提出的问题是非常尖锐的。要提高课堂教学效果，吸引学生，就必须找到课堂教学的比较优势，并通过一系列环节的精巧设计发挥这些优势。

今天，网络学习资源极为丰富，一些教学视频可以让大学生很方便地见识到世界级学术大师的风采，更多的教学资源使学生的远程网络学习成为可以选择的新方式。与这些令人眼花缭乱的方式相比，课堂教学的比较优势是什么呢？那就是“在场性”。所谓在场性，即师生同时处于同一空间之中。提高课堂教学的效果应该紧紧抓住这一特性。利用师生的在场性，营造师生、生生互动的课堂氛围，通过师生、生生之间的实时讨论、对话、表达，使学生对课程知识进行系统掌握并探究相关研究领域的新问题。

传统教学方式是以教师为主角的，“教师讲，学生听”。在信息不发达的环境中，教师因为对于课程内容、相关信息的把握更多而处于知识的“权威”地位，教师与学生之间的“信息差”相对较大，对于相当多的学生而言，教师就意味着信息源，传统教学方式因此有其存在的条件。但是，随着环境的变化，学生与老师之间的关系也发生了巨大变化，学生对老师上课的一些内容可以通过多种渠道获得，他们不再仅仅满足于听老师讲，课堂教学原有的教师向学生“传授”知识的功能就弱化了。因此，通过课堂教学为学生创设探讨的环境、参与讨论的环境，使课堂成为师生、生生之间互动的平台，应该是信息时代课堂教学改革的一个重要方向。

但是，如果互动仅仅作为活跃课堂的一个方式，就很难保证学生参与的持续性。如果将学生的课堂参与反映到学生成绩考核中，则有助于使学生的课堂参与常态化。教学与考核是相互支持的不同环节，教学效果要通过科学的考核方式反

映出来，而考核方式则直接引导着学生如何学习。传统的考核方式是“期末一张卷，参考平时课堂考勤记录”的做法，这样的考核方式作为一个“指挥棒”，使大多数学生在学习中非常注重最后的考试；对于平时到课率，一些同学也是“人到课堂”而已，至于是否听了，是否积极参与思考了，则是大打折扣的。要提高课堂教学效果，不仅是提高学生的到课率，还要提高学生的听课率。而要提高学生的听课率，必须将学生的课堂参与纳入到考核体系中，这样就把片面重视期末考试的“结果管理”转变成了重视平时学习参与的“过程管理”。

在教学过程中，教师是主导，学生是主体，这是教育学的一条基本原则。苏联教育家苏霍姆林斯基指出：“如果教师不去设法在学生身上形成这种情绪高涨、智力振奋的内部状态，那么知识只能形成一种冷漠的态度，而不动感情的脑力劳动只会带来疲劳。”使学生的学习变被动为主动，变消极为积极，注重能力提升而不是应付考试，改变教师在课堂上唱独角戏的局面，营造生动活泼的课堂教学氛围，是符合教育学的基本原则的。通过创新考核方式带动课堂教学改革，提高课堂吸引力，关系到高校人才培养目标和育人功能的实现。

三、创新考核方式，提高课堂教学的吸引力

2013 年 3 月，在第二届“新教育、新评价、新考试”高峰论坛上，海南省教育研究培训院院长陈夫义指出：“中国教育最重要的是要解决指挥棒的问题，无论怎么想，考试指挥棒的作用总是在那里。”时代环境的变化要求传统的教学方式、考核方式必须随之改革。立足于信息传播方式的大环境，从大学生的思想实际、兴趣特点、知识接受规律出发，探索思想政治理论课的考核方式，以形成“参与中学习，学习中考核，考核促效果”的良性机制，将是有效促进课堂教学效果、提高学生思想政治素质的一个重要思路。

（一）针对思想政治理论课的特点创新考核方式

“平时不听课，考试再突击”已经是很多大学生学习思想理论类课程的“经验”。目前，我校思想政治理论课考核方式是“平时 40%＋期末 60%”，平时成绩所占的比重较以前有所加大。大多数学生对平时出勤比较重视，但“到课”似乎比听课更重要，因为听课与否在考勤记录上是体现不出来的。有的老师将平时成绩的考核分为出勤和课外作业，虽然也有一定作用，但对于课堂教学效果来讲积极作用并不大。

要鼓励学生参与课堂活动，必须创新考核方式。不同课程的要求不同，考核方式不能“一刀切”。比如，针对不同的课程可以有更加灵活的平时与期末分数占比，现行的“四六开”考核结构还可以进行调整。以“形势与政策”课为例，这门课以国际国内最新的形势政策变化为主要内容，学生关注时政新闻的频度、深度，以及是否积极在课堂上发言，将思考的问题带到课堂上与师生共同讨论，直接关系到学生

政治敏感性的提高，应该成为衡量学生学习成绩的重要依据。实际上，学生的学习更大程度上是通过课堂参与体现出来的，如果成绩评定时忽视学生的课堂表现，就会在一定程度上伤害学生课堂参与的积极性。

当然，传统的考卷形式也不意味着完全弃之不用，只是一方面要使考卷在考核中占有合理比重；另一方面，考卷设计一定要有利于对学生综合能力的提升，而不是出一些有固定标准答案的题目，那样极有可能导致学生死记硬背，甚至作弊违纪，对思想政治理论课更是如此。

（二）针对学生的课堂表现进行合理、规范量化

重视课堂参与的考核方式是针对学生学习进行的引导性设计，它以课堂效果提升为导向，具有积极作用。但是，如果考核方式不能以规范的方式进行操作，就很难确保其公正公平，也可能引发学生的反感情绪，最终失去考核方式的评价意义。为此，教师应该做出严谨的方案设计，在开课之初就将规则告知学生，使学生有所准备。在课堂教学过程中，教师要对学生的课堂参与情况进行及时、分类、全面记录，作为核定平时成绩的依据。同时，还可以引进学生之间的监督 、互评机制等。这些具体做法需要在实践中不断完善，以避免教师的随意操作。

（三）加强教师主导作用的发挥

当考核方式向重视学生的课堂参与转变时，教师的角色也应该进行相应调整，教师应该是课堂活动的“主持者”，其主导作用要通过具体的工作体现出来，包括引出问题、设计讨论情境、把握学生的讨论话题范围、扩展学生参与的广泛性、对难点问题进行解疑释惑等。在备课中，老师要通过各种渠道特别是互联网大量搜集资料，为学生学习中可能涉及的各种问题做准备；同时，还要尽可能多地了解学生之间的差异性，以切实体现因材施教，鼓励创新。在教学中，教师要根据教学目的和要求，创设课堂互动情境。形势与政策课作为面向全校学生开设的课程，还要考虑到不同院系学生之间的专业差异，在问题设计上贴近学生不同的关注点。从这个意义来看，在一个互动性强的课堂，教师的主导作用不仅没有被弱化，反而得到了强化：教师必须认真对待每一位同学的发言，及时进行纠偏，当学生的观点产生较大偏离时，教师应该适时将其“引”回来。实际上，当课堂教学中的学生参与度提高以后，对教师的要求也更高了，他们应该有更强的适应能力和灵活处理课堂问题的能力。

四、小结

信息传播技术的发展还会继续带来新的变化，传统课堂教学如果不能主动地探索新的道路，教师将会面对更多的尴尬，学生也将会面对更多无奈的选择。挖掘课堂教学过程中的独特优势，通过创新考核方式，激发学生参与课堂互动的积极

性，是信息时代吸引学生重回课堂的一个重要思路。实际上，信息环境的变化给课堂教学带来的挑战已经波及大多数课程，本文观点不仅指向思想政治类课程，也希望能对其他课程的课堂教学创新具有借鉴价值。

参考文献

[1]桂杰.大学生为什么逃课[J].中国青年报,2011(10).
[2]翟晋玉.让指挥棒正确指挥[J].中国教师报,2013(3).

“Office 高级应用”课堂教学的体会

信息学院　赵丹亚

【摘要】课堂教学是教学中最重要、最核心、最本质的部分，提高教学水平最根本的是课堂教学效果的提升。该文主要说明了如何通过认真的课程设计，提高学生对课程学习的兴趣；组织好学生自学环节，提高学生学习的主动性和自学能力；注意启发学生积极思考，提高学生的实践能力和创新能力。学生浓厚的学习兴趣、学习的主动性和积极思考的学习方式是提高课堂教学效果的根本保障。

【关键词】课堂教学　效果　课程设计

近些年来，社会上的浮躁、功利、造假、学术腐败等不良风气也不可避免地侵害着大学校园，“重科研、轻教学”的导向也对课堂教学的效果带来了很大的影响。片面追求学术成就，忽视人才培养质量，使得教师的激情在课堂教学中渐渐淡去，课堂教学中的精彩也渐渐减退。正如张楚廷教授所说的：“中国大学普遍的沉闷状态是令人忧郁的，课堂本是一个应激起大脑风暴的地方，但是它寂静得令人可怕。”这种现象不能不引起我们的深思和忧虑。

实际上教学才是大学的立校之本。“十二五”期间，教育部开始实施“高等学校本科教学质量与教学改革工程”，我校近些年也先后推出了教学计划改革，加强学生教学实践，实行本科生导师制，新生晚自习等各种措施，有效促进了我校教学水平的提高。但是，课堂教学才是教学最重要、最核心、最本质的部分，它不仅是教师传授知识的主要形式，也是培养大学生思维方式的重要途径。所以提高教学水平最根本的还是课堂教学效果的提升。这次学校组织有关“课堂教学效果提升的改革与探索”征文活动真正抓住了治学的关键。作为一个已有 30 多年教龄的老教师，值此即将退休之年，正好借此机会，将近些年讲授“Office 高级应用”课程的一些体会整理一下，以供同行们参考和借鉴。

一、课程背景

“Office 高级应用”是为信息学院管理科学与工程和计算机科学与技术两个专业的新生开设的基础课，主要讲授的内容为 Windows、Word、Excel 和 PowerPoint 等计算机基础知识和常用功能。

该课程的主要特点是涉及知识广泛，学习内容繁杂，很难像学习其他课程那样系统有条理、循序渐进。因此，如何组织好课程的教学内容，设计好相应的教学环节，对于保证课堂教学效果十分重要。

另外，该课程讲授的内容大多数学生在中学甚至小学都或多或少地接触、学习或使用过，甚至有的学生在某些方面还掌握得比较深入。因此不少学生认为该课程没什么可学的。而实际上该课程的绝大多数内容一般学生往往只是知道些皮毛，并没有真正了解和掌握有关软件的正确应用方法。例如 Word 的模板、样式的应用(实际上很多教师在论文写作时也没有很好地应用这些功能)。其中很多重要的功能大多数学生根本就不知道，例如 Word 的目录、索引、交叉引用等功能。因此，如何使学生能端正对该课程的学习态度，也是讲授该课程时需要特别注意的问题。

还有一个情况是近几年外地学生的比例逐年增加，有些来自边远地区、贫困地区包括远郊区县的学生以往接触计算机较少，计算机基础也相对薄弱，如果从较高起点学习该课程确实有一定困难。面对这样水平参差不齐的学生，如何让学生都能有所收获也是需要重点解决的难题。

同样一门课，相同的教学大纲，不同的老师，不同的教学设计，会有完全不同的教学效果。要想提高课堂教学效果，首先需要的是教师的热情投入和奉献精神，兢兢业业地上好每一堂课。其次要根据课程的特点、学生的情况，精心地进行教学设计，包括教学内容的设计、教学环节的设计和教学方法的设计等方方面面。例如哪些内容是重点，哪些问题难于理解，哪些知识通过什么样的案例贯穿，何时进行讨论，何时进行总结和归纳等。这样才能有效地将知识的科学形态、书面形态转化为知识的教育形态、应用形态，使学生容易接受、乐于接受、便于学习和掌握。以下就结合 Office 高级应用课程的教学设计和实施具体说明有关做法。

二、第一堂课

每门课程的第一堂课十分重要。一般来说，第一堂课都要通过绪论大致介绍课程的背景、学习的主要内容和学习的方法。例如相关课程的历史、现状、意义，主要研究对象、研究的主要方面，以及学习过程中需要注意的问题等。但这其中最重要的应该是讲清楚学习该课程的重要性，让学生一开始就能够对该课程引起足够的重视和浓厚的兴趣。

像 Office 高级应用课程，学生大多数或多或少地接触或应用过其中的一些简单功能，需要解决的首要矛盾是不少学生觉得该课程没什么可学的，缺乏学习的积极性。因此，第一课除了说明 Office 各个应用程序的强大功能以外，应该通过几个简单但是技巧性很强的实例演示 Office 的高级应用效果。例如应用 Word 的查找替换功能自动成批修改或删除指定的内容或格式或特殊标记；应用 Excel 的矩阵运算函数快速求解联立方程；应用 PowerPoint 的动作设置实现鼠标移动即可控制幻灯片的演示效果等。这些简单案例的巧妙设计和灵活操作能够极大地激发学生的好奇心和求知欲，使学生实际认识到自己的知识差距。

因为该课程是在新生入学第一学期开设，所以第一堂课还特别抽出一定的时间提醒学生要尽快完成从中学生到大学生的角色转换。着重说明大学的讲授不再是掰开了揉碎了，而常常是点到为止；教材往往只是课堂教学的主要参考书，要想掌握好所学的内容，预习、练习、复习、实践的环节更为重要；大学的学习可能是没有人督促，少有人管理，所以更多地需要学生自觉、自主地学习。

总之，第一堂课的主要目的是想办法让学生认识学习该课程的重要性，端正对该课程的学习态度。

三、兴趣是最好的老师

兴趣，是一个人积极完成一件事情的重要前提和条件。所以想办法让学生对所学课程有浓厚的兴趣，是提高课堂教学效果的重要方面。前面提到的第一堂课努力让学生理解相应课程的重要性，通过一些巧妙的实例演示有关应用程序的奇妙效果，都是为了更好地提高学生学习该课程的兴趣。在课程教学进行过程中，还需要通过多种措施让学生不断保持，最好是强化学习该课程的兴趣。

首先要针对教学内容设计生动易懂的案例。例如讲解有关 Excel 数据透视表的内容时，通过销售管理应用的案例，围绕同一组销售数据，从计划、生产、销售不同需求进行不同角度、不同周期、不同目的的多重分析，最后再快捷地转换成专业的商业统计图表。将功能复杂的数据透视表的应用过程直观地展示出来，也使学生深刻地体会到了数据透视表的强大功能和各种特点，理解了 Excel 不是简单地表格处理软件，引发了进一步深入探索的兴趣。

巧妙的操作技巧常常能达到事半功倍的效果，往往也是学生最感兴趣的。在教学过程中适时穿插一些操作技巧的传授，也能有效提高学生学习的兴趣，特别是应用一些学生习以为常的简单操作解决相对复杂的问题，可以使得学生有化腐朽为神奇的感觉。例如应用 Excel 将工资表制作成工资条，笔者开始讲授时是应用多种复杂函数实现的，在讲完排序等数据管理操作内容后，应用学过的自动填充、排序、条件定位、复制、粘贴等简单操作巧妙实现了相同的功能。当笔者讲到最后一步，一个简单 Ctrl＋回车键就将屏幕上零零散散的空白单元格区域都填上了所需内容，学生们都啧啧称奇，使学生充分体验到了计算机应用的博大精深，并不断期待新的“奇迹”的出现。这样的应用也使学生进一步理解了融会贯通的重要性。

除了书本上的内容，适当增加一些和平时学习、生活密切相关问题的求解，也会让学生理论联系实际，增加学习兴趣。例如，人民银行某月某日降息了，上机时就临时命题，让学生计算在什么情况下需要将定期存款取出以便获得更高的收益，并让学生将计算结果提供给父母参考，帮助家里更好地理财。又如一年一度的感恩节快到了，让学生利用刚刚学过的有关日期函数计算出指定年份的感恩节日期，同时还友情提示学生抽空给家里发个短信或微信，感谢父母多年的付出。

四、讲授与自学

Office高级应用课程内容相对繁杂，操作性强，而且课时不断压缩，所以如何安排好课程的教学环节和教学方法，处理好讲授和自学的关系也很重要。

根据课程的内容，对于相对容易理解、操作性强、教材描述比较具体的内容，可以要求学生进行自学。例如Windows部分有关计算机的设置、磁盘、文件以及文件夹的基本操作等内容，操作性比较强，教材介绍也比较清楚，特别是大多数同学都或多或少接触过，只是了解得比较片面，操作不够熟练。这些可以通过相对全面、深入的操作题，让学生通过上机课的实践环节进一步练习和掌握。

对于需要讲授的内容，则重点需要说明的是有关功能的应用背景和意义，而有关操作只说明主要操作步骤。例如Word部分有关交叉引用的内容，重点需要说明的是为公式、图片或表格标注题注，然后在正文中使用交叉引用的方式来引用这些对象的优点：当需要对文档进行增加删改时，所有这些题注和引用都会随着编辑的过程自动修改。而有关交叉引用的操作，只说明第一步为公式、图片或表格等对象插入题注，第二步在正文中插入对有关题注的引用。而至于每一步具体怎么做，例如如何选择引用的类型、如何设置引用的内容等，则尽量让学生自学解决。这样讲授和自学相结合的方式可以有效促进学生学习的主动性和积极性，培养锻炼学生的实践操作能力。另外也能较好地解决学生水平参差不齐的问题。

由于几乎每次上机作业环节都有一些要求学生自学的内容，笔者有时还刻意布置一些后续课程中需要学习的内容作为作业，让学生探索求解的方法（这样当学生学会新的方法后，会对不同方法解决问题有更深刻的理解），这样教师就有必要经常抽出一些时间来讲评作业：总结归纳作业中学生普遍存在的问题，需要注意的要点和好的做法。由于作业讲评的内容是学生亲身体验和努力实践过程中的问题，所以针对性很强，学生的收获也更大，特别是对照自己作业的解法，学习其他同学或是教师推荐的一些高效、巧妙的解法，经常会有茅塞顿开的感觉。

即使同为一个班级的学生，无论是计算机基础，还是学习态度以及刻苦努力的程度都有很大的差异。所以，注意发挥榜样的力量，特别是身边榜样的力量更为有效。在作业讲评过程中遴选出一些优秀作业进行展示，可以使同学之间找到差距，明确方向，并起到鼓励先进、鞭策后进的作用。

在期中时，利用学校的网络教学平台专门就作业讲评环节做了一次问卷调查，共有 99 位同学认真填写了问卷，并一致肯定了作业讲评的做法和效果。

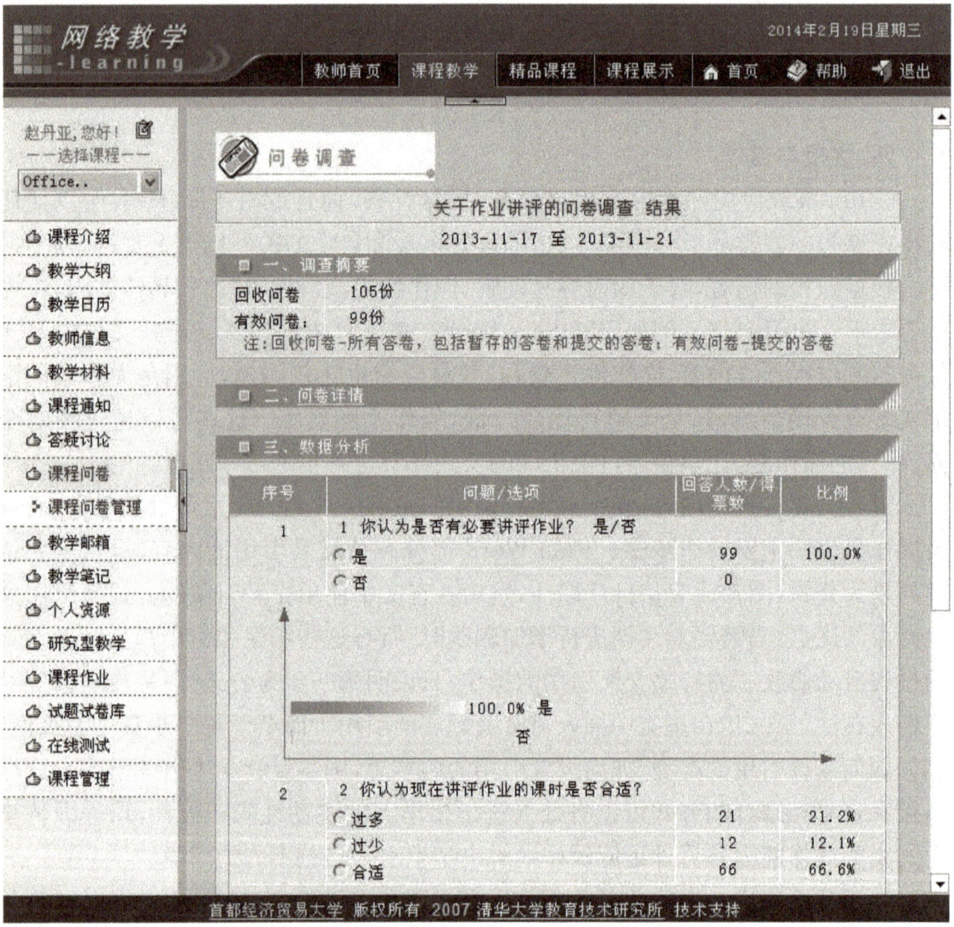

五、启发与思考

由于长期应试教育的结果，现在的学生不少缺乏独立思考、主动思辨的习惯，甚至懒于思考，习惯于接受现成的知识，有问题更多的是等待老师的答案，或者期望到书上寻找现成的答案；特别是随着计算机网络应用的方便，百度、谷歌成了学生最好的解题助手。这些都会对课堂的教学效果，特别是对学生的学习生涯带来严重的负面影响。所以教师需要在教学过程善于引导启发，充分调动学生学习的主动性，尽可能地让学生勤于思考。

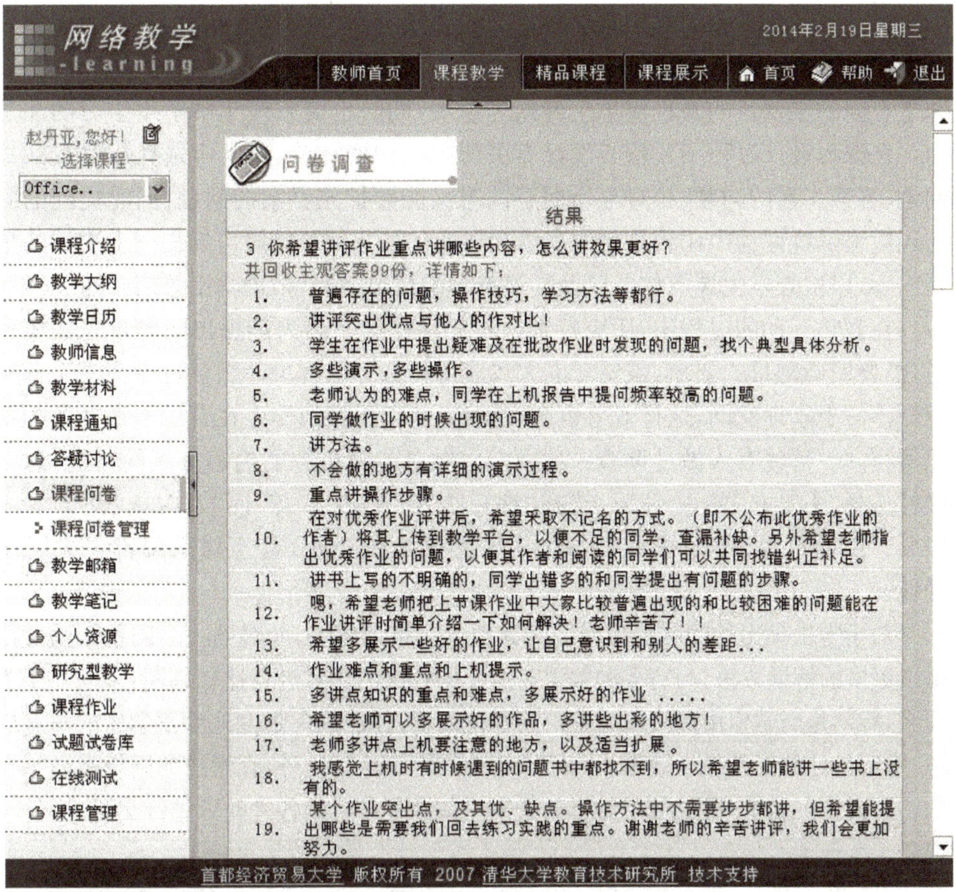

首先应注意创造相对轻松活跃的课堂气氛，这样才能为大脑的活跃制造一个合适的环境。一个死气沉沉、昏昏欲睡的课堂大概是不可能激发出什么大脑风暴的。虽然理工科的课程相对单调死板一些，但是也可以通过精心设计组织的教学内容，生动活泼的语言，风格多样的演示文稿，甚至偶尔穿插一两个段子，来创造良好的课堂气氛，从而进一步提高学生的学习热情。当然，前面提到的提高学生的学习兴趣，给予学生更多的自学时间和空间，也是促进学生积极思考的有效措施。

要达到较好的课堂效果，除了发挥好教师对课堂的主导作用，还要充分发挥课堂学习的主体——学生的积极参与。如果教师只是将自己置于传授者的地位，将条理化的知识体系作为现成的东西传授给学生，只是一味地说明、分析与解释，学生就容易养成一种惰性，逐渐产生依赖教师、教材的心理，学习的积极主动性就会减弱。所以需要在讲授过程中不断提出问题。例如介绍有关软件功能时，首先提出要解决的问题，往往更能引起学生的注意，也更容易让学生思考，并理解和记忆软件的有关功能。

教学互动是十分必要的教学方式。如果缺少学生的有效互动，再好的课程设计也会大打折扣。教学互动可以有多种方式，其中课堂提问是最常用的方式之一。课堂提问的主要目的是督促学生判断和思考，同时也能有效集中学生学习的注意力。在课程设计过程中要精心设计有关课堂提问的环节，通常应选择相对灵活的问题、答案多重的问题、相对容易回答同时又能够扩充答案的问题；同时提问的问题还应该围绕课程中比较重要的概念和功能。某节课开始时可以提问上次课的重要内容，以检查学生课下作业以及复习掌握的情况，然后帮助学生总结归纳。

在教学互动的过程中，还应特别鼓励同学提问。因为能提出问题首先需要思考，需要明确题目的要求，需要考虑大致应用什么方法解决。当然也有些学生遇到问题不假思索地就问，这样效果也会打折扣，所以更提倡学生在百思不得其解的情况下再问。曾经有人做过调查："课堂上，你对老师讲解的内容有疑问，你会怎么做?"选择"不管它"的占 52%，选择"课后提出"的占 37%，而"及时提出"的只占 11%。由此可见，懒于思考的学生占了相当大的比重，甚至对求疑都失去了主动性。

对于学生提出的问题首先应鼓励其他学生帮助解答，并对同一个问题鼓励学生提出更多的解题方法；当有多种解法时对不同解法的优劣进行比较判断，多问几个为什么，特别是当学生由此发起讨论甚至争论时，往往能最大限度地激发学生的深度思考，达到最佳的课堂教学效果。除了课堂上鼓励学生讨论外，在学校的网络教学平台的答疑讨论栏目中开设了课程论坛，让学生就课程学习的各种问题进行交流。

不少学生在学习过程中有较强的求知欲、表现欲和发表欲，需要特别爱护和积极鼓励，要为学生提供体验创新和成功的机会。为了避免一些计算机基础较好、有一定学习余力的学生在学习上不至于吃不饱，可以适当留一些具有一定难度、开放性和挑战性的选做题或补充题，有的还给出一定的时限要求或是只奖励完成速度靠前的学生，以期激起更大的头脑风暴。鼓励更多的学生挑战难题，一方面是督促学生更广泛、更深入的思考，另一方面对学生的自学能力、实践能力和创新能力都是很好的锻炼，还可以让学生切实体会什么叫学无止境。

下图是利用学校的网络教学平台的在线测试栏目进行的一些测试题目。由于有作业成绩加分的奖励，参与的学生也越来越多。获得奖励的学生为自己的成功喜悦；与成功失之交臂的学生则摩拳擦掌，期待下次的测试；而更多的学生通过这些测试环节找到了自己学习上的差距。

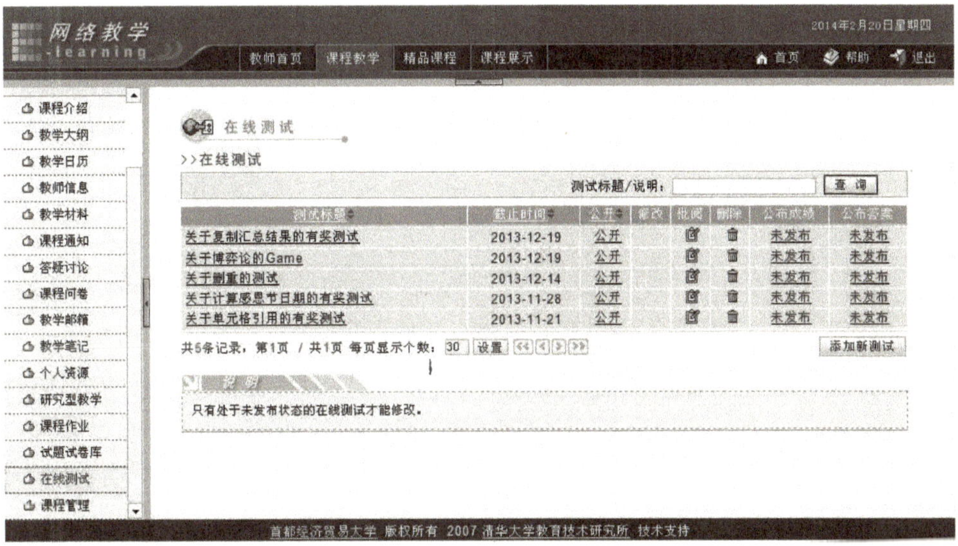

六、结语

以上只是本人近些年来讲授“Office 高级应用”课程的一些体会，欢迎各位同行批评指正。要提高课堂教学效果与很多因素相关——教师的学术水平（完整的知识体系、宽广的知识面，丰富的教学经验），教师的投入，良好的师生关系等。作为一名即将退休的教师，一定要珍惜最后的教学时光，备好每一堂课，上好每一堂课。

参考文献

[1]张楚廷. 大学里,什么是一堂好课[J]. 高等教育研究,2007(3).

[2]索曙辉. 大学课堂教学有效性的心理学探寻[J]. 现代教育教学导刊,2011(7).

[3]那斌,等. 提高高校课堂教学效果的几点思考[J]. 教师,2008(7).

[4]韩明晓. 浅谈如何提高课堂教学效果[J]. 教育教学论坛,2012(16).

[5] 彭美云. 提高本科课堂教学效果的建议[J]. 中国大学教学,2010(7).

[6] 索桂芳. 论课堂教学设计[J]. 河北师范大学学报(教育科学版),2001(2).